高职高专连锁经营管理专业系列教材

连锁门店开发与设计

主　编　杨叶飞　王吉方

副主编　寇长华　潘玥舟

参　编　田志英

机械工业出版社

对于一个连锁体系而言，连锁门店的开发与设计至关重要。门店开发承担着连锁企业扩大规模、提高效益、提升竞争力的重要责任。如何保证连锁企业有序地开发出高质量的门店，就是本书所要解决的问题。

开发一个高质量的门店不仅需要连锁企业进行科学的前期可行性研究，还需要进行正确的选址；不仅需要连锁企业进行科学的内部设计，还需要进行有吸引力的外部设计；不仅需要连锁企业进行良好的CIS设计，还需要针对新门店设计出有效的开发推广策略。

针对上述内容，本书一一作了回答。在编写的过程中，书中所有章节都紧紧围绕着"要做什么？怎么去做？为什么要这么做？"三个问题来编写，以便读者能够学有所会、学有所用、学有所感。

本书主要针对高职院校的相关专业学生，同样适用于大学本科的相关学生；既可以作为参考读物，也可作为企业培训教材。

图书在版编目（CIP）数据

连锁门店开发与设计/杨叶飞，王吉方主编. 一北京：机械工业出版社，2008.1（2025.8 重印）

高职高专连锁经营管理专业系列教材

ISBN 978-7-111-23375-6

Ⅰ. 连… Ⅱ. ①杨… ②王… Ⅲ. ①连锁商店—商业经营—高等学校：技术学校—教材 ②连锁商店—建筑设计—高等学校：技术学校—教材 Ⅳ. F717.6 TU247.2

中国版本图书馆CIP数据核字（2008）第011806号

机械工业出版社（北京市百万庄大街22号 邮政编码100037）

策划编辑：孔文梅 责任编辑：孔文梅 赵树尧

封面设计：鞠 杨 责任印制：常天培

河北虎彩印刷有限公司印刷

2025年8月第1版第14次印刷

169mm×239mm · 13.75印张 · 266千字

标准书号：ISBN 978-7-111-23375-6

定价：35.00元

电话服务 网络服务

客服电话：010-88361066 机 工 官 网：www.cmpbook.com

010-88379833 机 工 官 博：weibo.com/cmp1952

010-68326294 金 书 网：www.golden-book.com

 机工教育服务网：www.cmpedu.com

高职高专连锁经营管理专业
系列教材编审委员会

序

随着我国改革开放的不断深入，我国商品流通体制发生了重大变化，特别是自20世纪90年代以来，如沃尔玛、家乐福等国外著名零售商大量进入我国，促进了我国零售业前所未有的发展和繁荣，每年保持着 8%～10%的增长速度。目前，超市、便利店、专卖店、快餐店等连锁商店比比皆是，连锁经营已成为我国最富有活力、发展最迅速的一种经营方式。

连锁经营以其特有的优势集约化经营、标准化运作、规模化发展、品牌化战略等科学有效的经营管理方法，催生了一个个商业神话：2002 年登上《财富》杂志全球500强榜首的沃尔玛，世界著名快餐连锁店巨头的麦当劳、肯德基，中国家电行业的航空母舰国美电器、苏宁电器等等，无不是借助连锁经营的优势快速发展壮大的。连锁经营正以惊人的速度快速向餐饮、零售、教育等不同行业渗透。

由于连锁业在我国发展的时间不长，尚处于摸索阶段，虽然经过几年的实践，在店铺发展、配送中心运作、采购系统有效控制、统一的销售体制推行等方面，都积累了许多具有中国特色的经验，并培养和造就了一些连锁经营方面的管理人才。但是就整个连锁业而言，这些人才的数量还只是杯水车薪，尤其是当今世界已进入新经济时代和高度信息化时代，整个市场竞争呈现出明显的国际化和一体化趋势，连锁业面临日益激烈的市场竞争，使本已匮乏的连锁经营专业化管理人才竞争加剧。而我国的连锁经营教育与连锁经营发展相比，显然十分滞后，如不加快连锁经营管理与技术人才的培养，人才匮乏必将阻碍中国连锁经营的发展，成为连锁发展的瓶颈。

而连锁业的人才教育，是多层次、多样化的教育。为保证连锁业大发展所需要的各类技术和管理类连锁经营人才的培养，在加强高等学校的高层次连锁经营与管理人才的培养教育的同时，更要通过高等职业技术院校培养造就大批第一线连锁经营技术操作和运作管理实用型人才。

为迎合连锁业发展对人才的需要，全国多所高职高专院校协同规划了这套专业系列教材，并成立了高职高专连锁经营管理专业系列教材编审委员会。参与这套教材编写的人员大多是长期从事连锁经营管理、教学和研究的一线专家、教授和企业管理人员。这套系列教材介绍了最新连锁经营管理理念与技术，吸收了国内外最新连锁经营实践经验和理论研究成果，具有简洁、实用和操作性强等特点，既可作为高职高专院校连锁经营管理专业课程的教材，也可作为各类、各层次学历教育和短期培训教材，也适合广大连锁经营企业从业人员作为学习参考用书。

由于连锁经营在我国正处于成长发展阶段，各种新的论断、见解和理论多之又多。由于时间仓促，编者水平有限，书中难免有不足之处，恳请广大读者提出宝贵意见，以使这套教材与时俱进，保持其时代性和实用性。

高职高专连锁经营管理专业
系列教材编审委员会

前　言

作为一种现代化流通组织方式和经营形式，从1859年美国人在纽约创立第一家连锁店“大西洋与太平洋茶叶公司”开始到现在，连锁经营已有148年的历史。在我国，第一家皮尔·卡丹专卖店于1984年在北京开业，这被视为我国连锁经营的开端。随后连锁作为一种经营业态，在我国发展迅猛，尤其以食品、零售、餐饮业等行业最具代表性。凭借其独特优势，造就了麦当劳、沃尔玛、百联等当今成功的连锁品牌。这些连锁企业成功的关键则在于设计了一套行之有效的连锁经营体系，在于不断地将这套成功体系在不同区域进行复制、扩张。

本书相关内容则是连锁企业进行经营体系设计的重要内容，是连锁经营体系如何在不同区域进行推广的相关经验、方法、理论的介绍。本书坚持“实践第一，能力为主，鼓励创新”的编写原则，以全面提高读者的门店开发与设计能力为主要目的。为此，本书精心设计了8个方面的内容，包括连锁门店开发与设计概述、连锁门店投资开发可行性分析、连锁门店选址与商圈分析、连锁门店CIS设计、连锁门店卖场内部设计、连锁门店外部设计、连锁门店商品陈列设计、连锁门店的开发推广策略。

本书由杨叶飞、王吉方担任主编，寇长华、潘玥舟担任副主编。本书共分为八章，各章具体分工如下：第一章、第二章、第四章由杨叶飞完成；第三章由寇长华完成；第五章、第六章由王吉方完成；第七章由田志英完成；第八章由潘玥舟完成。

本书配有电子课件，凡使用本书作为教材的学校或教师可向出版社索取，咨询电话：010-88379375。

本书适用面较广，可作为高等职业技术学院、专业技术学院的专业课教材和选修课教材，同时也可作为连锁企业管理人员的培训教材。

本书的编写参考了大量的书籍、杂志，包括通过网络进行大量的文献检索，由于很多资料著者不详，因此不能够在书中一一注出，在此表示深深的感谢。

在本书的写作过程中，得到了深圳职业技术学院窦志铭教授、路宏达副教授、郑昕副教授的指导和建议，在此表示感谢。由于编者水平有限，书中难免有不足之处，恳请读者给予批评指正。

编　者

目 录

第一章 连锁门店开发与设计概述

1

技能目标

- 使学生对连锁门店开发与设计有一个全面认识；
- 能清晰说明各种常见业态；
- 能准确描述样板店的功能。

知识目标

- 连锁经营与连锁店概念；
- 连锁经营特征；
- 连锁门店常见业态；
- 样板店功能。

对于一个连锁体系而言，连锁门店的开发与设计是其经营环节中的重要一环。门店承担着连锁企业扩大规模、提高效益、提升竞争力的重要责任。一个连锁企业能否取得成功，与连锁门店的数量、连锁门店运营质量密切相关。门店数量多，则可以给连锁企业带来规模上的提高，进而才能谈得上规模效益；门店运营质量高，连锁企业的单店盈利能力强，进而才能提升连锁企业整体的盈利能力。因此，连锁企业一方面要加快开发门店的步伐，并进行良好的设计，与此同时还应保证所开设的每家门店的运营质量。

第一节 连锁经营与连锁门店

一、连锁经营与连锁店的概念

对于连锁经营的含义，不同的学者有着不同的解释方法。

其中李大军在其《连锁经营与计算机管理》一书中认为：连锁经营是一种商业组织形式和经营制度，是由同一经营总部领导下的若干个企业或店铺构成的联合体所进行的商业经营活动。

周勇在其主编的《连锁经营原理》一书中认为：连锁经营是一种商业组织形式和经营制度，一般是指经营同类商品或服务的若干个经营单位以一定的形式组成的一个联合体，通过对企业形象和经营业务的标准化管理，实现规模经营，从而实现规模效益。

张晔清在其编著的《连锁经营管理原理》一书中认为：连锁经营是指经营同类商品或服务的若干个门店通过一定的联结纽带，按照一定的规则组合成一个联合体，在整体规划下进行专业化分工，并在此基础上实施集中化管理和标准化运作，最终使复杂的商业活动简单化，以提高经营效益，谋取规模效益的一种经营方式。

从以上的解释不难看出，三位学者对于连锁经营的认识基本一致。首先连锁经营是一种商业组织形式和经营方式；其次是由众多分店组成的联合体；不过周勇与张晔清则对于连锁经营的解释更加详细，规定这些分店必须是经营同类商品和服务，同时在具体的经营过程中强调了标准化运营，这是连锁经营的一个重要特征。因此本书认为连锁经营是一种实现规模经济效益的先进的商业组织形式和经营方式，由经营同类商品或服务的众多门店组成联合体，这些门店通过采用标准化的运作方式和集中化的管理来实现规模经济效益。

对于连锁店的界定，国际连锁经营协会以及西方各国政府规定：连锁店是以单一资本直接经营 11 个以上商店的零售业或饮食业的组织。不过这种界定是一种法律上、统计上的规定，并不是从经营上划分是否是属于连锁的标志。因为从管理学角度看，一般分店数量发展到 10 家左右，就会带来管理方面的根本变化，必须采取与单独企业不同的经营管理方式。但总的来说，连锁店是同一所有者集中控制的多家店铺体系，通常具有统一的店名、统一的管理经营方式、统一采购配送等特点。

而我国连锁经营协会1997 年在《连锁店经营管理规范意见》中规定，连锁店是指经营同类商品、使用统一商号的若干门店，在同一总部的管理下，采取统一采购或授予特许权等方式，实现规模效益的经营组织。连锁店应由 10 个以上门店组成，实行规范化管理，必须做到统一采购配送商品、统一经营管理规范、购销分离。全部商品均由总部统一采购，部分商品可根据物流合理和保质保鲜原则由供应商直接送货到门店，其余均由总部统一配送。连锁店由总部、门店和配送中心组成，三者分别在连锁店体系中扮演不同角色和承当不同职能。总部是连锁店的中枢、核心，须具备的职能包括采购配送管理、财务管理、质量控制、经营指导、市场调研、商品开发、店铺开发、教育培训、大型促销策划、定价管理；门店则是具体商品经营者，其主要职责是按照总部的指示和操作规范完成总部所赋予的现场销售、服务等日常经营任务；配送中心则是连锁店的物流职能的具体承担者，是介于总部和门店之间的组织，既接受总部业务的领导，同时更重要的是承担着各个门店所需商品的进货、库存、分拣、加工、打包、送货等任务。

二、连锁经营的特征

连锁经营作为现代化的商业组织形式和经营制度，从一诞生就表现出与传统商业组织方式不同的特点，正是由于这些特征的存在，才保证了连锁经营成为当今世界上主导的经营模式。其主要特征可以归纳为以下几个方面：

1．组织形式的联合化与网络化

根据我国《连锁店经营管理规范意见》规定：连锁店应由10个以上门店组成。这些门店如同一条锁链相互连接在一起，所以称为“连锁商店”。连锁商店往往具有总部、配送中心与门店，三者之间通过权力、利益、信息流、物流等多种纽带连在一起，形成一个企业联合体系，这种联合是整体性、稳定性和全方位的联合。三者之间合理分工、相互配合，互相支撑。门店是直接面向顾客的经营单位，其基本功能是销售、服务；总部是为门店的经营活动提供必要条件、并指导与监督门店的管理单位，其基本功能是规划设计、服务指导、监督调控；配送中心则承担着采购、仓储、物流配送等职能。

组织形式的网络化主要体现在三个层面。一是从连锁企业的下游看，顾客围绕着连锁企业结成了一个销售大网；二是从连锁企业的上游看，众多的供应商围绕着连锁企业同样也结成一个供货大网；三是从连锁企业自身看，如何保证销售网与供应商网的有效运转，那么就体现出企业信息网的作用。信息网络是确保销售网络与供货网络协调、平衡的关键。

2．运作体系的规模化

连锁经营适应社会化大生产的要求，把分散的流通经营主体组织起来，形成统一管理、统一营运、规模巨大的联合体。通过不断开设分店来扩大市场范围，突破了单店销售的市场瓶颈。一方面，由于具有众多门店，具有大批量销售的市场优势，凭借其在整个商品流通环节中最靠近顾客的优势，可以引导供应商真正根据市场需求来进行生产、供应，从而大大降低了生产商无效生产的可能性；另一方面，各个门店深入各个消费腹地，则迎合了消费者的分散性和就近购物的消费习惯，从而有效地解决了传统经营中追求规模效益与消费分散性之间的矛盾。这是连锁经营存在的理由，正是由于上述两个方面的理由，才导致了连锁经营的快速发展，连锁店的规模则越来越大，规模效益也越来越明显。

3．规范化的运作方式

规范化的运作方式是连锁经营的另一个重要特征。“无规矩不成方圆”，规范化是指企业在具体经营的过程中，都有一系列的规范需要遵从，做到有规可循、有范可依。规范化运作是连锁企业进行经营的必然要求，连锁企业总部制订出各种规范，其所辖各个门店都必须执行。

三、连锁总部与门店

连锁企业由于其特殊的经营特点，使得其组织结构和具体职能与传统商业的组织形式有着明显的不同。连锁企业组织结构和职能的确立是连锁企业发展的重要环节。

连锁企业的组织结构设计大体可按明确连锁企业的任务、工作分类、确定任务分工、组织定型程序进行。但是连锁企业的组织结构设计往往同时面临着提高内部效率和增强外部适应性的要求，即组织结构设计必须满足三方面的需要：目标市场的需要、公司管理部门的需要、员工的需要。因此，连锁企业组织的设计难度往往较高。根据一般经验，连锁企业的总部、门店、配送中心各部分的组织架构、职能都有所不同。

总部是连锁企业经营管理的核心，它除了自身具有决策职能、监督职能外，主要承担整体经营的设计功能，其基本职能是：基本策略制订、门店开发、商品采购管理、商品配送管理、商品促销管理以及门店营运督导等。总部的组织结构形式一般可分为两种模式，即总部管理模式和地区管理部管理模式。

门店是连锁经营的基础，主要职责是按照总部的指示和服务规范要求，承担日常销售业务。因而，门店是连锁总部各项政策的执行单位，不折不扣、完整地把连锁企业总部的目标、计划和具体要求体现到日常的作业化管理中。门店的组织结构相对较简单，因为连锁企业实行的是商品采购、配送、财务等作业的总部集中性统一管理。而门店的组织结构主要视门店的性质、业态特征、规模大小以及商品结构等因素的不同而有所差异。

配送中心是位于物流节点上，专门从事货物配送活动的经营组织或经营实体，是连锁企业的物流机构。配送中心经济方面的功能主要有四个：集中、整理分类、加工和储存。配送中心的组织结构主要按照其机构的职能来划分，分为检验组、库管组、储运组和信息组，由配送中心经理直接管理。

设计连锁企业组织结构时必须注意：店面经营部门与采购部门的协调、配送中心的设置、地区性管理组织或事业部组织的设置。与此同时，顾客、信息化技术促使连锁经营组织作出变革。其中，组织战略、社会发展、技术创新、组织成长、组织文化等是连锁企业组织变革应考虑的关键因素。

四、连锁门店的开发与设计

连锁门店的开发是指连锁企业开设新店，拓展企业经营区域和服务范围，提升企业规模，从而扩大效益。门店开发的工作在一个连锁企业内部往往属于连锁总部的门店拓展部或者市场开发部等类似部门的主要工作。门店开发工作往往包括连锁门店的业态与业种的选择、商圈调查分析、选址、门店开发的投资可行性分析、物业的建设或租赁等。

门店设计则是指对门店的整体形象设计，包括门店外部的形象设计和门店内部的卖场布局的设计。门店设计必须与连锁企业的整体形象相一致，符合整体企业的定位。例如所有的麦当劳的店面基本上都属于千店一面，这样便于在消费者的心中形成一致性的企业形象。

五、连锁门店的类型

根据连锁门店与总部之间的所有权与经营权之间的关系，可以将连锁门店划分为三种类型：直营连锁店、特许加盟连锁店和自由连锁加盟店。

1. 直营连锁店

直营连锁店是指总公司直接经营的连锁店，即由公司总部直接经营、投资、管理各个零售点的经营形态。总部采取纵深式的管理方式，直接下令掌管所有的零售点，零售点也必须完全接受总部指挥。直营连锁的主要任务在“渠道经营”，意思是指通过经营渠道的拓展从消费者手中获取利润。因此直营连锁实际上是一种“管理产业”。

这是大型垄断商业资本通过吞并、兼并或独资、控股等途径，发展壮大自身实力和规模的一种形式。

直营连锁的主要特点是所有权和经营权集中统一于总部。其所有权和经营权的集中统一表现在：所有成员企业必须是单一所有者，归一个公司、一个联合组织或单一个人所有；由总部集中领导、统一管理，如人事、采购、计划、广告、会计和经营方针都集中统一；实行统一核算制度；各直营连锁店经理是雇员而不是所有者；各直营连锁店实行标准化经营管理。

这样的组织形式具有统一资本、集中管理、分散销售的特点，同时给直营连锁店的发展带来了两个方面的影响。

其积极影响表现在：

（1）可以统一调动资金，采用统一经营战略和运用整体性企业优势。

（2）商业资本所有者拥有雄厚的实力，有利于同金融界、生产厂商打交道。

（3）在人才培养使用、新技术产品开发推广、信息和管理现代化方面，易于发挥整体优势。

（4）众多的成员店可深入消费腹地扩大销售。

其不利影响表现在：

（1）成员店自主权小，积极性、创造性和主动性受到限制。

（2）需要拥有一定规模的自有资本，发展速度受到限制。

（3）大规模的直营连锁店管理系统庞杂，容易产生官僚化经营，使企业的交易成本大大提高。

2. **特许加盟连锁店**

加盟连锁店是指以特许加盟的方式加入某一连锁企业的店铺。国际连锁加盟协会（IFA）给连锁加盟的定义是：连锁总公司与加盟店二者之间的持续契约关系。根据契约，总公司必须提供一项独特的商业特权，并加上人员训练、组织结构、经营管理，以及商品供销的协助；而加盟店也需付出相对的报偿。连锁加盟是一种经济、简便的经商之道，经由一种商品服务以及行销方法，以最小的投资风险和最大的机会获取成功，但是相对地必须放弃若干的自由与选择，如商业决策等。

根据以上定义，可以从如下几点来把握连锁加盟的本质：总公司和加盟店是基于契约关系，彼此都是独立的事业体；加盟店主既非代理人也非从业员。总公司提供加盟店商标、商品（或劳务）、象征该公司的整体设计及经营技术。加盟店在和总公司同一形象、商誉下，销售同样的商品或劳务。加盟店相对于总公司赋予的权利，必须投入相对应的事业资金，包括加盟金、权利金、契约金在内的开办资金。

加盟店除了相对资金外，还有相对义务，即必须遵守总公司的种种限制和规定。在契约存续期间，总公司必须给加盟店持续的经营协助。

3. **自由连锁加盟店**

自由连锁加盟店是指自由加入连锁体系的门店。这种门店由于原已存在，而非加盟店的开店伊始就由总公司辅导创立，所以在名称上有别于加盟店，为了区分方便，名为自由连锁加盟店。自由加盟体系中，商品所有权是属于加盟主所有，而运作技术及商店品牌则归总部持有。所以自由加盟体系的运作虽维系在各个加盟店对“命运共同体”认同所产生的团结力量上，但同时必须兼顾“生命共同体”的利益，这是合作发展的前提；另一方面则要同时保持各个加盟店自身的自主性运作，所以自由连锁实际可称为“思想的产业”。

从上面可以看到，三种不同类型的门店的所有权、产生的原因以及总部与门店之间的关系有着明显的不同。不过这三种类型可以在一个连锁企业内部同时存在，并发挥各自的作用，尤其是直营连锁店经常和加盟店在一个大型连锁企业内部并存，因为加盟店的开发往往可以使一个连锁企业快速发展的同时，又能够解决因扩张而带来的资金困境。

第二节　连锁门店业态的选择

连锁门店开发前的一项重要决策就是确定所要选择的门店业态和业种，即门店要选择什么样的经营形态以及主要经营哪些方面的内容。

一、门店业态的选择

零售业态（Retailing Type of Operation）是指零售企业为满足不同的消费需求而形成的不同经营形式。其分类的主要依据是零售企业的选址、规模、目标顾客、商品结构、店堂设施、经营方式、服务功能等。新国家标准《零售业态分类》（GB/T18106—2004）按照零售店铺的结构特点，根据其经营方式、商品结构、服务功能，以及选址、商圈、规模、店堂设施、目标顾客和有无固定营业场所等因素，将零售业分为食杂店、便利店、折扣店、超市、大型超市、仓储会员店、百货店、专业店、专卖店、家居建材店、购物中心、厂家直销中心、电视购物、邮购、网上商店、自动售货亭、电话购物等 17 种业态，并规定了相应的条件。其中我国的零售业态主要有 9 种，分别为百货店、超级市场、大型综合超市、便利店（方便店）、专业店、专卖店、购物中心、仓储商店和家居中心。这 9 种业态的特点如下。

1. 百货店

百货店是在一个大建筑物内，根据不同商品部门设销售区，开展各自的进货、管理、运营的零售业态。百货店业态的特点是：

（1）采取柜台销售与自选（开架）销售相结合的方式；

（2）商品结构表现为种类齐全、少批量、高毛利，以经营男、女、儿童服装、服饰、衣料、家庭用品为主；

（3）采取定价销售，可以退货，有导购、餐饮、娱乐场所等服务项目和设施，服务功能齐全；

（4）选址在城市繁华区、交通要道附近；

（5）商圈范围大，一般以流动人口为主要销售对象；

（6）商店规模大，在 5 000 平方米以上；

（7）商店设施豪华，店堂典雅、明快；

（8）目标顾客为中高档消费者和追求时尚的年轻人。

百货店目前仍是我国零售业的主力业态之一。如上海第一百货商店，北京王府井百货大楼、南京新街口百货商场等。经过 10 多年的发展，百货店在一些大中城市已处于饱和状态，相互间的竞争也非常激烈。

2. 超级市场

超级市场是采取自选销售方式、以销售生鲜商品、食品和向顾客提供日常必需品为主要目的的零售业态。超级市场业态的特点是：

（1）采取自选销售方式，出入口分设，结算在出口处的收银机处统一进行；

（2）商品构成以购买频率高的商品为主，经营的商品应以肉类、禽蛋、水果、水产品、冷冻食品、副食调料、粮油及其制品、奶及奶制品、熟食品以及日用必需品为主；

（3）营业时间每天在 11 小时左右，可采取连锁经营方式，有一定的停车场地；

（4）选址在居民区、交通要道、商业区周围；

（5）商圈范围较窄，以居民为主要销售对象；

（6）商店营业面积在 500 平方米以上；

（7）目标顾客以居民为主。

超级市场在我国是 20 世纪 90 年代才发展起来的一种零售业态，如香港的百佳超市、华润超市、上海华联超市、深圳的民润超市等。

3．大型综合超市

大型综合超市是采取自选销售方式，以销售大众化实用品为主，并将超级市场和折扣商店的经营优势合为一体的、满足顾客一次性购全需求的零售业态。大型综合超市业态的特点是：

（1）采取自选销售方式和连锁经营方式；

（2）商品构成为衣、食、用品齐全，重视本企业的品牌开发；

（3）设有与商店营业面积相适应的停车场；

（4）目标顾客为购物频率高的居民；

（5）商圈范围较大；

（6）商店营业面积一般在 2 500 平方米以上；

（7）选址在城乡接合部、住宅区、交通要道周围。

大型综合超市在我国发展很快，但主要集中在经济发达的大城市。随着人们生活水平的提高和交通条件的改善，大型综合超市必将在我国快速发展。近年来，外资大型零售企业主要是以这一业态进入我国的，如法国的家乐福、美国的沃尔玛等。我国的上海农工商超市公司、北京超市发连锁公司目前开设的也主要是大型综合超市。

4．便利店（方便店）

便利店是满足顾客便利性需求为主要目的的零售业态。便利店业态的特点是：

（1）以开架自选为主，结算在进口（或出口）处的收银机处统一进行，可采取连锁经营方式；

（2）商品结构特点明显，有即时消费性、小容量、应急性等；

（3）营业时间长，一般在 16 小时以上，甚至 24 小时，终年无休日；

（4）选址在居民住宅区、主干线公路边以及车站、医院、娱乐场所、机关、团体、企事业所在地；

（5）商圈范围窄小，一般设定在居民徒步 5～7 分钟到达的范围内；

（6）商店营业面积在 100 平方米左右，营业面积的利用率高；

（7）店堂明快、清洁、货架丰满；

（8）目标顾客主要为居民、单身者、年轻人，80%的顾客为有目的的购买；

（9）经营实行信息系统化，开展单品管理；

（10）便利店的商品价格略高于一般零售业态的商品价格。

便利店在日本非常成熟，典型的是 7-11 便利店。现在 7-11 便利店也已进入我国，开设了很多分店。我国的上海联华超市、江苏苏果超市等也开办了一些便利店。便利店往往投资少、选址方便、资金回收快。随着人们生活水平的提高，工作节奏加快，生活习惯的改变，便利店在我国也有很大的发展空间，上海等发达城市正在通过发展便利店来改造居民区中的传统小门店。

5．专业店

专业店是经营某一大类商品为主，并且具备有丰富专业知识的销售人员和提供适当售后服务的零售业态。专业店业态的特点是：

（1）采取定价销售和开架面售，亦可开展连锁经营；

（2）商品结构体现专业性、深度性、品种丰富，可供选择余地大，以某类商品为主，经营的商品具有自己的特色，一般利润较高；

（3）从业人员需具备丰富的专业知识；

（4）选址多样化，多数店设在繁华商业区、商店街或百货店、购物中心内；

（5）商圈范围不定；

（6）营业面积根据主营商品特点而定；

（7）目标市场多为流动顾客，主要满足消费者对某类商品的选择性需求。

专业店在我国发展已经比较成熟，如各种服装经营店、钟表店、电器店、鞋店、计算机店、药店等。山东的三联社、上海华联集团家用电器有限公司开办的专业店已经具有相当的规模。

6．专卖店

专卖店是专门经营或授权经营制造商品牌和中间商品牌的零售业态。专卖店业态的特点是：

（1）采取定价销售和开架面售，亦可开展连锁经营；

（2）商品结构以企业品牌为主，销售体现量少、质优、高毛利；

（3）注重品牌声誉，从业人员必须具备丰富的专业知识，并提供专业性知识服务；

（4）选址在繁华商业区、商店街或百货店、购物中心内；

（5）商圈范围不定；

（6）营业面积根据经营商品的特点而定；

（7）目标顾客以中青年为主，商店的陈列、照明、包装、广告讲究。

近年来我国的专卖店也得到了很快的发展，特别是服装品牌的专卖、电器的专卖、化妆品的专卖发展很快，专卖品在树立品牌形象、防止假冒产品方面有着很好的效果。

7．购物中心

购物中心是企业有计划地开发、拥有、管理运营的各类零售业态、服务设施的集合体。购物中心业态的特点是：

（1）由发起者有计划地开设，实行商业型公司管理，中心内设商店管理委员会，开展广告宣传等共同活动，实行统一管理；

（2）内部结构由百货店或超级市场作为核心店，以及各类专业店、专卖店等零售业态和餐饮、娱乐设施构成；

（3）服务功能齐全，集零售、餐饮、娱乐为一体，根据销售面积设相应规模的停车场；

（4）选址为中心商业区或城乡接合部的交通要道附近；

（5）商圈根据不同的经营规模、经营商品而定；

（6）设施豪华、店堂典雅、宽敞明亮，实行卖场租赁制；

（7）目标顾客以流动顾客为主；

（8）根据选址和商圈的不同，购物中心可分为近邻型、社区型、区域型、超区域型等不同种类。

我国称为购物中心的零售企业很多，但真正的购物中心并不多，同时很多经济发达地区的大城市都在加紧规划建设这种大型的购物中心。

8．仓储商店

仓储商店是在大型综合超市经营的商品基础上，筛选大众化实用品销售，并实行储销一体、以提供有限服务和低价格商品为主要特征的、采取自选方式销售的零售业态。仓储商店业态的特点是：

（1）选址在公路边、交通要道旁或利用闲置设施；

（2）主要的商圈人口为5万～7万人；

（3）商店营业面积大，一般在4 000平方米以上，部分商品部门采取租赁制，把无店名的专业连锁卖场和供应商引进店内经营；

（4）商品构成以新开发上市的商品为主力商品，自有品牌占相当部分，主要是面向广大的工薪阶层；

（5）作为价格策略，每天都以较低价格销售全部商品；

（6）作为商品策略，经营同其他零售业态能进行价格比较的、知名度、普及率都较高的商标商品或价格一般被大众所熟知的商品；

（7）商店设施简单化；

（8）将超市开发的销售技术和管理理论、仓储商店的价格影响力、大型综合超市商品供应计划的方法及选址理论等融为一体，灵活运用；

（9）可实行连锁经营；

（10）设有一定规模的停车场。

仓储式商场在我国起步较晚，目前主要是以外资或合资合作方式建立的，如山姆会员店、上海锦江麦德龙、武汉中商集团也开设了仓储式商场。

9．家居中心

家居中心是销售与改善、建设家庭居住环境有关的装饰、装修等用品、日用杂品、技术及服务为主的、采取自选方式销售的零售业态。家居中心业态的特点是：

（1）选址在城乡接合部、公路边、交通要道或消费者自有房产比率较高的地区；

（2）商品构成以房屋修缮和室内装修、装饰品、园艺品、宠物食品、室内外用品、洗涤剂及杂品等为主；

（3）作为经营策略，发挥了廉价商店的低价格销售和超级市场的开架自选销售等优势；

（4）提供一站式购足和一条龙服务；

（5）可采取连锁经营方式；

（6）有一定面积的停车场。

家居中心在我国属于刚刚进入和发展起来的新兴业态，如宜家（IKEA）和百安居（B&Q）。

上海市商业委员会为加强其零售商业的规范化、科学化管理，促进零售企业发展差别化经营，特根据国家标准制定了地方的商业业态分类规范。规范依据零售企业的选址、商圈、目标顾客、规模、商品结构、经营方式、服务功能等将零售商业分为9种主要业态，即超市、便利店、大型综合超市、仓储商店、专业店、大型专业店、专卖店、百货店、大型购物中心。与国家标准相比增加了大型专业店，少了家居中心。规范对大型专业店的定义是：大型专业店采取自选销售和开架面售相结合的方式，以销售某一大类或几个大类商品和提供相关技术和服务，满足一次性购全的零售业态。

上述各种业态在我国都已存在，而且各种业态已经广泛采用了连锁经营这一组织形式。

二、各种主要门店业态竞争格局

加入WTO以后，我国经济的改革及对外开放进一步深化，中央及地方政府也扩大了招商引资规模。外资的引入加剧了零售市场竞争格局的变化。在加速我国零售业发展的同时，对我国目前的零售业态格局产生了较大影响，增加了零售业未来发展局面的不确定性。当前在外资零售业的影响下，超市（含便利店）、专业（卖）店、购物中心等新业态相互角逐，并不断蚕食着传统百货业的原有领地，其中超市（含便利店）的发展最为迅猛；整体而言，我国零售企业跨地区、跨所有制的商业战略重组和整合虽如火如荼，一些大型商业企业集团相继出现，原有市场格局亦渐趋紧凑，但规模与国外零售巨头仍不可同日而语，而且集中度仍然较低。

1．百货商店

目前我国百货商场的发展呈现出规模大型化、组织集团化、经营多元化和向新业态延伸的特点。从市场形势看，百货商场表现为如下现状：

（1）经济效益日益下滑。虽然全社会消费品零售额整体呈上升趋势，但百货零售企业的毛利率确呈下降态势，企业的效益增长远低于销售额的增长，同业之间过度扩张、竞争。从2005年的发展情况来看，多数城市的百货零售企业的建设速度远远超过了居民实际购买力的增长水平。

（2）市场缺乏特点，消费需求明显断层。城乡居民收入水平有了一定提高，普及型、温饱型需求已基本饱和，而新的高水平的购买能力尚未形成，加之居民购买力由于多渠道而大量分流，商品消费需求在近几年内将会逐渐减弱。因此，消费品市场难以出现热点商品。

2．超级市场

超市是指采取自选销售方式，以销售生鲜商品、食品等大众化实用品，向顾客提供日常必需品为主要目的的零售业态。在百货商场扩张受到影响的情况下，连锁超市成为新的发展方向，具备竞争力的大型连锁超市将成为下一轮发展热点。

连锁超市已成为我国商业领域最具活力的业态。尤其是近几年来，大中型连锁超市的销售规模逐年递增，销售增长明显高于社会商品零售总额的增长和传统百货商店的增长。

业态之间的竞争日趋激烈，连锁超市进入整合时期。同国外的连锁超市公司相比，我国的连锁超市规模明显偏小。目前连锁超市公司扩大规模的主要方式是对国有网点进行连锁化改造和通过租赁、购买、新建网点等方式扩张，这些都属于单一资本的扩张，要想扩大企业规模，建造内资连锁超市的“航空母舰”，只有进一步转变观念，通过联合、兼并、收购和加盟等多种形式，突破行业界限、地区界限，才能真正形成经营规模大、竞争实力强的大型连锁超市公司。

外资进入速度加快。国外著名的超市集团公司看好了我国商业领域的发展潜力，纷纷抢滩我国，不断加大投资力度，并取得了很好的经济效益。如美国的沃尔玛和法国的家乐福已经逐步在我国形成了一定的网络规模，而且拟定了进一步拓展我国市场的计划。

3．仓储式商场

由于国外大型著名仓储式商场纷纷进驻我国市场，不仅对国内仓储式商场的发展起到示范作用，同时加剧了仓储商场之间的竞争，我国仓储式商场逐步注重人才的培养和内部经营管理的规范运作，逐步进入规范化发展阶段。新经营理念的引入使我国仓储式商场的优势较为明显：

（1）仓储式商场一般都实行私人商场，即 PB（Private Brand）战略。零售企业自己筹划开发并贴有本公司特定商标的商品。仓储式商场定位于中低档次。中国目前仍有 60%～70%消费者消费水平较低，因而仓储式商场的定位仍适应当前消费状况，再加上商场推出一系列便民服务，因而颇受欢迎。

（2）自主的购物形式。消费者购买的自主心理日益增强，对营业员的依赖性减弱，而仓储式商场已适应了这种心理。

（3）仓储式商场实行会员制。仓储式商场实行会员制，可以把一些收入较高、消费量较大但同时对让利销售比较敏感的消费者吸收为自己的会员，并对其大量消费进行奖励，从而使其成为自己固定的消费群体。实行会员制也便于商家进行市场分析，确定消费趋向，以便制订出各种营销策略。

（4）经营管理机构精简、高效。

4．专业店

专业店的发展呈现以下特点：发展迅速，总量大幅度增加；专业细分化；经营形式多样化。专业店的发展速度明显加快，在一些大城市发展异常迅猛，逐渐成为与综合百货商场、超市并驾齐驱的一种商业业态。这些专业店以相对价格较低、专业服务、连锁经营等优势，迅速分割了原有大型百货商店的市场份额，但其发展同样面临人才缺乏，经营管理水平落后，经营规模限制等问题。

5．便利店

便利店是指满足顾客便利性需求为主要目的的零售业态。便利店适应了我国现阶段的经济发展水平和消费需要，是我国零售业态中较有发展潜力的一种，估计今后的发展速度将会更快。

6．购物中心

近几年，购物中心在全国大城市处于发展建设阶段，建筑面积 5 万～20 万平方米不等，全国正在兴建的约有 200 处左右，基本上是以娱乐、餐饮、服务、休闲购物为一体的综合性购物场所。

除了上述几种主要业态，电视购物、邮购等作为新兴的商贸形式，以其自身独特的优势在市场上崭露头角。

三、门店业态发展趋势

零售业态的发展趋势对于指导连锁企业选择什么样业态的门店作为自己的发展趋势具有一定的指导意义。根据商务部研究院张育林的研究，认为我国未来业态的发展将体现出以下 8 个方面的趋势：

（1）各业态继续加速整合、重构，形成多业态并存和业态边界模糊的复杂格局。消费者既需要购买基本的生活用品，也需要满足家庭装修这样复杂的需求，有时又要得到不是生存和生活必需，而只是欲望、精神层次的满足。在这种情况下，20 种左右的业态将长期共存——既有历史悠久的百货店、专业店，也有新兴的网上虚拟商店；既有大型的复合业态式的购物中心，也有小型的专卖店、便利店。业态边界模糊则是指不同的业态所经营的商品品类交叉重叠，所采取的价格、服务策略互相模仿，而所选定的目标顾客互相渗透。

一些学者认为今后零售业态的淘汰速度会加快，能长期生存下去的业态将为数甚少。这种观点值得商榷，与一些典型业态发展的历程也不吻合。商业创新的速度的确在加快，但我们却看到，一些相对老旧的、传统的业态正是因为吸收了新的元素，适时进行调整和重构，从而增加了新的生命力，继续存在和发展下去，这就使业态种类更丰富而不是所谓的“为数甚少”。在特定的发展阶段和特定地区，有主导业态，也有补充性的、辅助性的、拾遗补缺式的业态；有的业态能引来所谓的商业革命，并经过 3～5 年的检验期沉淀下来为人们接受，有的虽没有这样大的影响力却仍然为消费者所需要。这些年我国的业态发展实践已经证明了这一点，百货店、农贸市场、传统集市仍是非常重要的购物消费场所。

（2）各业态所占市场比重和发展速度、发展前景不同。从发达国家和发展中国家的大城市这样的范围来看，百货店和一般超市虽然总的市场比重可观，但都呈下降趋势，增长缓慢甚至负增长，这两种业态的市场不断受购物中心、便利店等业态的蚕食。20 世纪 90 年代，伴随着一时的网络热，美国等国家的一些人非常乐观地估计不久的将来每个人都通过互联网购物，传统的有形商店会因交通问题等而关闭，纸质的目录宣传品会过时等等。这些年的事实证明这只不过是神话，无店铺销售如网上购物、电子商务这些年发展速度很快，但它不可能代替“灰砖加泥浆”的有形店铺，相当长一段时期内，也不可能成为像超市和购物中心这样的主力业态。现在美国电子商务每年以 25%的速度增加，但到 2006 年，仅占总销售额的 6%。

（3）各业态的集中化、组织化、国际化趋势。少数大企业利用连锁经营、商业特许加大门店扩张速度，提升销售额，同时加大并购力度，实现规模经济。跨国公司加大在全球扩张的力度，实现全球化的采购、本地化管理。全球化带来的跨国界的商品、资本、信息、人才的流动，对各国的零售业态都有深刻影响。

但沃尔玛这类的零售大鳄们在其扩张过程中遇到了不利的国内外社会反应。反对它们的理由是多方面的：巨大的杀伤力导致所在地区中小零售商破产失业，使市场结构失衡，形成垄断；庞大的客流量引起周围社区交通拥挤，环境恶化；低工资、无工会组织损害着员工的利益；对本国而言，全球采购、销售进口商品损害了本国制造业；而对扩张到的国家来说，则对其民族零售业和国家经济安全形成威胁。这种抗拒力在世界各地都有抬头上升的趋势。

（4）高新技术特别是供应链技术与管理对各业态的影响日益强化。供应链的每一个环节，如每一个生产商、原料提供商、分销商、物流配送公司等，都必须互相配合才能保证供应链的高效运作。供应链管理的目的和价值是多方面的：通过供应链实现商品转移，完成物流与商流的统一，最终实现商品价值；通过产—供—销各方互动获得市场和消费信息，有针对性地扩大生产和销售；通过各环节的紧密衔接和高效运转，减少库存、损耗等成本支出，提高利润率；将上游与下游、生产和销售诸环节上的各种利益主体捆绑在一起，建立稳固的工商合作、商商合作，改善企业经营的大环境，实现双赢、多赢。

（5）品牌掌控与适度集权成为各业态成功的关键。零售商对品牌的掌控有两个直接的效应。一是降低成本，提高利润率。自有品牌质量控制得好，理论上可以降低40%左右的成本，因为没有任何商业促销成本。二是强化对渠道的控制。自有品牌对于零售商来讲是一种渠道的后向整合，在这里零售商既是生产者又是销售商，而原来的单纯的生产商的唯一责任是按照零售商的规格进行生产。自有品牌的比重占超市的销售额在美国达到15%，英国32%，法国24%。一些大企业都拥有大量自有品牌，其所占比例为：沃尔玛 20%～25%，西尔斯 90%，马狮100%。梅西百货将发展自有品牌视为应对整个百货行业衰退的法宝，开发出了女装品牌 INC 和家庭用品品牌 ToolsoftheTrade，取得了成功。

（6）各业态更注重市场细分，加快实施“体验式创新”。现在的消费者越来越依赖互联网等方式来获取更多信息，他们对零售商及其提供的商品有了更多的了解和认识，亦成为复杂、难对付的购物者。这种情况下，零售商更需要准确地作出自己的业态定位，锁定目标市场和目标顾客。

体验式或经历式创新是在价格和服务之外开创新的体验空间。传统观念上的顾客是交易中被动的一方，有时是“受剥削”的一方，但在体验式创新的理念与实践中，这种情形大大改变了。体验式创新很有力量，这种力量来自于公司内部，它不是复制其他机构的活动而是内部创新，强调的是公司在结构、企业文化等“内功”方面的变化。

（7）多业态经营同时突出主业。与上述注重消费者需求和市场细分一样，多业态经营同时突出主业，其实也是市场定位问题，目的是在扩大市场份额、降低企业经营风险的同时，确定主要服务对象，专注特定的流通环节，强调专业化，提高核心竞争力。成功的世界零售巨头尽管都是多业态经营，但主业亦很突出。麦德龙 1964 年在德国成立第一家现购自运（Cash & Carry）商店，即通常所指的仓储式会员商场，用四年的时间就走向国际化。现在的麦德龙除现购自运外，也经营超市、百货店、专卖店、电子商务、运输、进出口贸易以及资产运营等，但其强项仍是现购自运，80%的营业额是围绕着现购资源实现的。麦德龙在我国开设的店铺虽少，但销售额很高，就是因为它面对的是具经营资格的法人单位，如餐馆酒店、中小零售企业，以及政府、学校、医院、部队等机关事业单位，它不吸纳社会个人作为会员。

（8）政府之手依然强劲，法律政策环境继续影响业态的布局与发展前景。政府或是借助竞争政策和自身的行政权力直接规制零售业态，或是间接影响零售业运行环境。这方面典型的是日本政府利用《大店法》、《大店立地法》对大型商业设施进行规制；我国出台了《城市商业网点规划条例》以求合理布局零售业态；法国政府则要求各省以省为主体制定商业网点规划，并通过立法对商业网点的设立实行行政许可制。可以预见的是，未来政府扮演的角色仍然会深深影响本国零售业态的发展趋势。

通过对门店业态上述 8 个方面的分析，连锁企业在进行门店开发的过程中，选择何种业态，经营何种商品，应该综合考虑上面各种因素，同时也结合企业自身情况进行抉择。

第三节　连锁经营体系成功基础——样板店

一、样板店的概念及必要性

1. 样板店的概念

样板店，顾名思义，是指在一个连锁经营体系中，严格执行 3S 原则（标准化、简单化、专业化）管理和 CI 设计要求、有良好的市场形象和经营绩效、有条件承担体系内新员工现场培训任务、稳定经营在一年以上的模范店铺，为连锁体系中的其他店铺树立一个样板。

随着市场竞争日趋激烈和行业规范化发展，为了提升竞争优势和占领市场份额，连锁企业纷纷走上了品牌化连锁经营和特许经营的道路，希望在中国市场，甚至是世界市场建立一套自我连锁经营体系。样板店作为连锁经营计划实施过程中一个很重要的步骤，日益受到众商家关注。样板店正是连锁经营前期的一个关键支点。

2. 建立样板店的必要性

建立任何一种连锁经营体系以前，最好的方法是先通过样板店的形式进行试点经营，以确定真正的市场需求状况。通过试点经营可以发现经营中的优点和缺点，从而有助于日后的改进。

建立多少试点则取决于这些试点的位置在体系中的代表性。确立一个经营模式之前，可以在不同地点做试验。另外，也有必要使试点经营的期限超过 1 年，这样经营中的季节因素可被完整地考虑进去。已拥有店铺的可从目前分店经营中获取经验，但即使这样仍有必要开设一家样板店，以消除连锁经营中的偶然因素。

如果经营者没试验过自己的制度是否能成功，就无法建立一个良好的连锁体系。通过试错法去建立一项连锁经营制度是不负责任的做法。试点经营能完成以下功能：

（1）检验和发展连锁经营制度的生命力，促使消费者从内心接受它。

（2）确定可能出现问题的领域，以便特许人找到相应的解决办法。这些领域如：市场营销、产品和服务的可得到性和可接受性，营销、促销及商品管理的方法，以及地方法律和法规，防火和建筑方面的管理，工作中的健康和安全需要，员工和员工培训的需要，税收（包括增值税等）等。

（3）能发现加盟店内外装修的最佳方案。

（4）可获得实际经营经验和不同类型地点的经营潜力的认识，包括最佳营业时间、各岗位所需员工数量、日常费用的支出方式等。

（5）从试点经营中发展出最具效率的财会制度、存货管理和存货控制方法等。

（6）为制订一本详尽全面的操作手册提供基础。

二、样板店管理与“Know-How”体系的创建

在连锁经营体系中，尤其是特许经营模式中，总部与门店的关系很大程度上可说是一种管理经验、技术、模式、规范等的转移关系，即门店的“Know-How”体系中的大部分内容就来源于样板店。样板店的选址、环境设计、装修和产品陈列等方面的内容，加上样板店关于员工管理、营销管理、财务管理的全部知识和经验，经过可靠性测试和 3S 处理之后，编入连锁企业的《运作手册》中，成为整个“Know-How”体系的一个重要组成部分。

具体来说“Know-How”体系的主要包括以下 6 个方面的内容：

（1）门店的选址与商圈分析方法；

（2）企业识别系统（CIS）、店面识别系统（SIS）和装修施工方案；

（3）员工的招聘、选拔、培训、考核和激励；

（4）销售、促销、广告、社区关系管理和店铺现场管理；

（5）财务报表管理、现金管理、纳税、财会制度、存货管理和存货控制；

（6）物流、采购与供应、信息系统管理。

从上述所看到的“Know-How”体系所包括的内容，可以看出基本上包含了门店从开发到运作中的各种管理流程和方法。掌握了“Know-How”体系，一个门店就能够正常的营运。而样板店在一个连锁体系中，也就承担了这样的经营或者说模式的示范和转移，为连锁企业迅速、健康的扩张发挥了基础作用。

三、样板店“Know-How”体系创建的十大原则

一个既符合 3S 要求，又能对各门店的工作有切实指导作用的“Know-How”体系的创建应遵循以下几个原则。

1．成功原则

连锁经营又被称之为“克隆成功”，世界上成功的连锁体系都是在成功的生意中克隆出来的，因此连锁企业的创建人必须保证其样板店和“Know-How”体系本身是成功的，具有很强的推广价值。否则就不足以保证其顺利扩张，为投资者带来良好的收益。

2．创新原则

创新是企业的灵魂，“Know-How”体系本身就是一个知识产权体系，是一种创新，是一个把企业成就、经验进行总结、提高，并形成知识化的过程。总部应将自己的成功经验和商业体系重新整理，开发成可传播的文字化营运手册。源于模仿或抄袭的“Know-How”体系是没有价值的。

3．体系原则

“Know-How”体系是总部指导各个门店进行营运的业务结构、流程、管理等的总称，是一个有机、可控制、密切联系而成的系统的一个整体，不是孤立和杂乱无章的。

4．工程原则

连锁体系的创建和拓展本身就是一项巨大系统工程，其“Know-How”体系作为一项在各门店进行推广的模式，必须要经历调研、设计、调试、建立、推广、维护、培训等必要阶段，各个阶段缺一不可。

5．营运三原则

控制、支持、沟通是连锁经营体系营运的三大基本原则，也是“Know-How”体系不断改进的重要手段。

6．克隆原则

因为总部的“Know-How”体系必须面临所拓展的地区、民族、文化等各种差异，因此连锁经营的克隆应是因地制宜、适应当地考虑实际情况进行创新后的克隆，不是简单的复制，否则纯粹的、简单的复制没有太多意义。在这个方面肯德基在中国市场做得非常成功，它根据中国的饮食习惯开发出了很多适应中国人的饮食，譬如北京鸡肉卷。

7．契约原则

特许经营建立在盟主与加盟商签订的契约基础之上，契约的建立能保证盟主与加盟商合作关系的健康发展和“Know-How”体系的持续执行。

8．专家原则

“Know-How”体系的建立需要专业人士或专业顾问公司的帮助，这样才能够做到体系完善、有效。

9．流程构建与资源整合原则

“Know-How”体系的建立应从两个方向进行：一是对企业所有业务和管理流

程进行分析诊断，并按新设计的连锁经营模式重组商业流程和企业资源与结构；另一个是面向社会，进行社会有效资源的经营组合，从而完成一个社会有效资源的动态重组和高速增长。

10．**多赢原则**

"Know-How"体系的目的和执行结果都必须是多赢的，连锁企业自身在为消费者和整个社会提供更文明、更优质的商业服务的同时，自身也能够得到迅速发展。如果不能做到多赢，该体系也就失去了存在的意义和价值。

四、旗舰店

目前各大连锁企业纷纷开建自己的旗舰店，例如家电连锁企业苏宁、国美纷纷建立了自身的旗舰店，并对旗舰店进行了界定。譬如苏宁电器认为只有符合以下4条标准的家电连锁卖场才有资格称为旗舰店：超大规模的停车场，可停车数量应在1 000个以上；经营面积在一万平方米以上；必须与国际知名连锁品牌一体化，形成家居卖场；其四是各类产品布局合理。

那什么是旗舰店呢？欲理解旗舰店，首先要搞清楚"旗舰"的含义。旗舰是一些国家的海军舰队司令、编队司令所驻的军舰，因舰上挂有司令旗，故叫"旗舰"。

旗舰店只是连锁企业对卖场一个形象化的概念，就像一支舰队需要领头的旗舰一样，旗舰店只是一个品牌标准形象的体现，它标志着这个卖场拥有完整的系统，设计标准化，尤其是细节很完善，产品很丰富，品位很超前，而且更应该传递出一种品牌理念。所以"旗舰店"应该是连锁企业内部在营销过程中设在某地最高级别的品牌形象展示店，一般来讲就是所处地段极佳、客流极强、销售极好之样板店，是代表某品牌或某大类商品的专卖店或专业店。例如阿玛尼旗舰店就属于品牌专卖店，而茂昌眼镜公司旗舰店就属于品牌专业店。

旗舰店是竞争加剧的市场经济时代的产物，对促进连锁经营、树立品牌形象均大有益处，而且也是企业拓展市场份额的有效手段。所以大型连锁企业也应该在自己的连锁体系中，对其中的一些门店进行包装、设计，努力将其打造成为企业的旗舰店铺，为企业在社会公众面前树立自己强势品牌的形象，为企业其他门店的开发、推广、营运创造一个良好的品牌平台。

本 章 小 结

连锁经营是一种实现规模经济效益的先进的商业组织形式和经营方式，由经营同类商品或服务的众多门店组成联合体，这些分店通过采用标准化的运作方式和集中化的管理来实现规模经济效益。连锁经营表现为组织形式的联合化与网络化、运作体系的规模化、规范化的运作方式三个特征。连锁店分为直营连锁店、特许加盟连锁店和自由连锁加盟店三种类型。而门店主要有百货店、超级市场、大型综合超市、便利店（方便店）、专业店、专卖店、购物中心、仓储商店和家居中心9种经营形态。开发一个成功的连锁经营体系，样板店的设计同样非常重要。

关 键 词

连锁经营　连锁门店　业态　样板店　旗舰店

复习思考题

1. 什么是连锁经营？
2. 什么是连锁门店？
3. 连锁经营的特征是什么？
4. 常见的连锁门店业态有哪些？
5. 各种连锁业态的发展态势如何？
6. 什么是样板店？
7. 样板店的功能有哪些？

实 训 项 目

1. 参观认识各种常见业态。
2. 5人为一组，以小组为单位寻求某一连锁企业样板店，并对其进行全方位剖析。

案 例 分 析

案例1-1　日本大荣超级市场的店铺开发政策

一、地区头号大店主义和多店铺优先主义

店铺发展支撑着大荣公司的发展。大荣公司的店铺发展率是每年30%左右，在同行中是最高的，这也是依靠其强大的店铺发展能力。它在商品政策和价格政

策方面，与同行的连锁商店之间所存在的差距是“规模上的差距”。“规模上的差距”也即是店铺发展能力的差距。要扩大营业额，开设新店是最有效的方法。大荣公司就是通过开设新店压倒了同行。

20 世纪 60 年代后半期，在商品流通学顾问中间存在着一种争论，即所谓“应该创建一个商业地区最大店铺”的“地区头号大商店论”与所谓“应该搞标准店铺使店铺数量多起来”的“多店铺化优先论”之间的争论。

上述两种理论都有其长处和短处，但大荣公司好像是同时采纳了上述两种观点的长处。大荣公司的目标是，既要在商业地区拥有营业面积最大的店铺，同时又要在发展多店铺方面走在同行的前头。甚至使人感到大荣公司想把地区头号大店办成为标准店铺，这点恐怕也是大荣公司被称为是“超越常规的企业”的一个理由吧。

二、坚持房产半数自有的方针

大荣店铺的所有形式是特殊的。视土地和建筑物的不同情况，即是本公司所有还是租用的，从而采取完全不同的店铺政策。大荣公司的情况是这两种所有形式的混合，一半以上店铺的土地和建筑物的所有权是属于本公司的。无论是长远计划，还是各个年度的经营计划，大荣公司一直继续采取“半数店铺房地产本公司自有”的方针。

如果急剧地扩大店铺，会增加企业的资金负担，所以，连锁企业必然容易依赖于租用土地和建筑物。然而大荣公司在迅速发展的连锁商店同行中其店铺的发展尽管也是超群的，但是“半数店铺房地产本公司自有”的政策却一直被坚持。

我们研究一下自有和租用店铺的优缺点就会发现，大的连锁商店、各个公司都主张：“如果可能，希望所有店铺自有”。这是因为自己拥有商店的土地和建筑物具有很大优越性。第一，如果属于本公司自有，那么企业在向银行借款时，店铺可以当作抵押品，便于筹措资金。第二，抵制通货膨胀的能力强，如果是租用的话，每隔几年就要调整租金。由于店铺的繁荣而带来的地价上涨的好处，不能完全属于开发者，并且连锁企业也难以根据设店地点和营业状况的变化来对店铺进行适时和适当的改造。

不过，采取租用方式，仅仅依靠保证金和房租就能够开店，比起自有店铺来，具有开办费用绝对低廉的优点。并且采取租用方式的，其地点条件好的店铺比较多。也有土地和建筑物所有者拒绝出售房地产的情况出现，他们只进行店铺出租，这时大荣公司只能选择租赁的方式。

大荣公司关于“半数店铺房地产本公司自有”的店铺政策，是充分利用了日本地价异常昂贵的特点，在精密计算自有店铺房地产利弊的基础上摸索出来的一条道路。它在店铺的迅速扩大方面既利用了租用方式，同时也依靠自有店铺，从而在地价昂贵的情况下，使贷款的抵押能力得到加强。这种二重政策，也可以说是大荣公司急剧扩大的秘密之一。

这一点，从同行的连锁商店的动向来看，也是可以理解的。比如几乎全部店铺的房地产都属自有的泉屋，由于它采取自有店铺主义，发展速度缓慢。

另一方面，伊藤商店绝大多数是采取租用方式的，它虽然有一个理由，即在地价特别高的首都地区发展连锁商店，但最近也正在积极建立自有店铺；佳思客公司也和大荣公司一样，采取了“半数店铺房地产本公司自有”的政策；但西友商店租用的店铺却比较多。

三、占据优势的店铺发展能力

在持续地抑制总需求和销售不振的异常情况下，连锁商店的设备投资正处于“窒息”状态；然而对发展店铺来说，取得设店用地的这种先行投资是绝对必要的。

在土地所有者就是店铺建筑物的开发者的情况下，租用者开设店铺，只要交纳租用保证金就可以了。但取得设店用地的房地产属于自己的店铺，其先行投资的负担却是很大的。特别是在利率很高的时代，仅仅由于利息的压力也使其不能随意投资。但是，大荣公司却经常拥有20项左右“未施工”的产权。

对于维持每年增设10个店铺左右的店铺发展水平来说，至少要有20项产权这可以说是必要的，但拥有这么多的未施工产权的连锁商店，是绝无仅有的。

大荣公司发展店铺的战略有两点，即房地产本公司自有的店铺维持在一半以上和充分发挥不属于特定企业集团的自由立场的作用。以下举例说明大荣公司压倒其他连锁商店的发展店铺能力的实际情况。

大荣公司的不动产事业本部的职员大约有70人。这些人是发展店铺的推动者。增设店铺不仅要有资金，而且需要耗费大量人力和时间。虽说只要买到土地，向建筑公司定造房屋，店铺就能到手，但从收买土地到店铺开业，平均需要3年左右时间。

公司需要寻找地段好的和将来有发展前途的场所并进行收买，但那需要不动产交易所特有的手腕。而且，买到手后还必须从地方自治体获得开发许可，向公园、绿化地带无偿提供一部分土地，提供土地用作出入的道路，以及负担下水道费用等，都要进行谈判或交涉。即使开始动手施工，日照权问题，拉砂石的翻斗卡车通行问题等还要同附近居民谈判……虽然同当地商店的谈判是由其他人负责的，但每年即使是新开10个店铺，至少也需要70名职员。

而在由土地所有者兴建店铺用房，大荣公司靠租房开店的情况下，办理开发许可手续等等工作有时差不多都要由大荣公司自己代办，实质上只不过省掉了收买土地的时间而已。

四、坚持店铺全由本公司自行设计的方针

一般来说，店铺的设计都是由与用地面积大小相适应的工程建筑公司和建筑设计事务所负责的，但是，大荣公司自己却拥有设计部门。大荣公司并不进行全面设计，而是由自己制定基本方案，在连锁商店同行中，只有大荣公司还是这样进行的。

这是因为大荣公司要求所有店铺的设施具有共同性和统一性，而且其发展途径属于高度的企业机密。日衣和佳斯科等公司在每一个准备设店的地方，都委托建筑公司、专门设计事务所进行设计，有时也采取投标等设计竞争的方式，但大荣公司并不采取这种设计竞争方式。

设计竞争方式是否有利，不能简单地下结论，而大荣公司坚持本公司自行设计主义的另一个理由，可能是想积累发展店铺的专有技术。所谓专有技术，简单说来，就是如何安排部署。对顾客最多的一层楼超级市场区、专业商店区的处理方法，以及各行业的分布，全靠经验的积累，即所谓“软件”，所以必须由本公司自行设计，最大限度地利用自己的经验，防止外流。

五、坚持发展大店铺

要想理解大荣公司的店铺政策，最快的办法是看看其实际的店铺情况。

首先是店铺的大小，平均起来营业面积为 6 000 平方米左右。具有 6 000 平方米营业面积的店铺大体上可以满足一个经营食品、服装、日用品、药品、化妆品、家具和家用电器等主要商品的综合性店铺的要求。大荣公司的这种商品构成使它具备了综合零售商店的资格。像大荣公司这样每个店铺拥有 6 000 平方米的营业面积，这在 20 世纪 60 年代后半期的大多数地方百货商店也不过如此，所以，大荣公司成为地区头号店铺也是不足为奇的。正因为如此，大荣公司在地方设店方面要比其他连锁商店受到的抵制更强烈。

6 000 平方米左右的营业面积只是平均数，实际上大荣公司的店铺要更大。在它的直属店里，初期的超级市场店也有只经营食品的店铺，可是最近的标准店铺，其建筑面积在 2 万平方米以上。因此更具体地对一个个店铺进行观察，对于大荣公司的店铺规模之大的说法，就更容易理解了。

想要在商品多样化方面领先，需要有丰富的商品，其前提是需要有很大的铺面面积。从这个意义上说，以头号店为目标的大荣公司，发展大店铺的志向是正确的。

（资料来源：华南商业网，2005-6-18）

问题 1：日本大荣超级市场的店铺开发政策有哪些？

问题 2：大荣超级市场为什么坚持房产半数自有的方针？

问题 3：大荣超级市场为什么坚持大店铺政策？

案例 1-2　麦德龙欲改中国批发格局

一直在江南盘桓的国际商业巨头之一的麦德龙终于将发展的脚步踏上了中国的北方。2002 年 12 月 19 日，麦德龙天津红桥商场正式开张营业。这是麦德龙在中国开设的第 16 家现购自运制商场，同时也是麦德龙华北区区域总部成立后开设的第一家商场。

在麦德龙天津店“软开张”的 2002 年 12 月 18 日，记者来到这家占地面积 34 029.7 平方米，营业面积达 12 220 平方米，有 323 个机动车停车泊位的商场。一些对现购自运制还不太了解的普通消费者簇拥在商场门前，很想进去领略一下逛商场、逛超市的喜悦，不想被保安礼貌地拒之门外。理由是这里经营的 2.5 万种商品与他们只有间接的而没有直接的销售关系，它们只属于麦德龙的目标客户，即 9 万多名专业客户。由此，麦德龙现购自运有限公司副总经理吕国满希望天津的消费者理解麦德龙。因为—— 借用电子商务的话说——麦德龙做的不是 B to C，而是 B to B，即商对商。据了解，这种商对商模式是麦德龙在全世界范围内采取的策略，而不仅限于中国。

一、分区变阵加速扩张

“中国这个市场已经不允许观望了，必须加速。”锦江麦德龙现购自运有限公司总裁杜哲思如是说。麦德龙是世界第一的现购自运制的商业集团，于 1995 年来到经济高速发展的中国，与中国著名的锦江集团合作，建立了锦江麦德龙现购自运有限公司，从而开创了麦德龙公司和中国合作的新阶段。而麦德龙加速在中国扩张在其公司结构上表现为，在 2002 年锦江麦德龙重组了公司的整个架构，分别以上海、北京、广州、武汉为区域总部所在地，设立了华东、华北、华南和华中四个大区域。而杜哲思总裁则将其概括为三个贴近：贴近客户，贴近供货商，贴近员工。

另一方面，在中国快速扩张的家乐福目前遭受到商业物流狙击。而随着麦德龙在中国的不断扩张，商业物流也必然成为摆在麦德龙面前的一个不容忽视的问题，尽管杜哲思总裁和吕国满副总经理都表示麦德龙的物流是世界一流的。杜哲思总裁对媒体表示，在架构上麦德龙将采取全国性的模式来保持其中央采购的战略，采购权集中于上海，同时在每个大区域都设有当地的采购部门。麦德龙在 4 个大区域都设有采购人员，他们负责各自区域里各种商品的采购，每个大区域都有自己的物流配送方式，还会考虑让当地的一些仓储公司来帮助。据了解，在麦德龙的商品构成中，全国性的商品种类占 60%，当地的占 40%。随着麦德龙华北、华东、华中和华南四个区域总部的相继成立，麦德龙将加速在整个中国的发展步伐。杜哲思总裁表示：2003 年麦德龙将新开 7 家现购自运制商场，到 2005 年将有 40 家投入运营。这位在德国商业企业工作多年的法国人称，这是一个精确的目标。

当记者问麦德龙进入北京市场是否遇到什么困难时，杜哲思总裁透露，麦德龙在北京选了 19 块地，目前都处于谈判阶段。他表示，北京由于近年来经济发展迅速，加上将举办 2008 奥运会，土地价格上涨，但麦德龙寻求的是长期、合理的投资，要尽可能地降低成本。他介绍说，前不久他在参加 2002 国际流通现代化北京论坛时曾向北京市有关领导谈到地价问题，有关方面对此表示理解与支持。

尽管如此，杜哲思总裁语气坚决地表示，不管怎样，麦德龙今年一定要在北京开 2 家店。北京在麦德龙中国布局中的重要位置由此可见一斑。除了北京之外，麦德龙还要将触角伸向西部和华南地区。据了解，2002 年麦德龙将在西安开 1 家店；而且从今年开始，在广州开设 3 家分店，在深圳开设 2 家分店，在东莞也会开 1 家。

二、中国批发业将经受考验

麦德龙的现购自运制（Cash & Carry）是全世界最成功的，已积累了 30 多年的专有技术，其主要特征是进销价位较低、现金结算、勤进快出、顾客自备运输工具。麦德龙作为大型仓储式配销中心，具有大批量、低成本、低价格、货真价实的特点。麦德龙为专业客户，如中小型零售商、酒店、餐饮业、工厂、企事业单位、政府和团体等提供全系列丰富的食品和非食品商品。麦德龙有别于其他超市的最大特点是实行会员制，使用会员卡消费，只有营业执照的法人或单位（而不仅仅是自然人）才能成为其会员，目前国内已拥有 100 多万会员。

杜哲思总裁十分明确地表示，麦德龙现购自运这种经营业态和一些零售商或一些大型的超市相比，是完全不同的一种业态。因此不会与沃尔玛、家乐福及其他超市存在竞争关系。杜哲思说，对于一些大型和超大型的超级市场来说，他们的客户主要是真正的消费者，或者叫终端消费者，而麦德龙是商对商的一种方案，主要客户是中小型的零售商。现购自运其实是处在批发业和中小超市中间的一种业态。据介绍，在现购自运这一业态领先的麦德龙每天只要有 2 500 个客户即能达到平衡，但超级市场至少需要 1 万个以上的客户。事实上，正如杜哲思先生所说的那样，麦德龙的真正竞争对手是那些传统的批发商们，反过来说，传统批发商将受到麦德龙的强大压力。

尽管与批发商互为竞争对手，但麦德龙不同于传统的批发商。有关人士向记者介绍说，由于麦德龙进货价格较低，采购渠道广泛和直接，商品品种齐全，客户只要拥有会员卡并支付现金，不论购货数量大小均能享受优惠的价格，使零售商的成本也大大降低，简化了原来重重叠叠的批零关系，产、批、零三方均能得益，从而使社会商品零售能有合理的价格。同时，客户完全根据自己的经营条件和市场需求来商场采购，减少了商品积压、滞销的风险，使得中小型商业企业的经营较为容易。麦德龙特定的仓储式形式，迎合了供应方和需求方两方面的需要。麦德龙的主要客户是那些中小型零售商，其采购一般是次数频繁，品种多，以有限的资金形成较丰富的商品结构。在一般的批发部门，如果采购批量少，享受的价格折扣也就小，从而使客户的竞争能力差，获利也低。麦德龙的出现使这些中小型零售商的特定需要得到了充分的满足。

麦德龙面对中小零售商的目标定位，恰恰填补了批发市场中所被忽略的部分。从过去两年来国家有关方面的统计数据来看，麦德龙的营业额占所在地区的社会消费品零售总额的1%～2%。

应该说，麦德龙进入我国8年来坚持现购自运制是明智的，也是成功的。而曾是“仓储式商场鼻祖”的万客隆到中国“变形”后却走了一段弯路。由于受到传统批发市场恶性竞争的影响，过去6年万客隆在北方的发展速度很慢。万客隆1998年刚进京时，由于采用包税制和长期形成的购买习惯使得传统批发市场的力量很强大，而且传统的分销商和供应商也在抢占这一市场，以至于万客隆很难参与竞争。因此，在经营方式上也被迫实行批零兼营、甚至以零售为主的模式，以至于过去万客隆70%以上的销售额来自个人用户。随着众多内外资超市、大卖场的纷纷出现，万客隆的个人会员也逐渐减少，加上批发市场的恶性竞争，万客隆的销售额自1999年开始出现了下滑。直到2001年万客隆把业务群体调整到专注于团体、商贩等单位会员后，整体业绩才又出现上升趋势，当年的营业额达到了8.5亿元。

2002年以来，越来越多的大客户开始更倾向于跟专业的批发商合作，以保证商品质量。同时，国家也下决心规范混乱的批发市场。这一切给仓储式商场的健康、快速发展带来了新希望。杨博标说，一旦批发市场不能再以偷税漏税和回扣返点等不法手段吸引客源时，仓储式商店的低价优质商品将逐渐把那些集团客户吸引过来。目前，万客隆也正从面向最终用户向面对大客户转型，争取尽快实现70%～80%的销售由集团客户来完成的正常比例。杨博标把万客隆的专业客户定位于小型零售商、酒店餐厅以及服务类企业客户，而下一步万客隆将重点发展餐饮酒店类客户。而这显然是麦德龙的目标客户。两“龙”在津门乃至今后的北京等地上演一场短兵相接的大战，看来在所难免。

有业内人士分析认为，麦德龙在中国的变阵布局及其带来的加速扩张，以及万客隆的重操旧业，极可能使中国批发市场格局发生重大转变。麦德龙、万客隆大举在北方攻城略地，必将抢食现有的批发市场利润，其“杀伤力”在于对我国传统的批发企业形成一定的威胁，这将迫使我国的批发业改变现有运行机制，尽快与国际接轨，奋起迎战。而国务院体改办市场流通体制司张春生处长认为，在中国发展极不平衡的市场背景下，批发市场还将在相当长的时期内实行包税制而具有强大生命力，而仓储式商场与批发市场的产业互换仍将经历长期的并存和整合。

（资料来源：http://www.bookwoo.com，2006-12-4）

问题 1：麦德龙的经营方式是什么？

问题 2：麦德龙进入我国将使我国批发业将经受哪些考验？

第二章 连锁门店投资开发可行性分析

2

技能目标

- 使学生对连锁门店投资开发可行性有个全面认识；
- 能清晰描述投资开发可行性主要研究的内容；
- 能够自己完成一份门店投资开发性的可行性分析报告；
- 能够独自进行门店开发的不确定性的分析。

知识目标

➢ 门店投资开发可行性研究内容；
➢ 门店投资开发可行性环境分析的主要框架和内容；
➢ 连锁门店开发的投资构成；
➢ 连锁门店开发投资可行性的经济评价。

一个连锁经营体系，连锁门店是其成功的基石。开发建设一家新的门店，首要考虑的就是其经济效益。能否获得较好的经济效益，主要取决于投资前的投资策划和投资后运营中的经营管理。因此门店项目投资前的策划分析或者说投资前的可行性研究是一个门店能否成功的先决条件。尤其是大型门店的投资项目，投资额大、涉及因素多、风险大，其成功或失败所带来的收益或所造成的损失都是巨大的。因此投资前的各方面的分析论证即可行性研究工作尤为重要。

第一节　门店投资开发可行性研究内容

一、门店投资开发项目可行性研究的概念和作用

1．门店投资开发项目可行性研究的概念

可行性研究，从理论上讲是指在投资决策之前，对拟建项目进行全面技术经

济分析论证并试图对其作出可行或不可行评价的一种科学方法。它是投资前期工作的重要内容，是投资建设程序的重要环节，是项目的投资决策中必不可少的一个工作程序。

所谓门店投资项目的可行性研究就是指投资者拟投资开设一家门店，为使这一门店能够在激烈的市场竞争中得以生存和发展，实现预期的经营目标，在投资前必须进行认真调查、研究与拟建项目有关的自然、社会、经济、技术资料；对诸如门店开设所需的资金、商业业态的选择、建设规模、店址的确定等可能的投资方案进行全面的分析论证；预测、评价项目建成后的经济效益和社会效益，并在此基础上，综合论证项目投资建设的必要性，财务上的盈利性和经济上的合理性，从而为投资决策提供科学依据的工作。

2．门店投资开发项目可行性研究的作用

对门店投资项目进行可行性研究的主要目的在于为投资决策从市场、社会、技术、经济多方面提供科学依据，以提高投资决策的水平，提高项目的投资经济效益。具体来说，门店投资项目的可行性研究具有以下作用：

（1）作为门店投资项目投资决策的依据。开设一家门店成功与否及效益如何，会受到社会的、自然的、经济的、技术的诸多不确定因素的影响，而项目的可行性研究有助于分析和认识这些因素，并依据分析论证的结果提出可靠的或合理的建议，从而为项目的决策提供强有力的依据。

（2）作为向银行等金融机构或金融组织申请贷款、筹集资金的依据。一家门店，尤其是大型门店开发所需的投资数额较大，资金的筹集往往要借助于银行等金融机构。但银行等金融机构是否给一个项目贷款融资，其依据是这个项目是否能按期足额归还贷款。银行只有在对贷款项目的可行性研究进行全面细致的分析评估之后，才能确认是否给予贷款。

（3）作为编制设计和进行建设工作的依据。 在可行性研究报告中，对项目的建设方案、经营方案、建设规模、场址、工艺流程、主要设备和总图布置等作了较为详细的说明，因此，在项目的可行性研究得到审批后，即可以作为项目编制设计和进行建设工作的依据。

（4）作为签订有关合同、协议的依据。项目的可行性研究是项目投资者与其他单位进行谈判、签订承包合同、购销订货合同、原材料供应合同、销售合同的重要依据。

（5）作为项目进行后评价的依据。要对投资项目进行投资建设活动全过程的后评价，就必须有项目的可行性研究作为参照物，作为项目后评价的对照标准，尤其是项目可行性研究中有关效益分析的指标，无疑是项目后评价的重要依据。

（6）作为项目组织管理、机构设置、劳动定员的依据。

（7）作为环保部门审查项目环境影响的依据，也作为向项目所在地政府和规划部门申请建设执照的依据。

二、门店投资项目可行性研究的基本内容

门店开发的可行性研究的内容主要包括以下 11 个方面的内容。

1．宏观投资环境分析

任何投资活动都是在一定的环境中进行的，应不应该投资、如何投资、投资效果如何都要受到环境的各种因素影响。因此，投资建一家门店首先就要对投资环境进行深入透彻的分析，通过分析找出有利与不利因素，寻求投资机会，以便决定是否进行下一步工作。

门店的宏观投资环境分析的主要内容有：

（1）国内商业发展现状分析。如改革开放以来我国商业发展过程分析，目前商业发展状况分析等等。

（2）未来几年影响商业发展的宏观因素分析。

（3）未来几年影响商业发展的国际环境分析。如世界的战争与和平情况、各国间的商贸发展趋势等；中国加入 WTO 后对国内商业发展的影响等。

2．地区行业概况分析

包括该地区的商业运行特点、整体发展状况和趋势、商业网点布局及规模、各种零售业态的优势及劣势比较、外商进入情况等。

3．地区市场需求情况调查和预测

包括对投资地区人口数量、人口结构、收入水平、消费习惯、对各种商品的需求量等情况的调查和预测。

4．地区主要门店的竞争状况调查分析

商场如战场，这是早已被人们所接受的观点。在一个地区开设门店，第一要研究消费者，第二就要研究竞争对手。正所谓“知己知彼，百战不殆”。现在门店应该围绕两个中心展开工作，一是以消费者为中心，二是以竞争者为中心。因此，对该地区的竞争情况进行深入的调查研究是可行性研究的一项重要内容，也是决定门店能否成功的关键因素。

5．门店业态选择和经营规模分析

根据上述的调查分析结果，结合投资者的资金实力及经营管理能力等因素，也就是依据需要与可能来确定拟建门店的经营业态和门店经营规模。

6．门店选址分析

门店地址的选择的重要性无论如何形容都不过分。这是因为：

门店店址选择是一项大的、长期性的投资，关系企业的发展前途；门店的场

址是门店经营目标和制订经营策略的重要依据；场址选择的是否得当，是影响门店经济效益的重要因素；门店的店址是门店市场形象的表现和基础。

7．门店卖场布局策划方案的分析

门店卖场布局策划是指对门店实体的内部和外部进行科学、合理、艺术的设计，从而造成一种巨大的商业活动艺术氛围。门店的布局是否科学、合理、艺术会对门店的日后经营效果产生重大的影响。

门店的布局设计既有整体的布局策划，如一个大型商厦各楼层功能的划分，每层楼面功能区域的设计；也包括局部的细微设计，如柜台的摆放、橱窗的设计、灯光的设计等等。不论整体的策划还是局部的设计都存在多个方案，这就需要从技术上、艺术上和经济上进行分析论证，从而选择一个满意的方案。

8．门店经营策略分析

包括组织机构的设计、商品组合策略、价格策略、促销策略、服务策略等。选择好各种策略是门店今后经营成功的基本保障。

9．投资估算和筹资方案分析

准确的估算投资项目所需投资额及选择合适的筹资渠道，是影响门店经济效益的重要因素。

10．经济评价

拟建项目的效益是投资决策的主要根据。项目效益的评价因其追求的目标不同而分为：企业财务效益评价、国民经济效益评价与社会效益评价三部分。商业投资项目的经济评价的重点是财务评价。通过财务评价，分析测算项目的效益和费用，考察项目的获利能力、清偿能力等财务状况，据以判断项目财务上的可行性。效益指标是衡量商业投资项目投资价值的最重要指标。

11．门店开发可行性结论

门店投资开发是否具有可行性是在上述综合分析与评价的基础上，对项目进行综合分析与论证，提出综合性的分析与评价意见。其主要内容是：

（1）门店是否有开发的必要。

（2）门店开发的物质条件、基础条件和资金条件是否具备，可以建多大规模的店铺。

（3）所选用的技术、设备是否先进、适用、安全、配套、可靠。

（4）项目投产后的财务效益、国民经济效益和社会效益如何。

（5）备选方案及对项目决策的建议。

总之，可行性研究就是通过对建设方案的综合分析评价与方案选择，从技术、经济、社会以及项目财务等方面论述建设项目的可行性，推荐可行性方案，提供投资决策参考，指出项目存在的问题、改进建议及结论意见。

第二节 门店投资开发可行性环境分析

一、门店投资开发环境概念

从系统论的观点看，环境是存在于事物周围的境况和条件的集合体，是影响事物发展的各种因素的总称。如果把投资项目看成一个子系统的话，投资环境则是这个项目生存和发展所处的一个复杂的大系统。它是由若干相互联系、相互影响、相互制约的子系统所构成的。

门店的投资环境就是指对投资在某一区域内的门店的投资项目所要达到的目标产生有利或不利影响的外部条件。它包括对投资具有影响的区域范围内的社会政治、经济、法律、文化、自然地理、基础设施、服务等综合条件。

一个门店就是整个国民经济中的一个细胞，任何门店都不可能脱离国民经济这个整体而独立生存。成功的创建和经营一家门店，其中一个重要条件就要使这个门店能够适应它周围的环境，正所谓适者生存。古今中外无数的成功与失败的例子都充分证实了这一点。因此，门店的投资者在投资前，必须对投资项目所涉及的环境因素进行全面透彻的分析研究。

二、门店投资开发环境的类型

构成投资环境系统的各种要素可以根据其不同的功能从不同的角度进行分类。

1. 按投资环境存在的物质形态进行划分

按投资环境存在的物质形态的不同分为硬环境和软环境。硬环境有具体的物质形态，而软环境往往没有具体的物质形态。

（1）硬环境是指与投资活动直接相关的外部物质条件。主要包括：

1）城市和工业基础设施的结构及其状况。如交通运输系统、邮电通讯系统、能源动力系统、给水排水系统、防火设施系统、环境保护系统等以及住宅、商业网点、文化教育、医疗卫生、娱乐旅游及其他服务性设施。

2）自然地理条件。如自然资源、地理位置、环境气候以及自然风光等。

（2）软环境是指对投资活动有重大影响的政治、经济、社会、人文诸方面的外部条件。

1）政治条件。如政治是否稳定，社会是否安宁，与投资活动有关的经济法规是否健全，有无保护国际投资的协定等。

2）经济条件。如经济增长速度及其稳定性，财政和货币政策的连续性，市场规模及其完善程度，外汇管制状况、金融信息服务水平，企业自主权限，经济运行机制等。

3）管理条件。如经济管理体制水平，政府部门的办事效率，尤其是为投资者简化办事手续的情况等。

4）人口素质。如人口的文化水准及技术素质特别是劳动者技术素质及其费用水平。

5）政策性优惠条件。如是否给投资者以税收、费用等方面的优惠。

2．按投资环境存在的范围不同进行划分

按投资环境存在的范围不同进行划分，可分为宏观、中观和微观投资环境。

（1）宏观投资环境是从整个国家角度考察的投资环境，一般需要通过国与国之间的比较才能正确予以评价，它所包含的各种因素，通常都为国外投资者所重视。尤其是东道国的政局和政策的稳定程度、国民经济管理体制、国民经济增长速度、生产力发展水平、涉外法律规章制度、社会思想文化观念等，往往是国外投资者首先要考虑的宏观投资环境因素。

（2）中观投资环境又可分为地区投资环境与行业投资环境。地区投资环境是指一定投资区域内的自然、经济、社会条件，如地区对外开放程度、地区经济发展及生产力水平、地方政府的管理水平和办事效率、地区基础设施状况、地区技术和劳动条件、地区自然资源条件等。行业投资环境是指一定行业中有关投资的外部条件，如行业发展规模及水平，行业产品的市场容量及竞争状况，行业优惠政策与限制政策，行业的发展趋势以及本行业与其他行业的相关情况等。

（3）微观投资环境又称企业内部环境是指进行投资活动的具体场所的自然、经济、社会条件，如门店进行营业所需的营业场地、库房、设备、运输车辆，供货商的条件、资金状况、门店管理水平、员工素质等，都是直接影响门店投资效益的重要因素。

上述投资环境三大层次之间有密切的内在联系。一方面，宏观投资环境制约着中观、微观投资环境，宏观投资环境中的某些因素及其所导致的问题，会相应地在中观和微观投资环境中得到体现；另一方面，中观、微观投资环境又是构成宏观投资环境的基础，它们会在不同程度上影响和改变宏观投资环境。

3．按投资环境存在的内容不同进行划分

按投资环境存在的内容不同进行划分，可分为社会政治经济环境、物质技术环境、自然地理和资源环境。

（1）社会政治经济环境又分为政治环境和经济环境两部分。社会政治环境包括社会政治制度及其稳定性、社会结构、意识形态、风俗习惯等要素；经济环境包括经济结构与发展水平、经济体制、生产要素供应、吸收外资的条件和情况等要素。

（2）物质技术环境。主要包括交通运输和通讯设施，煤、电、气、水的供应状况，福利设施等要素。

（3）自然地理和资源环境。包括地理位置、地质、水文、气候、资源状况等要素。

此外，按投资者对外部因素控制能力的不同，可将投资环境因素划分为无法控制因素、局部可控因素、完全可控因素三大类；按投资运动阶段不同可分为投资的投入环境、使用环境和回收环境；按投资的国别不同可分为国内投资环境和国际投资环境等。

三、门店投资开发环境的特征

一个门店要获得生存和发展，首先要能够适应环境，而适应环境首先必须了解和认识环境。正确把握投资环境的主要特征，是系统地认识、评价和完善投资环境的前提。门店的投资环境分为不同种类、不同层次，归纳起来门店的投资环境主要具有如下特征：

1．综合性

投资环境是个由众多因素以一定的结构和方式相互联系，相互制约，相互作用，构成的一个多维、多元、多变量、多层次的综合性系统。

在这个环境的众多因素中，有些因素对投资的流向、规模、方式的选择和投资效益的提高起决定作用，有些则起次要作用。在投资环境的综合系统中，各子系统之间及每一系统内部各因素之间，有时会存在着某些对立和冲突，抵消主要因素的作用。因此，就要求我们在分析与利用这种环境时，必须从整体出发，根据整个环境的状况而不是其中的某一方面进行决策；在分析一种环境因素时，必须同时考虑它同其他因素的相互影响，做到统筹兼顾，寻求最佳组合，注意实现系统的综合最优化，从而为提高投资效益创造良好的外部条件。正所谓“牵一发而动全身”，说的是局部对整体的影响；“一着不慎，满盘皆输”，也说的是因对环境因素考虑的不周所造成的后果。

2．区域性

区域经济的存在是产生投资环境区域性特点的基础。区域经济是社会劳动分工的空间表现，它是随着科学技术进步和社会劳动生产力的发展而发展起来的。由于各地区发展生产的有利条件不同，逐渐形成了具有不同主导产业的区域经济。区域经济具体表现为地区经济间的各种差异。在不同的区域内进行投资，其投资环境必然体现该区域的特点。我国疆域广大，各个经济特区、沿海开放城市与广大内陆地区，其投资环境都带有不同区域的明显特点。

3．动态性

构成投资环境的诸因素及其评价标准都不是一成不变的，而是随着时间的推移会不断发展变化。

（1）投资环境系统本身的状况处于不断运动和变化之中，有些因素会逐步改善，有些因素则会逐步恶化。引起变动的原因如下：

1）包括自然界本身的变化和发展。如资源、气候条件、生态环境等的自然演变。

2）包括人为的干预。如交通和通讯设施的增加、社会服务的加强、产业结构的调整等；

3）包括社会条件的变化。如政治体制的改革、优惠政策的实施、办事效率的提高等。

这些因素的变动会不断排列组合出新的投资环境，从而对投资活动发生不同影响。

（2）衡量投资环境的价值尺度也会随着时代的发展变更而调整，有些因素会因此而变得越来越重要，有些因素的地位则相对下降。

投资环境的这种动态性，要求投资者克服僵化的思维方式，不仅要全面考虑投资环境的现状，而且要分析和预测未来若干年投资环境的可能变化，以便做出科学的决策。

4．差异性

同一投资环境，对不同项目的投资会有不同的影响，产生不同的吸引力，也就是说投资环境是一个具有部门、行业和项目差异性的“感应场”。

一个既定地区的投资环境，对某些项目的投资可能极为有利，而对另外一些项目可能会少利或不利。有的投资环境适合于吸引工业投资，有的则适合于发展旅游投资；有的适合于商业投资，有的则适合于低耗能企业投资；有的适合于劳动密集型产业投资，有的则适合于技术知识密集型产业投资。在当今世界上，要找出一个适合于所有项目的投资环境，实际上是不可能的。

了解投资环境的这种差异性，便于投资者根据一定地域投资环境的特点，有针对性地安排投资项目，最大限度地发挥各地的优势，以取得最大的投资效益。

随着商业经济的发展，与过去相比，门店投资的规模和投向都发生了极大的变化。总的趋势是，投资规模越来越大、投资区域越来越广，跨地区、跨国投资的现象越来越多，这就更需要了解掌握投资环境的特征，尽量避免和减少“因水土不服”而造成的投资损失。

四、门店投资开发环境分析的内容

作为门店投资开发项目而言，在研究分析投资环境时，需重点调查分析的主要内容如表 2-1 所示。

表 2-1 门店开发重点分析内容

内 容	项 目	具体说明
市场环境调查分析	政策法令的相关分析	政府的相关政策法令，包括价格、财政、税收等对零售及其他服务业的影响
	经济情况的调查分析	国家的经济发展整体状况、居民收入状况、商品或服务供求状况等
	人口调查分析	人口状况、当前社会问题、社会发展态势等
	自然环境调查分析	气候、资源、交通等
	社会时尚调查分析	社会流行、社会时尚及其变化态势
	科技状况调查分析	新技术在行业的应用现状与态势
	竞争状况调查分析	竞争者数量、竞争者自身经营状况、竞争手段等
消费行为调查分析	消费者需求调查分析	需求类型、需求满足状况等
	消费者购买动机调查分析	消费者购买动因、消费心理的详细了解
	消费者门店选择调查分析	选择购物地点的标准、习惯等

五、门店投资开发环境分析的方法

投资环境是一个复杂的综合系统，要作出准确评价具有相当难度。迄今为止，对投资环境的评价还未形成一种规范的模式，现存的各种方法都有自己的特点与不足。国外投资环境评价方法主要有：冷热图法、等级尺度法、道氏评估法、多因素和关键因素评估法、相似度法、国家风险评级法和综合评价法。下面仅简单介绍道氏评估法和多因素评估法。

1．道氏评估法

道氏评估法，是美国道氏化学公司根据自己在海外投资的经历提出的。该种方法把在海外投资的风险分为两类：一是“正常企业风险”，或称为“竞争风险”。例如，自己的竞争对手可能生产出一种更好的产品，或者竞争对手的生产技术更先进，生产成本更低，产品价格也就越低廉等等。任何一种基本稳定的企业环境中都存在这一类风险。二是“环境风险”，即某些可以使企业环境本身发生变化的经济、政治和社会事件。因此，道氏评估法把影响投资环境的因素按其形成的原因和作用范围分为两部分：一是企业从事生产经营的业务条件；二是有可能引起这些条件变化的主要压力。

道氏评估法的评估过程分为 4 个步骤：

第一，评估影响企业业务条件的诸因素；

第二，评估引起变化的主要压力因素；

第三，在前两步的基础上，进行有利因素和假设条件的汇总，从中挑出 8～10 个在某个国家的某个项目上能获得成功的关键因素；

第四，在确定各关键因素及其假设条件后，可以提出4套项目预测方案。第一套是根据未来7年中各关键因素“最可能”的变化而提出的预测方案。第二套是假设各关键因素的变化比预期的好，而提出的“乐观”预测方案；第三套是假设各关键因素的变化比预期的差，而提出的“悲观”预测方案；最后一套是各关键因素的变化最坏可能导致公司“遭难”的预测方案。在各预测方案提出后，请专家对某一套方案可能出现的概率进行预测。

道氏评估法为个别投资者进行国际直接投资提供了一个实用性很强的评价东道国投资环境的方法。这种方法对于我们进行门店开发的可行性研究同样具有很强的指导意义。

2．多因素评估法

多因素和关键因素法是两个前后关联的评估方法。多因素法是把投资环境因素分为11类：即政治环境、经济环境、财务环境、市场环境、基础设施、技术条件、辅助工业、法律制度、行政机制效率、文化环境、竞争环境。每一因素又由一系列子因素构成。在评价时先对各因素的子因素作出综合评价，然后据此对该类因素作出最优、良好、中等、可用、很差的判断，最后按下列公式计算投资环境总分：

$$投资环境总分=\sum_{i=1}^{n}W_i\ (5a+4b+3c+2d+e)$$

式中　　　　W_i——第i类因素权重。

a、b、c、d、e——分别是第i类因素被评为最优、良好、中等、可用、很差的百分比，且$a+b+c+d+e=1$（$i=1$，2…，11）。

投资环境总分取值在1～5之间，愈接近5，说明投资环境愈佳；反之，愈接近1，则说明投资环境愈劣。

第三节　门店开发投资构成分析

门店开发首先要进行可行性研究，经济评价是可行性研究的核心，而投资估算是经济评价工作的基础。投资估算是决定门店是否建设、银行能否贷款的依据，其准确程度将直接影响门店投资的经济效益。而投资多少，即投资规模大小决定门店的规模、档次及日后的经济效益。

一、门店开发投资的构成

因门店的类型、规模、经营方式的不同，其所需资金数量相差很大。如建一个万米以上的大型门店和开一家几十平方米的小店所需投资有天壤之别；门店自己建物业还是租用他人物业所需资金也不同；连锁门店是否建配送中心；是独立开店，还是加盟到他人旗下等等不同情况所需投资的结构、数量及计算方法都不同。

门店投资项目的总投资是指拟建项目全部建成、投入营运所需的费用总和。在项目的可行性研究和经济评价中，对投资项目总投资的估算，主要是对项目所需的固定资产投资、流动资产投资、无形资产投资和递延资产投资的估算。项目总投资的构成见图 2-1。

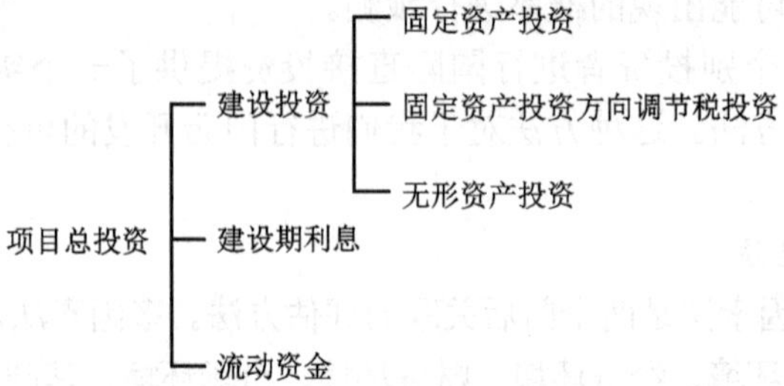

图 2-1　门店投资项目总投资的构成

门店开业前筹资，主要目的是为了自身的兴起和发展，因而筹集资金的规模和效率必须与门店的规模和经营目标相吻合。

各类门店由于经营性质的不同和组织形式的差别，对资金的需要量也不同。但基本标准都是使资金的筹集量与需求量达到平衡，既要防止因筹资不足而影响门店的正常开业经营，又要避免因筹资过剩而降低筹资效益。为达到这一目的，首先应将门店筹备期间所需资金的种类进行细分测算，然后在此基础上确定合理的资金需要量和筹资量。

二、门店所需各类资产及其投资构成

建成一个门店并能够正常营业，必须具备足够的资产。可以把门店的各类资产分为 4 大类，即：固定资产、流动资产、无形资产、递延资产。

1．固定资产投资

固定资产投资主要是指项目从开始建设到建成为止的这段时间里用于购置和形成固定资产的投资额。门店业是个资金密集型行业，固定资产投资在总投资额中占有重要的地位。门店固定资产投资金额较大，一般要占总投资额的 80%左右，因此固定资产投资管理得如何对门店财务成果影响较大。而且固定资产一般使用年限长，一旦投入往往难以改变，投资决策成功与否对门店未来的发展方向、发展速度和获利能力都有重大的影响。

（1）门店固定资产的分类。为了更加准确的估算门店的固定资产投资，应该对门店的固定资产的含义及类别有所了解。因为一个门店固定资产投资数量是由门店所需固定资产的种类和数量决定的。门店特别是大型门店的固定资产种类复杂，数量很大，其固定资产可根据不同的标准进行分类。

1）门店固定资产按照经济用途，可以分为营业用固定资产和非营业用固定资产两大类。

① 营业用固定资产。营业用固定资产指直接参加经营过程或服务于门店经营过程的固定资产，如房屋及建筑物、机器设备、交通运输工具等。

② 非营业用固定资产。非营业用固定资产指不直接服务于门店经营的固定资产，如职工宿舍、食堂、托儿所等所使用的房屋设备等固定资产。

2）固定资产按所有权分类，可以分成门店自有固定资产、其他企业投资的固定资产及租入固定资产三大类。

① 门店自有固定资产。门店自有固定资产是指所有权归门店的各类固定资产，它包括自用固定资产、租出固定资产等。

② 其他企业投资的固定资产。其他企业投资的固定资产是指门店与其他投资者联营（或部分联营）而接受的各种固定资产投资。其所有权归投资者所有。但是，由于这部分固定资产是为联营业务服务的，并作为经济效益分配的一种依据，所以在接受投资期内，应列作门店的固定资产。

③ 租入固定资产。租入固定资产是指门店从其他企业租用或借用的固定资产。门店在租用期限内，对租入或借入固定资产有使用权，并按规定或合同、协议支付租金。这部分固定资产不属于本门店的固定资产。

3）实际工作中，门店的固定资产采用经济用途和使用情况相结合形式分为以下几类：

① 房屋及建筑物。房屋是指经营用门店、餐厅、游艺厅、康乐室、车库、仓库、办公室等，以及安装在房屋内部、同房屋不可分割的各种附属设备，如电梯、水暖设备、卫生设备等。这里所说建筑物是指房屋以外的其他建筑物，包括门店的天桥、回廊、蓄水池、围墙、栅栏、以及美化门店环境的亭台楼阁、小桥流水等环境设施。

② 机器设备。机器设备是指用于门店经营服务的厨房设备、通信传真和复印设备，用于产生或传送电力、热力、风力的各种机器设备，以及具有独立用途的各种工作用具（如工程部的装修设备）、检测仪器（如测空调出风口用的风速计）等。

③ 交通运输工具。交通运输工具是指用于经营服务和门店内部运输的各类载人和运货的交通运输工具，如客车、卡车、轿车等。一切作为运输交通设备组成部分的附属装置，例如其中的桌椅、音响设备等也包括在本类之中。

④ 办公设备。办公设备是指用于经营管理方面所使用的办公设备。

⑤ 电器及影视设备。电器及影视设备是指用于门店经营服务或管理用的计算机及其网络设备、电冰箱、空调、电视机、摄像机、放影机等。

⑥ 文体娱乐设备。文体娱乐设备包括卡拉 OK 机等。

⑦ 其他设备。其他设备是指不属于以上各类的其他经营管理用的固定资产。

（2）固定资产投资的构成。门店的固定资产投资就是购建上述门店所需各类固定资产所花费的投资。固定资产投资的费用构成见图 2-2。

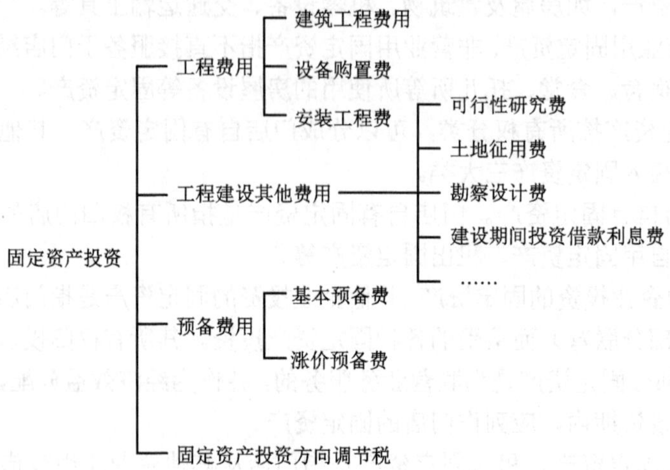

图 2-2　固定资产投资费用构成

从图 2-2 可以看出，固定资产投资主要包括工程费用、工程建设其他费用、预备费用和固定资产投资方向调节税四大项费用。

1）工程费用。项目的工程费用是指直接形成固定资产的工程项目费用。工程费用按照不同的用途又可分为建筑工程费、安装工程费及设备购置费。

建筑工程费主要包括各种房屋建筑工程、各种用途的基础设备、为施工而进行的各项准备工作所发生的费用。

安装工程费主要包括各种机械设备的安装工程、为测定安装工作质量、对设备进行试运行工作所发生的费用。

设备购置费主要包括购置或自制达到固定资产标准的设备、工具、器具的费用。

2）工程建设其他费用。工程建设其他费用主要包括勘察设计费、研究试验费、可行性研究费、临时设施费、投资借款利息费、工程质量监测费、土地使用税、征地安置与补偿费以及单设建设管理单位的管理费等。

3）固定资产投资方向调节税。固定资产投资方向调节税是指应缴纳投资方向调节税的投资项目按规定税率和固定资产投资额来计算税额的一种税。其计税依据为固定资产投资项目实际完成的投资额，其中，更新改造项目为建筑工程实际完成的投资额。它是按单项工程分别确定适用的税率并缴纳的（外商投资企业的固定资产投资，不征收投资方向调节税）。征收固定资产投资方向调节税主要是为了贯彻国家产业政策、控制投资规模、引导投资方向而征收的一种调节税。

4）预备费用。项目的预备费用包括基本预备费和涨价预备费。

此外需说明的是，对有用投资借款建设的项目，应同时计算包括建设期借款利息和不包括建设期借款利息的固定资产投资额。这是因为，在计算各项财务指标时，项目的投资总额应包括建设期的借款利息，而在计算项目的现金流量时，则不考虑计算。

固定资产投资一般是在项目投资决策之前的项目建议书阶段和可行性研究阶段对项目建设费用的预测和估算。为了合理确定并有效地控制项目的建设工程造价，提高投资效益，必须保证投资估算的准确性和精确度。

2．流动资产投资

流动资产是指可以在一年或长于一年的一个营业周期内变更或加以运用的资产，一般包括现金、银行存款、短期投资、应收及预付款和存货等。流动资产投资就是指形成投资项目所需流动资产而垫付的流动资金。流动资产是门店拥有的各项资产中最具流动性，或称变现能力最强的资产，其投资前对流动资产投资的估量准确与否及在营业中运用是否合理和恰当，直接影响到门店的经济效益和经营成败。

（1）现金。这里所讲的现金（包括银行存款）实质上就是我们熟悉的货币资金。由于现金是唯一能够转化为其他任何类型资产的资产，门店里各项经济业务大都须经过现金收支这一过程。

在一个门店所拥有的各项资产中，现金是最具有流动性（即变现能力）的一项资产，作为标准的支付手段，门店需要用现金去支付经营过程中发生的各项费用开支。如购置资产、偿还债务等，要求门店必须维持充足的现金量，以保证门店资产的顺利周转，维持正常的经营活动。

（2）门店的短期投资。门店的短期投资是指门店购入各种能随时变现或转让的债券或股票等有价证券，获取一定的利息或股利收益的行为。

在经营过程中，门店利用闲置资金进行短期投资，主要根据有价证券的以下三种形式而有所区分：

1）债权性证券。如国库券、企业债券等。它表明投资者对被投资者拥有的债权，即到期收回本金及定期收取利息的权利。

2）权益性证券。如股票等。它表明投资者对被投资者权益所拥有的所有权，即投资者可实现资本增值的权力。

3）混合性证券。如可调换公司债和优先股股票等，既具有债权性质又具有权益性质。

（3）应收及预付款项。现代门店是以接待国际、国内购物者为主要对象的经济实体，它除了提供购物等基本服务外，还提供娱乐、饮食等服务，为提高门店服务水准和管理水平，同时为方便顾客，加强门店的市场竞争力，大多数门店均实行一次性结账服务，另外，赊销商品与劳务已日渐成为促成商品经济发展的原因之一。所以，门店与顾客、供应商等会经常发生赊销赊购业务，赊销额在门店日常发生的营业额中所占的比重也越来越大，相应地这部分应收款项因某些原因转化成不可收回的坏账的风险也难以避免。

应收及预付款是指门店所拥有的将来收取货币资金或得到商品和劳务的各种权利。根据《企业会计准则》，应收及预付款项一般包括以下几方面：

1）应收账款。应收账款是指门店在其正常经营过程中，因赊销商品或劳务而形成的应收款项。如客户赊销商品，便形成门店的应收账款。一般来说，应收账款的回收期限不应超过一年或长于一年的一个营业周期。应当注意的是，应收账款不包括各种非销售活动形成的应收款，如应收认股款等。

2）应收票据。应收账款所反映的债权关系如果以指定的票据形式（如汇票等）出现则称为应收票据。所以，应收票据实际上是应收账款的另外一种形式。

3）其他应收款。其他应收款是指除应收账款和应收票据以外的其他各种应收款项，如备用金、存入保证金、应收利息及应收认股款等。

4）预付款项。预付款项主要是指店铺按照购货合同规定预付给供应商的货款。

5）待摊费用。待摊费用是指门店已经支出，但应由本期和以后各期分担的，且分摊期限在一年以内的各项费用。如预付保险金、预付报刊订阅费、固定资产修理费等。

（4）存货。存货是指门店在经营过程中为销售、生产或耗用而储存的商品、产成品、半成品以及各类原材料、燃料、包装物和低值易耗品等。由于门店业的特性，门店存货的内容与生产性企业有所不同。根据新制度规定，门店存货主要包括了各种材料、燃料、物料用品、低值易耗品、商品等。

1）原材料。原材料是指经过加工制作后能成为一种食品或其他用途物品的主要实体的各种原料、材料，以及用于维修门店机电设备、运输设备及房屋建筑物等专用的各种维修材料，如鸡、鸭、鱼、肉等食品原料，茅台、威士忌、可口可乐等饮料，油、盐、酱、醋等调料，汽车零配件和水暖、电器照明、电机维修器材等。

2）燃料。燃料是指在门店经营过程中用于燃烧发热或为各种交通运输工具消耗用的各种可燃物质，如汽油、柴油、煤等。

3）物料用品。物料用品是指除原材料、燃料、商品以外的门店经营服务用品，如各种宣传材料、清洁用品、包装用品和办公用品等。

4）低值易耗品。低值易耗品是指单位价值未达到规定限额，或者使用年限不到一年的不能作为固定资产的各种物品，如工具及管理用品等。在门店中使用的一些高价值易损坏的玻璃器皿亦可包括在低值易耗品的范围内，以有利于其价值的尽快收回。

5）商品。商品是指门店购入的用以在门店出售的各种物品。

3．无形资产投资

无形资产是指门店长期使用而没有实物形态，能够在门店经营中长期发挥作用的权利、技术等特殊资产。它一般包括专利权、商标权、著作权、非专利技术、土地使用权、商誉等。

无形资产投资就是指为取得投资项目所需的无形资产而发生的投资支出。无形资产作为一种资产形式，具有其自身的价值。而门店获得无形资产的途径大体有三条：

（1）购入无形资产，例如从其他单位购入的专利权等。

（2）自创无形资产，如企业自身摸索出的配方和制作经验等非专利技术。

（3）外单位投资转入。

4．递延资产投资

门店除了固定资产、流动资产、无形资产以外，还有一种递延性质的资产。它是指不能计入当年损益，应当在以后年度分期摊销的各种费用。其中包括开办费、以经营租赁方式租入的固定资产改良支出，以及对原有固定资产进行装修、装潢等的净支出等等。

开办费是指企业在筹建期间所发生的费用，包括在筹建期间人员工资、培训费、办公费、差旅费、印刷费、注册登记费，以及不计入固定资产和无形资产购建成本的汇兑净损益、利润及其他支出。开办费自投产营业之日起分期摊入管理费用，摊销期不短于5年。

以经营租赁方式租入的固定资产改良支出，按照有效租赁期限和耐用年限就短的原则分期摊销。

固定资产的装修、装潢净支出按装修、装潢后固定资产的使用年限分期摊销。

三、门店投资规模估算

门店投资规模的估算依据，就是上述门店投资的各项资产内容。因此首先应准确地确定门店所需各项资产的种类和数量，然后以此计算所需资金量。进行门店投资规模估算可采用不同的方法，但最常用的是分项详细估算法，即先分别计算拟建门店各项资产所需投资额，然后进行加总。

第四节　门店开发投资经济评价

一、经济评价的含义

投资项目的经济评价是采用一定的方法和经济参数，对项目投入产出的各种因素进行研究、分析计算和对比论证的工作。项目经济评价是通过建立科学、实用的经济评价方法和评价参数，对拟建项目从技术上、经济上进行全面的、综合的分析、比较、论证，以评价项目建设方案技术上、经济上的可行性。

项目经济评价是可行性研究的重要组成部分，但进行项目经济评价又与可行性研究中的其他内容相关。经济评价的内容、深度和侧重点，是由投资项目的性质及项目决策工作不同阶段的要求所决定的。

一般的投资项目的经济评价分为财务评价和国民经济评价两个层次，包括财务评价、国民经济评价、不确定性分析、方案比较四个方面的工作，见图 2-3。

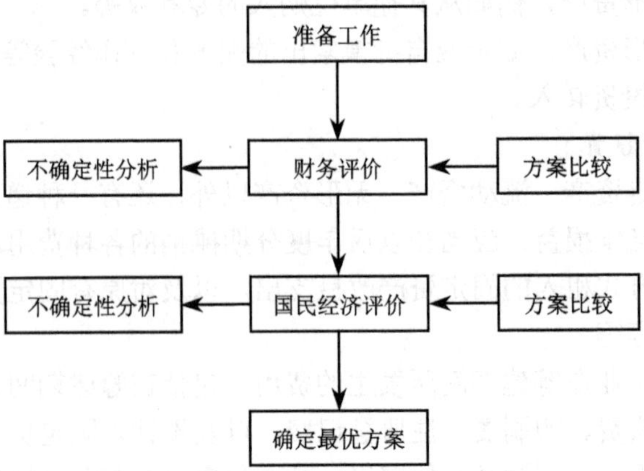

图 2-3　经济评价内容结构示意图

财务评价是指在国家现行财税制度和价格体系的条件下，从项目财务角度分析、计算项目的财务盈利能力和清偿能力，据以判断项目的财务可行性；国民经济评价是从国家整体角度分析、计算项目对国民经济的净贡献，据以判断项目的经济合理性。而门店的经济评价则侧重于财务评价和不确定性评价。

二、门店开发的财务评价

1. 门店开发财务评价的内容

门店开发财务评价是投资项目经济评价的重要组成部分，它是在国家现行财税制度和价格体系的条件下，计算项目范围内的效益和费用，编制财务报表，计算评价指标，分析项目的盈利能力、清偿能力等财务状况，以考察项目在财务上的可行性。门店开发财务评价内容主要包括门店财务盈利能力分析、门店清偿能力分析两个方面。

财务盈利能力分析即计算项目财务效益、考察项目的盈利水平。投资项目建成后作为一个相对独立的经济实体，其盈利情况是投资者非常关注的。项目的盈利水平能否达到设定的目标值或国家规定的基准收益率是项目成立的最基本的条件。

清偿能力分析主要是考察计算期内各年项目的财务状况和偿债能力。除项目资本金外，建设项目一般都要借入相当数量的资金。项目对这部分负债的清偿能力，不仅投资者关心，债权人更为关心。项目的清偿能力是债权人提供贷款的重要决策依据。因此，清偿能力分析是财务评价中的主要内容之一。

2．门店开发财务评价的程序

（1）分析和估算项目的财务基础数据。包括对项目总投资、资金筹措方案、总成本费用、销售（营业）收入、销售税金和销售利润，以及其他与项目有关的财务数据进行鉴定、分析和测算。

（2）编制财务基本报表。财务基本报表是根据财务基础数据填列的，同时又是计算反映项目盈利能力、清偿能力的技术经济指标的依据。在财务评价中，核心工作是编制财务评价报表，或者说整个财务评价工作是围绕财务评价报表进行的。项目财务评价报表分为两类：一类是基本报表，另一类是辅助报表。基本报表有现金流量表、损益表、资金来源与运用表、资产负债表四种表式；辅助报表包括固定资产投资估算表、流动资金估算表、投资计划与资金筹措表、主要产出物和投入物使用价格依据表、固定资产折旧估算表、无形及递延资产摊销估算表、总成本费用估算表、销售收入和税金估算表、还本付息计算表等表式。

（3）计算分析财务效益指标。即依据财务基本报表计算各项评价指标及财务比率，进行各项财务分析。如根据现金流量表计算投资回收期、财务净现值、财务内部收益率指标。

（4）进行不确定性分析。通常包括敏感性分析、盈亏平衡分析、概率分析等。

3．门店开发财务盈利能力分析

财务盈利能力分析主要考察项目的盈利水平。主要计算财务内部收益率、财务净现值、投资利润率、投资利税率、资本金利润率等评价指标。

（1）投资利润率。投资利润率是指项目达到正常生产能力后的一个正常生产年份的年利润总额与项目总投资的比率，是考察项目盈利能力的静态指标。如果项目生产期内各年的利润总额相差较大时，应计算生产期年平均利润总额与项目总投资的比值。其计算公式为

$$投资利润率=（年利润总额或年平均利润总额/项目总投资）\times 100\%$$

$$年利润总额=年产品销售（营业）收入-年产品销售税金及附加-年总成本费用$$

$$项目总投资=固定资产投资+投资方向调节税+建设期利息+流动资金$$

财务评价时，要将投资利润率与行业平均投资利润率对比，以判别项目单位投资盈利能力能否达到本行业的平均水平。

（2）投资利税率。投资利税率是指项目达到设计生产能力后的一个正常生产年份的年利税总额或项目生产期内的年平均利税总额与项目总投资的比率。其计算公式为

投资利税率=（年利税总额或年平均利税总额/项目总投资）×100%

年利税总额=年销售收入–年总成本费用

或 年利税总额=年利润总额+年销售税金及附加

在财务评价时，将投资利税率与行业平均利税率对比，以判别项目单位投资对国家积累的贡献水平是否达到本行业的平均水平。

（3）资本金利润率。资本金利润率是指项目达到正常生产能力后的一个正常生产年份的年利润总额或项目生产期内年平均利润总额与资本金的比率，它是反映投入项目的资本金的盈利能力。其计算公式为

资本金利润率=（年利润总额或年平均利润总额/资本金）×100%

（4）销售利润率。销售利润率是指项目建成营业后年平均利润总额与年平均销售收入的比值。其计算公式为

销售利润率=（年平均利润总额/年平均销售收入）×100%

（5）投资收益率。正常年份的净收益与总投资之比称为投资收益率，它是反映项目或方案获利能力的一个指标，以此来评价项目或方案的优劣和是否可取。这里的净收益包括利润和固定资产折旧两部分。因为虽然折旧是固定资产磨损的补偿，但其真正的投入并不是在日后被计入成本之时，而是在项目投产前固定资金投资时。因此，当折旧在各年计入成本时，国家和企业得到的却是现金收入，它和利润一起都是国家和企业当年的真正利益。其计算公式为

投资收益率=（年利润额+年折旧额）/投资总额

（6）投资回收期。投资回收期是指一个建设项目从开始投入生产年算起，到用每年的净收益将初始投资全部回收时止所需要的时间，其单位通常用“年”表示。计算投资回收期时，根据是否考虑资金的时间因素，可分为静态投资回收期（不考虑时间因素）和动态投资回收期（考虑时间因素）。所求得的投资回收期，应与部门或行业规定的标准投资回收期进行比较，若设标准投资回收期为T_0，求得的投资回收期为T，则

当$T<T_0$时，表明可在规定的投资回收期限之前回收投资，项目可行；

当$T>T_0$时，则项目不可行。

（7）财务净现值。财务净现值是按行业的基准收益率或设定的折现率，将项目计算期内各年净现金流量折现到建设期初的现值之和。它是考察项目盈利能力的动态评价指标。其计算公式为

$$NPV=\sum_{i=1}^{n}(CI-CO)_{\mathrm{i}}(1+i_{\mathrm{c}})^{-t}$$

式中 NPV——财务净现值；

CI——现金流入量；

CO——现金流出量；

$(CI-CO)_i$——第 i 年的净现金流量；

n——项目的寿命周期；

i_c——财务基准收益率或设定的收益率。

财务净现值可通过全部投资财务现金流量表和自有资金财务现金流量表中的净现金流量求得，财务净现值可能大于等于零，也可能小于零。通常财务净现值大于或等于零的项目是可以考虑接受的。

（8）财务内部收益率。内部收益率法又称内部回收率法、内部利润率法、偿还率法、报酬率法等，它是通过求得能满足方案在使用寿命期中净现值或净年值为零的收益率来评价方案的一种方法。这个收益率叫做内部收益率。

如果用符号 i_0 表示内部收益率，则根据定义有 $NPV(i_0)=0$。

内部收益率 i_0 是由方案本身的经济参数决定的，不受标准收益率 i_b 的影响。但是用内部收益率法评价方案，在计算出内部收益率 i_0 之后，必须把 i_0 与标准收益率 i_b 进行比较，一般是 $i_0>i_b$ 时则认为方案有效。

4．门店财务清偿能力分析

项目清偿能力分析主要是考察项目计算期内的财务状况和偿债能力。常用的主要指标有固定资产投资国内借款偿还期、资产负债率、流动比率和速动比率等。

（1）固定资产投资国内借款偿还期。固定资产投资国内借款偿还期是指在国家财政规定及项目具体条件下，以项目投产后可用于还款的资金偿还固定资产投资国内借款本金和建设期利息（不包括已用自有资金支付的建设期利息）所需要的时间。其计算公式为

$$I_d=\sum_{t=1}^{P_t}R_t$$

式中 I_d——固定资产投资国内借款本金和建设期利息之和；

P_t——固定资产投资国内借款偿还期（从借款开始年算起，当从投产年算起时，应予注明）；

R_t——第 t 年可用于还款的资金，包括利润、折旧、摊销及其他还款资金。

国内借款偿还期可由资金来源与运用表及国内借款还本付息计算表直接推算，以年表示。其计算公式为

借款偿还期=（借款偿还后开始出现盈余年份数）–开始借款年份+（当年偿还借款额/当年可用于还款的资金额）

如果项目涉及外资，则其国外借款部分的还本付息，应按已经明确的或预计可能的借款偿还条件（包括偿还方式及偿还期限）计算。

当借款偿还期满足贷款机构的要求期限时，即认为项目是有清偿能力的。

（2）资产负债率。资产负债率是反映项目各年所面临的财务风险程度及偿债能力指标。它是负债总额与全部资产总额之比。其计算公式为

资产负债率=（负债合计/资产合计）×100%

项目计算期各年的资产负债率可通过资产负债表逐年计算求得。资产负债率反映投资者利用债权人提供的资金进行经营活动的能力，表明投资者每百元资产有多少需要偿付的债务，也反映债权人发放贷款的安全程度。资产负债率对于债权人来说，要求企业有较低的负债比率，该比率越低，安全程度越好。但就投资者而言，要求生存与发展，要开拓市场，则希望比率高一些，但过高又会影响项目资金筹措能力。分析资产负债比率，要因行业而异，进行具体分析。一般资产负债率大于 100%时，说明项目资不抵债，视为已达到破产的临界值。

（3）流动比率。流动比率是反映项目各年偿付流动负债能力的指标。它是流动资产总额与流动负债总额的比率。其计算公式为

流动比率=（流动资产总额/流动负债总额）×100%

项目生产经营期内各年流动比率可通过资产负债表逐年计算求得。流动比率用以衡量项目流动资产在短期债务到期前可以变为现金用于偿付流动负债的能力，表明项目每百元流动负债有多少流动资产作为支付的保障。

用流动比率来衡量资产流动性大小，自然要求项目的流动资产在清偿流动负债以后还有余力去支付日常经营活动中的其他资金需要，流动资产必须大于流动负债。特别是对债权人来说，比率越高，债权人越有保障，以免发生无力还债的风险和损失。但从项目而言，流动比率过高不一定是好现象，因为一个正常生产经营的项目，资金应当有效地在生产经营活动中运转，充分发挥资金效益，如果过多地滞留在流动资产形态上，也会影响项目的效益。西方企业根据经验判断出一条基本标准，要求流动比率以 200%作为合理程度的数量界限。应该注意的是，各行各业的项目性质不同、营业周期不同，对资产流动性的要求并不一样，因此，对各种不同行业制订统一的标准是不合适的，应该根据不同行业的特点制订不同的标准。

（4）速动比率。速动比率是反映项目快速偿付流动负债能力的指标。它是速动资产（即流动资产总额减存货）与流动负债总额之比。其计算公式为

速动比率=［（流动资产总额–存货）/流动负债总额］×100%

项目生产经营期内各年的速动比率可通过资产负债表求得。速动比率是流动比率的补充，用以衡量项目可以立即用于清偿流动负债的能力，表明项目每百元流动负债有多少速动资产作为支付的保障。速动比率的数量界限，一般要求在

100%以上，也有人认为可以是 100%～120%，这些数值也不是绝对的。

三、门店开发的不确定性分析

不确定性分析需要对影响项目经济评价结论较大的因素（即不确定性因素）进行分析，并判断这些因素的变化对项目经济评价结论的影响程度，判断项目决策所面临的风险大小，从而使项目经济评价的结论更科学。

不确定性分析的作用，首先在于使我们了解不确定性因素在一定范围内变化时，对项目经济效益指标的影响程度，从而了解项目经济评价结论的可靠程度以及项目风险的大小。其次，不确定性分析可以使我们了解哪些因素的变化对项目的评价结论影响最大，从而使我们可以有目的地采取有效的对策，限制这些因素对项目经济效益的不利影响。再次，不确定性分析还是我们进行项目多方案评选、确定项目建设方案的重要依据。

不确定性分析通常包括盈亏平衡分析、敏感性分析和风险分析。

1．盈亏平衡分析

盈亏平衡分析通常又称为量本利分析或损益平衡分析。它是根据投资项目在正常生产年份的产销量、成本费用、产品销售单价和销售税金等数据，计算和分析产销量、成本和利润这三者之间的关系，从中找出三者之间联系的规律，并确定项目成本和收益相等时的盈亏平衡点的一种分析方法。在盈亏平衡点上，投资项目既无盈利，也不亏损。通过盈亏平衡分析可以看出投资项目对市场需求变化的适应能力。

应用盈亏平衡分析法进行盈亏分析的关键问题是找出项目的盈亏平衡点，即利润为零时的业务量。

盈亏平衡点又称为保本点，是待建零售店必须实现的最低销售额。如果达不到该指标，表明该零售店没有建立的必要，必须放弃或另择他点，否则必须使销售额增加或使使用费率下降。

（1）盈亏平衡点分析的公式法。盈亏平衡点可由公式求出，其常用公式为

$$\text{盈亏平衡点销售额}=\frac{\text{固定费用}}{1-\dfrac{\text{变动费}}{\text{销售额}}}$$

（2）盈亏平衡点分析的图解法。用图解方法来显示盈亏平衡点更加清晰，也很常用。一般用横坐标表示销售量，纵坐标表示总费用和总收益。根据关系：总收益=固定费+变动费+利润，盈亏平衡点分析如图 2-4 所示。

图 2-4 中盈亏平衡点是个分界线，达不到该收益点，表明亏损经营，超过这一点才会有利可图。

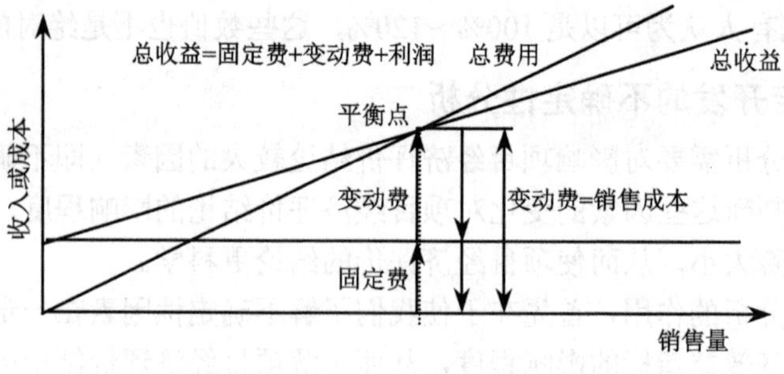

图 2-4　零售店盈亏平衡点分析图

（3）经营安全率计算法

$$经营安全率=\left(1-\frac{损益平衡点销售额}{预期销售额}\right)\times 100\%$$

这一比例是衡量连锁店各门店经营状况的重要指标，一般测定的标准为：安全率 30%以上为优秀店；21%～30%为优良店；10%～20%为一般店；10%以下为不良店。

由于盈亏平衡分析法可以反映上述关系，因此它在投资决策中的主要用途是：

在给定产品售价、固定费用和变动费用的条件下，可以确定生产或销售多少产品（业务量）可以达到保本，即确定利润为零的企业销售水平。由此也可确定企业在实现目标利润时的销售水平。

在预计销售量、售价、变动费用和固定费用已定的条件下，可以确定盈亏平衡点和预期利润，从而确定企业经营的安全程度。

在销售量、成本和目标利润已定的条件下，确定企业产品的售价。

在销售量、售价和目标利润已定的条件下，确定产品的变动费用和固定费用。

当市场需求量、原材料价格、产品售价等各种要素发生变化时，可用此法进行不确定性分析。

2．敏感性分析

（1）敏感性分析的概念。这里所说的敏感性，是指投资过程的某一因素变化对投资效果指标（净现值、内部收益率、投资回收期等）的影响程度。因素变化不大而影响大，则认为该因素很敏感、敏感性很强或灵敏度很高。因素变化大而影响不大，则认为该因素不敏感、敏感性很弱或灵敏度很低。敏感性分析是指通过分析、测算项目的主要制约因素发生变化时引起经济效果评价指标变化的幅度，了解各种因素的变化对实现预期目标的影响程度，从而对投资项目对各种风险的承受能力作出判断。

在项目的整个寿命周期内，会有许多不确定性因素对项目的经济效果产生影响，但影响程度各不相同。有些因素微小的变化就会引起经济效果评价指标产生较大的变化，甚至于变化超过了临界点（所谓临界点是指在该点处，所分析的因素使某经济方案从被接受转向被否决）影响到原来的决策，这些因素称之为敏感性因素；反之，有些因素在较大的数值范围内变化却只引起经济效果评价指标很小的变化甚至不发生变化，这些因素被称为不敏感因素。

敏感性分析是经济决策中常用的一种不确定性分析方法，敏感性分析的任务是要建立起项目的经济效益指标与不确定性因素的对应关系，观察不确定性因素变化所引起的经济效益指标的变动幅度，确定哪些是敏感性因素，哪些是不敏感因素，并分析敏感性因素对项目经济评价指标的影响程度。为项目的正确决策提供依据。

敏感性分析可以分为单因素敏感性分析和多因素敏感性分析。如果在考虑一个不确定因素对项目的经济效益指标的影响时，是以假设其他因素均不变化为前提的，那么这种敏感性分析就是单因素敏感性分析，即通常所说的敏感性分析。如果同时考虑两个或两个以上的不确定因素对经济效益指标的影响；那么这种敏感性分析就是多因素敏感性分析。在这里我们仅就单因素敏感性进行分析。

（2）敏感性分析的程序。敏感性分析一般包括以下几个步骤：

第一，确定敏感性分析的对象。敏感性分析是为了测算相关因素变动对项目投资价值指标影响的敏感程度。在实际工作过程中，不可能也没有必要对每种投资价值指标都作敏感性分析，而应针对项目特点、项目评价所处的阶段和经济效益指标的重要程度选择一种或两种指标作为研究对象来进行敏感性分析。

第二，选定分析对比的不确定性因素。影响项目经济效益指标的不确定性因素很多，不可能在敏感性分析中对所有的不确定性因素都进行分析。一般情况下是选择预计对投资效益指标的影响较大的因素，或者在项目评价过程中数据的准确性把握不大的因素作为敏感性分析的不确定因素。如：固定资产投资额、经营成本、销售价格、销售量、建设周期、贴现率等。

第三，计算和分析不确定性因素对经济效益指标的影响程度。按预先确定的不确定性因素的变化幅度（如±5%、±10%、±15%），分别计算项目经济效益指标随各不确定性因素变化而变化的数值，并将经济效益指标随各不确定性因素变化而变化的数值列表。

第四，绘制敏感性分析图。将经济效益指标随各不确定性因素变化而变化的数值在平面直角坐标系中表示出来，并用曲线连接起来。敏感性分析图可以直观地反映出经济效益指标随各不确定性因素变化而变化的幅度。

第五，确定项目的敏感性因素，明确敏感性因素变化的临界值。敏感性分析图中，如果不确定性因素线与水平方向的夹角越大，说明项目经济效益指标受不确定性因素影响越大，那么该不确定性因素为项目的敏感性因素。否则，如果不确定性因素线与水平方向的夹角越小，说明项目经济效益指标受不确定性因素影响越小，那么该不确定性因素为项目的不敏感性因素。

（3）单因素敏感性分析。单因素敏感性分析是指在假定只有一个因素是不确定的，而其他因素都是确定的情况下进行的一种敏感性分析。也就是说，它是假定其他所有因素保持不变，只有某个因素单独发生变化时，测算其对投资价值指标所产生的影响程度和敏感程度。下面以一实例来说明单因素敏感性分析方法。

例 2-1：某一门店投资项目的有关经济指标如表 2-2 所示，由于对未来影响项目的某些因素把握不大，项目的销售收入、经营成本和固定资产投资均有可能在全20%的幅度内变动，如果贴现率为 12%，试就上述 3 个不确定因素进行敏感性分析。

解：

第一步，选择净现值指标作为敏感性分析的对象，根据表 2-2 中提供的基础数据，可得净现值为

$$NPV=-1\,100+400\times(P/A,12\%,10)+200\times(P/F,12\%,10)$$
$$=-1\,100+400\times5.650\,2+200\times0.322\,0$$
$$=1\,224.5（万元）$$

第二步，选择销售收入、经营成本、固定资产投资为不确定因素，分别对净现值指标作敏感性分析：

设销售收入的变化率为 x，则与其相应的净现值为

$$NPV=-1\,100+[2\,000(1+x)(1-10\%)-1\,400](P/A,12\%,10)+200\times(P/F,12\%,10)$$

设经营成本的变动率为 y，则与其相应的净现值为

$$NPV=-1\,100+[2\,000\times(1-10\%)-1\,400\times(1+y)](P/A,12\%,10)+200\times(P/F,12\%,10)$$

设固定资产投资的变动率为 z，则与其相应的净现值为

$$NPV=-1\,000\times(1+z)-100+400\times(P/A,12\%,10)+200\times(P/F,2\%,10)$$

第三步，根据上述三个公式，x、y、z 的取值均为±10%、±20%时，分别算出与其相应的净现值，计算结果如表 2-3 所示。

根据表 2-3 中的数据可以画出敏感性分析图，如图 2-5 所示。

表 2-2　某企业现金流量表

项目＼年份	0	1～9	10
固定资产投资	−1 000		
流动资金投入	−100		
销售收入		2 000	2 000
经营成本		1 400	1 400
销售税金（占收入 10%）		200	200
回收固定资产余值			100
回收流动资金			100
净现金流量（税后）	−1 100	400	600+200

表 2-3　不确定性因素的变动对净现值的影响　　（单位：万元）

不确定性因素的变动率	−20%	−10%	0%	+10%	+20%
销售收入	−809.6	207.4	1 224.5	2 241.5	3 258.6
经营成本	2 806.5	2 015.5	1 224.5	433.5	−357.6
固定资产投资	1 424.5	1 324.5	1 224.5	1 124.5	1 024.5

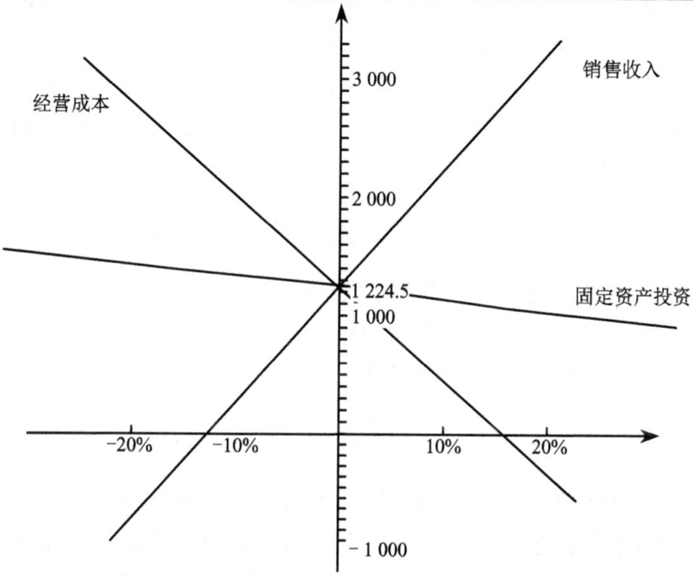

图 2-5　单因素敏感性分析图

第四步，由表 2-3 和图 2-5 可以看出，在不确定性因素变化率相同的情况下，销售收入的变动对净现值的影响程度最大（如果销售收入的变动是由产品销售价格的变化引起的，那么意味着产品销售价格的变动对净现值的影响程度最大）。当销售收入降低 10%时，净现值从 1 224.5 万元下降为 207.4 万元，其变化率为（1 224.5−207.4）/1 224.5=83.1%；其次是经营成本的变动对净现值的影响，当经营成本上升 10%时，净现值从 1 224.5 万元下降为 433.5 万元，其变化率为（1 224.5−433.5）/1 224.5=64.6%；固定资产投资的变动对净现值的影响最小，当固定资产投资上升 10%时，净现值从 1 224.5 万元下降为 1 124.5 万元，其变动率仅为（1 224.5−1 124.5）/1 224.5=8.2%。由此可以看出，在上面分析的 3 个不确定因素中，销售收入（或产品销售价格）是最敏感的因素，其次是经营成本，最不敏感的因素是项目固定资产投资。

同时可以求出销售收入允许下降的幅度为 12%，即当销售收入（或销售价格）下降 12%时，该项目的净现值降至零这个临界点，若销售收入（或销售价格）下降幅度大于 12%时，该项目就不可接受。因此，必须设法把握像销售收入这样的敏感因素未来的可靠程度，以便做出正确的决策。

3．风险分析

（1）风险分析的概念。风险分析又称作概率分析，它是使用概率来研究预测不确定因素和风险因素对项目经济效益影响的一种定量分析方法。进行风险分析的目的是为了提高投资项目经济评价的准确性和项目决策的可靠性。

风险分析既可以以项目投入产出因素的变化作为随机变量来分析，也可以直接以项目经济效益指标作为随机变量来进行分析。

比较常用的方法有期望值法和决策树法，下面只介绍期望值法。

（2）期望值法。在大量重复事件中，期望值就是随机变量取值的平均值，也是随机变量最可能出现的值。期望值可用下式计算：

$$E(X)=X_1P_1+X_2P_2+\cdots+X_nP_n=\sum_{i=1}^{n}X_i P_i \quad (i=1, 2, 3, \cdots, n)$$

式中　$E(X)$——随机变量 X 的数学期望值；

X_i——随机变量 X 的各种可能取值；

P_i——对应出现 X_i 的概率值。

$$\sum_{i=1}^{n}P_i=1$$

下面应用两个实例来说明如何用期望值对项目进行分析评价。

例 2-2：某门店投资项目，其投资回收期在 5～9 年之间，其中 5 年的概率是 0.1，6 年的概率是 0.2，7 年的概率是 0.4，8 年的概率为 0.2，9 年的概率为 0.1，求该项目投资回收期的期望值。

随机变量 X 是投资回收期，期望值为

$$E(X)=5\times0.1+6\times0.2+7\times0.4+8\times0.2+9\times0.1=7\text{（年）}$$

就是说，在 5 个可能的投资回收期限中，最接近实际发生的投资回收期是 7 年。

例 2-3：该门店准备经销一种新产品，根据对市场和经营情况的预测，由于经销新产品而发生的现金流量，可能出现三种情况，即产品销路逐年减少（其概率为 0.1）、销路保持不变（其概率为 0.3）和销路逐年增加（其概率为 0.6），每种情况在表 2-4 中分别用 A、B、C 表示。

表 2-4　项目不同概率下的现金流量情况表　　（单位：元）

概率 / 现金流量 / 年	A	B	C
	0.1	0.3	0.6
0	−30 000	−30 000	−30 000
1	12 000	10 000	8 000
2	12 000	10 000	8 000
3	12 000	10 000	8 000
4	12 000	10 000	8 000

该商场规定的基准收益率为 10%，并采用净现值作为决策的依据。由表 2-3 可以计算净现值期望值为：

$$E[NPV(10\%)] = 0.1\times NPV_A+0.3\times NPV_B+0.6\times NPV_C$$

$$= 0.1\times[-30\ 000+12\ 000(P/A, 10\%, 4)]+0.3\times[-30\ 000+10\ 000(P/A, 10\%, 4)]+0.6\times[-30\ 000+8\ 000(P/A, 10\%, 4)]$$

$$= 0.1\times(-30\ 000+12\ 000\times3.169\ 9)+0.3\times(-30\ 000+10\ 000\times3.169\ 9)+0.6\times(-30\ 000+8\ 000\times3.169\ 9)$$

$$= 803.88+509.7-2\ 784.48= -1\ 470.9\text{（元）}$$

这个项目的净现值期望值是负数，是不可行的。

本章小结

可行性研究是连锁门店开发前的必经环节。可行性研究是对门店开发所需的资金、商业业态的选择、建设规模、店址的确定进行全方位论证，预测其经济效益和社会效益，从而为投资决策提供科学依据。其中门店开发的经济评价是核心环节，包括项目的财务评价和不确定性分析。财务评价的关键是对与门店开发相关的财务指标的评价，而不确定性分析则包括盈亏平衡分析、敏感度分析和项目风险分析。

关键词

可行性研究　投资　投资环境　经济评价　不确定性分析　风险分析

复习思考题

1. 门店投资开发项目可行性研究的作用有哪些？
2. 门店投资项目可行性研究包括哪些基本内容？
3. 门店投资开发环境分析的内容应包括哪些内容？
4. 门店开发应包括哪些项目投资？
5. 门店开发财务盈利能力分析有哪些财务指标？
6. 门店开发财务清偿能力分析包括哪些财务指标？
7. 试述盈亏平衡点分析法。

8. 什么是敏感性分析法？

实 训 项 目

完成一份门店开发的可行性分析报告。

案 例 分 析

案例 2-1　关于 A 住宅区开设日用食品超市可行性研究报告纲要

一、市场前景分析

（1）日用百货、食品生鲜、副食是老百姓日常基本消费品、必需品，市场前景广阔。基本消费的增长虽符合恩格尔系数规律（基本消费的增长慢于收入的增长），但据国家统计局统计，近几年人们的基本消费额的增长平均保持在 5%的速度上。日用消费品属需求价格弹性和收入价格弹性小的一类商品，故在竞争格局基本确定的情况下，市场需求风险不大，更不存在政治风险。

（2）A 住宅区是不断发展中的中高层次的住宅区，住户收入水平在深圳居民中属中上阶层，人均月收入在 3 000 元以上，以 A 住宅区为中心，半径 1.5 公里的商圈内常住人口和流动人口达 5 万，每人每月以购买 500 元日常消费品为基准，若有 40%的消费在本超市进行，则月销售可达到 50 000 ×500×40%= 10 000 000（元）。

（3）地理位置优越，公路交通便利，环境布局合理。

（4）竞争环境宽松，目前 A 住宅区仅有一家小型超市，消费潜力远未发掘，不足以形成威胁，商圈内居民区稠密。如做得成功可吸引外围人口来超市消费。

二、经营面积

以 1 500 平方米为宜。

三、投入产出分析

1．固定成本

（1）年租金

单位面积月租金设为 60 元/平方米，年租金为

单位面积月租金×12 ×经营面积 = 60 × 12 ×1 500 =108（万元）

（2）基本装修年摊销额

以五年折旧的期限计：100÷5=20（万元）

（3）收银系统年摊销额

以五年折旧的期限计：10÷5=2（万元）

（4）货架年摊销额

以五年折旧的期限计：15÷5=3（万元）

（5）冷柜年折旧

以五年折旧的期限计：6 万元

（6）空调系统年折旧

以五年折旧的期限计：3 万元

（7）水电费

设月水电费为 8 万元，年水电费为 8×12＝96（万元）

（8）人员工资

① 业务人员及管理人员：4 000 ×12 ×15 =72（万元）

② 营业人员：1 200 ×12 ×20=28.8（万元）

（9）办公设备及用品

办公设备及用品按五五摊销法计入当年成本：5 万÷2=2.5（万元）

（10）不可预见费

20 万元

合计：361.3 万元

2．变动成本

主要是产品进货成本，包括经销成本，代销成本，租赁方式的成本。其总的变动成本按销售额的 85%计算。

3．年平均利率

年平均利率为 15%。

4．保本销售额

年固定成本（F）+年总变动成本（V）＝ 保本销售额（Q）

即

$$F+V=Q$$

$$F+Q\times 85\%=Q$$

$$Q=F/0.15=361/0.15=2\,407\text{（万元）}$$

每日保本销售额：2 407/365= 6.6（万元）

四、利润概算

1．年销售额

10 × 365=3 650（万元）

2. **年利润额**

年毛利–固定成本=3 650/1.17×15%–361=107（万元）

3. **税后利润**

年利润总额 ×85%＝91（万元）

应交税金（税后利润形成前已全部交清）：

销项税–进项税+所得税 ＝530－450＋16＝96（万元）

五、经营方式

1. 可考虑租房经营，亦可考虑与房产商合作经营，这样更能减少经营风险。

2. 销售方式以现代超级市场的自选方式为主，结合送货、电话方式、网上购物方式。

3. 商品采购方式采用以代销、联营为主基础上的代销、经销、联营、租赁、保底多种方式相结合，以备供应商选择。

4. 货款支付方式可采用月结和定额结算方式，辅之以购销和专柜方式。

5. 积极开展促销活动，包括媒体宣传、中奖、买×送×、部分商品季节性活动打折、加强购物的服务功能等花样翻新的适宜的促销方式。

六、结束语

超市经营的成功取决于选择地址，固定成本的大小，商品的组合，价格分类定位，促销手段，服务体系，商品成本等多种因素。

另外，上述计算利润的方式是一种标准计算法。实质上，大多数商家相当部分收益还来自促销、水电费、条码费、租赁等。

如与房产商合作经营则风险更小。

（资料来源：路宏达.《现代商场投资与策划分析技术》. 高等教育出版社，2000）

问题 1：你认为该可行性研究报告分析论证的是否充分？所得结论是否正确？

问题 2：请对本案例提出修改意见。

案例 2-2 宏达公司体育用品专卖店投资现金流分析

宏达公司是一座综合性大型商场，主要从事批发和零售各种商品，随着人们生活水平的提高，全民健身运动方兴未艾，各种体育用品，如网球、高尔夫球、保龄球及健身器材的销售市场前景看好。为了解体育用品的潜在市场，公司支付了100 000元，聘请咨询机构进行市场调查，调查结果表明体育用品大约有10%～15%的市场份额有待开发。公司总经理委托财务经理就是否投资新建一个体育用品专卖店进行投资可行性分析。

财务经理及有关人员通过实际考察，提出了与投资项目现金流有关的各种预测资料如下。

（1）市场调研费 100 000 元，财务经理认为这项费用应列作沉没成本，即与是否新建专卖店投资无关的成本。

（2）专卖店商场可利用公司一处暂时闲置的土地，如将其出售可得净收入 50 000 元，这项费用是投资专卖店的机会成本。

（3）预计专卖店投资费（建筑费、装修费、柜台货架购置费等）为 220 000 元，使用年限 5 年（为简化，假设 5 年后体育用品销售市场呈下降趋势，继续销售得不偿失），税法规定专卖店（建筑物及各种设备）残值 20 000 元，按直线法计提折旧，每年折旧费 40 000 元；预计 5 年后可将商场出售他人继续经营，其售价为 100 000 元（为简化，假设专卖店投资在第一年初全部发生，且当年建成，当年营业）。

（4）经营体育用品需垫支的流动资金在第一年初投资为 100 000 元，以后随着商品经营需要不断进行调整。

（5）在充分考虑物价变动等因素的基础上，预计体育用品各年的经营收入、经营成本与费用见表 2-5。

表 2-5 项目收入、成本、折旧表 （单位：元）

项目＼年	1	2	3	4	5
销售收入	300 000	480 000	700 000	61 000	460 000
付现成本	200 000	250 000	380 000	360 000	340 000
折　　旧	40 000	40 000	40 000	40 000	40 000

（6）假设公司所得税率为 50%。

根据以上资料财务经理准备编制一份关于新建体育专卖店的投资分析报告，报告包括总论、销售市场预测、投资现金流量预计表、资金支出概算、经济指标测试、项目实施的初步计划及结论等。

其中投资项目现金流量预计表如表 2-6 所示。

表 2-6 投资现金流量预测（各年现金流均发生在每年年末） （单位：元）

	0	1	2	3	4	5
投资：						
（1）体育专卖店投资	−220 000	—	—	—	—	60 000*
（2）累计折旧	—	40 000	80 000	120 000	160 000	200 000
（3）年末专卖店折余价值	—	180 000	140 000	100 000	60 000	20 000
（4）机会成本（土地）	−60 000	—	—	—	—	—
（5）年末垫支流动资金	100 000	100 000	160 000	240 000	210 000	—
（6）垫支流动资金变动额	−100 000	—	−60 000	−80 000	30 000	210 000

（续）

	0	1	2	3	4	5
（7）投资现金流量合计 [（1）+（4）+（6）]	–380 000	—	–60 000	–80 000	30 000	260 000
损益表：						
（8）销售收入	—	300 000	480 000	700 000	610 000	460 000
（9）付现成本	—	200 000	250 000	380 000	360 000	340 000
（10）折旧	—	40 000	40 000	40 000	40 000	40 000
（11）税前利润	—	60 000	190 000	280 000	210 000	80 000
（12）所得税（50%）	—	30 000	95 000	140 000	105 000	40 000
（13）税后利润	—	30 000	95 000	140 000	105 000	40 000
（14）现金净流量 [（7）+（10）+（13）]	–380 000	70 000	75 000	100 000	175 000	340 000

*专卖店投资中第5年为商场残值出售时的资本利得，根据预测设备5年后的出售价为100 000元，而账面价值仅为20 000元，出售价超过账面价值的差额应缴纳所得税40 000元[（100 000–20 000）× 50% = 40 000]，出售设备税后净收入为60 000元（10 000–40 000 = 60 000）。

（资料来源：刘淑莲，等.《商贸企业财务管理》. 东北财经大学出版社，1998）

问题：根据案例中给出的资料，求出投资方案的投资回收期、净现值、内部收益率的指标并分析该项目是否可行。

第三章 3

连锁门店 CIS 设计

技能目标

- 使学生了解现代连锁门店的 CIS 设计的目的和意义；
- 理解连锁门店 CIS 的设计形式，以及能清晰说出 MIS、BIS、VIS 三者的关系；
- 掌握连锁门店 CIS 的设计方法，并能够自己进行企业 CIS 的设计。

知识目标

- CIS 的定义与本质；
- CIS 的类型和 MIS、BIS、VIS 三者的关系；
- 连锁门店的 CIS 设计。

连锁门店的 CIS 设计就是为门店树立一个良好的整体形象。从门店的服务理念、到门店的行为，再至门店给社会公众的视觉冲击，无一不是为了给社会公众留下一致的良好形象。良好的门店形象可以有助于门店开拓商圈内的市场，有助于门店处理与周边社会公众的关系，有助于门店的长期生存。为此应以理念识别系统为基础，行为识别系统和视觉识别系统为两翼，共同为打造良好的门店形象做出努力。

第一节　连锁门店 CIS 设计概述

一、CI 与 CIS 的含义

CI 是英文 CORPORATE IDENTITY 的缩写。Corporate，是指一个单位、一个团体、一个连锁企业。Identity 在汉语中很难找到对应可译的词，但究其含义在现代汉语词典中解释为辨别、辨认。在英汉词典中，作动词，可解释为：①等同，视为同一；②辨认、鉴定，验明。作名词的基本含义：①同一、一致。②本体、本性、身份。在英文中，Identity 有许多意义。从其使用情况看，这个词有如下两层含义：其一是指主体的识别性，主体有区别于其他同类的个性化特征；其二是指主体的个性化特征要有完备的统一性，共同表达主体的识别性。可见，其基本意义是识别。所以 CI 就字面含义可以直译为“企业识别”或“公司识别”。

如果考虑到识别的两层含义，连锁企业门店识别是指为树立统一而独特的连锁企业门店形象而进行的设计、策划、实施行动的过程。

其实，让公众认识连锁企业门店的过程，就是连锁企业门店树立自身形象的过程。而要使公众面对成千上万的连锁企业门店，能辨别出这是 A 连锁企业门店还是 B 连锁企业门店，就必须使连锁企业门店拥有个性化内容，并且在连锁企业门店的各个方面统一化或同一化。这一过程就是连锁企业门店识别的设计、策划和实施的过程。所以，连锁企业门店识别，从含义上来理解，就是连锁企业门店形象识别，或连锁企业形象门店塑造或建立。就连锁企业门店形象和连锁企业门店识别的关系来看，连锁企业门店形象是结果，连锁企业门店识别是途径或手段。

而 CIS 即英文 Corporate Identity System 的缩写。一般译为连锁企业识别系统，连锁企业形象战略，这是日本赋予 CIS 的新解释。

CIS 战略的出现，使连锁企业差别化战略摆脱了单纯依赖视觉差别设计，成为连锁企业整体的、全方位的、系统的经营战略。

二、CIS 的特征

1. 客观性

CIS 具有客观性的特点。连锁企业门店形象虽然反映的是社会公众对连锁企业门店的主观认识，但这种认识，是连锁企业各方面的实绩在人们头脑中长期积累的结果。社会公众对连锁企业门店的评价是根据连锁企业门店的实际表现作出的，评价的标准是客观的。连锁企业门店先进的技术、优良的产品、周到的服务、幽雅的环境、漂亮的外观都客观地给公众留下美好的印象，这决不是连锁企业门店一厢情愿宣传的结果。为此，连锁企业 CIS 的导入和推广必须建立在严格的市场调查和科学评估的基础之上，实事求是地从连锁企业的实际出发，不能脱离现实，凭空想象和虚构。CIS 导入产生效果的大小，在相当程度上取决于连锁企业自身的实际状况和连锁企业长期形成的个性形象。

2. 统一性

CIS 的统一性具体表现在两个方面：一方面是 CIS 的理念识别系统（MIS）、

行为识别系统（BIS）和视觉识别系统（VIS）的统一性。CIS 应以连锁企业理念为灵魂、精髓、核心，向行为规范、视觉传达设计扩展，三者形成一个有密切内在联系、不可分离的整体。连锁企业的理念、行为规范和形象传达三者之间要协调一致，不能相互矛盾。另一方面是连锁企业内外活动的统一性。因为 CIS 导入的过程是对连锁企业形象进行调整和再创造的过程，它必然引起连锁企业内思想观念的更新、连锁企业理念的重新整合和定位；CIS 导入使连锁企业文化客观化、感性化、视觉化，使连锁企业理念以行为和视觉的形式传达出来。而这些都必须取得连锁企业内部职工的理解、支持和合作，并依靠他们积极向社会传播，最终获得社会公众的广泛理解、支持和认可，使连锁企业以统一的整体形象矗立在公众的心目之中。总之，CIS 系统工程的实施就是要将连锁企业的理念、文化、组织管理、经营方向、发展战略、生产规模、技术实力、产品、服务、社会责任等各种信息统一整理，并将这些信息与连锁企业标志、连锁企业门店标准字、品牌标准字、特定标语等形象化信息相结合，进而把这些统一的、多层次的、多方面的信息经过系统、科学的全面策划，并在有效的监控之下通过连锁企业内外的各种媒体，以各种形式对社会公众做统一性的传达，以便获得社会的认同、信任和支持。

3．一贯性

CIS 的应用实施是一项长期性的工作。树立一个成功的连锁企业门店形象，一方面源于对其进行成功的策划，同时也需要有一个较长的时间让消费者了解、认知和体验，没有多年坚持不懈的努力，是难以形成良好的连锁企业门店形象的。CIS 作为连锁企业长期发展战略的重要组成部分，必须以连锁企业远景规划为依据，立足长远，立足提高公众的长期福利，而不是仅仅盯住企业自身的短期利益。因此 CIS 一旦确定，就不应轻易改变，即使是连锁企业领导人更换，CIS 的基本内容也应尽可能保持一贯性和稳定性。

4．独特性

当今世界，是一个信息爆炸的世界。人们每天都要接触大量的信息，究竟哪些信息能够进入人们的视线是当今企业必须考虑的现实问题。企业如果向社会公众传递的是千篇一律的雷同信息，其宣传的效果可想而知；相反，如果企业传递的是有个性的、具有独创性的信息，则会深入到公众的心灵中，这样才能达到企业的宣传效果。CIS 就是要突出连锁企业门店与众不同的个性，使其在茫茫商海中脱颖而出。因此连锁企业无论是在其经营理念识别系统（MIS）方面，还是在其行为识别系统（BIS）和视觉识别系统（VIS）方面，都要有自己的独特性。

5．社会性

连锁企业门店形象只有得到社会公众的认同，才能发挥其效力。连锁企业门店是社会的一分子，连锁企业门店的存在和发展都要依赖和仰仗社会的理解、合作和支持。从一定意义上说，连锁企业门店的根本利益和社会的整体利益是一致的，这也是社会对连锁企业的要求。世界著名企业可口可乐公司在公益事业上锁定教育，仅从 1998 年至 1999 年两年的时间就共投资 1 500 万元人民币在全中国兴建了 50 所希望小学，贫困地区的 100 所农村小学各捐赠了一套希望书库。连锁企业对社会做出卓越贡献的同时，社会也必然会给企业带来回报。可口可乐的品牌价值在 2007 年全球品牌排行榜中稳居首位，其价值达到 653.24 亿美元。因此，CIS 理念的设计和传达，必须以连锁企业的目标与社会需求的完美结合为基础，否则很难拥有生命力。

6. **战略性**

CIS 及其导入具有战略性的特征。“战略”一词本是战争用语，后应用于社会各个领域，现被人们泛指具有全局性、长期性和关键性、重大性的谋划。连锁企业的理念是其进行内部管理、外部参与竞争的指导思想，是连锁企业门店的关键。上至国家、小到个人都要有一套自身的指导思想和处世哲学，这是国家的立国之本、个人的生存之道。理念好，并能贯彻执行，将会有助于目标的顺利达成。因此连锁企业应将 CIS 的实施及所要树立的良好形象，从战略的高度加以认识，这是一项长期而艰苦的任务。

三、MIS、BIS、VIS 的关系

CIS（企业识别系统）中包括 MIS（理念识别系统）、BIS（行为识别系统）和 VIS（视觉识别系统）3 个子系统。他们之间是一种相互联系、相互促进、功能各异、不可分割的关系。他们一起从不同角度、不同层面来塑造连锁企业门店的形象，推动连锁企业门店的发展。

在 CIS 中，理念识别系统居于灵魂和核心地位。连锁企业识别系统正是将其理念贯穿于其各种行为之中，并整合各种传播媒介，进行良好的视觉设计，传播给连锁企业的内外部公众，使其对连锁企业门店产生识别和认同。

另一方面，连锁企业理念系统本身具有丰富的内涵，如果不对它进行实施与应用，它将毫无价值。企业理念的实施或应用则必须依靠企业员工的努力；然而，连锁企业门店仅通过人的行为来传达和树立形象毕竟是困难的。所以在连锁门店的行为活动过程中，必须要借助于视觉设计符号、传播媒介，并将连锁企业门店理念应用其中，形成对广大公众的一致视觉刺激，才能真正提高公众对连锁门店的认识和记忆。

CIS 中的三部分分别处于不同层次。如果以一棵树来比喻 CIS 的话，VIS 是树冠包括绿叶、花和果实，BIS 是树干，而 MIS 则是树根。树干和树冠须从根部吸取水分和养分，而树根只有通过树干和树冠才能证明自己存在的价值。如果我

们将 CIS 比作一个人的话，MIS 是心，BIS 是手，而 VIS 是脸，三者偏废一方，都将不能形成完整的形象。“心”之想，需要通过“手”之做才能实现，需要通过“脸”之情才能展现。

现在，国内很多连锁企业对门店实施 CIS 不成功或虽然实施了却不见成效，主要原因之一就是没有理清 CIS 系统中 MIS、BIS 和 VIS 三者的关系。

第二节 连锁门店理念识别系统（MIS）

一、连锁门店理念识别系统（MIS）概述

1．内涵

理念识别系统的英语原义是 Mind Identity System，简称 MIS。

Mind 在牛津双解词典中的解释是：① 记忆、回忆；② 意欲、心意、思想、感想、意见、意向、目的；③ 心、精神、感觉。总之，Mind 的含义可理解为与 Body 相对，一般都被译为“理念”。

2．构成

作为管理学用语，在本书中主要包括连锁企业经营思想、经营宗旨、经营意识、经营观念等。

连锁门店理念识别系统（MIS）是由连锁企业领导积极倡导，全体员工自觉实践而形成的连锁企业信念，提升连锁企业活力，推进连锁门店经营的团队精神和行为规范。

连锁企业理念识别系统包含两个层面的内容：一是连锁企业制度和组织结构层，包括各种门店的管理制度、经营过程中的交往方式、员工的生活方式和行为准则；二是连锁门店精神文化层，包括员工的观念、心理和意识形态等。

二、连锁门店理念识别系统（MIS）的特点

连锁企业理念识别是指连锁企业为增强其竞争能力，提升连锁门店形象而构建的，经广泛传播得到社会普遍认可，体现连锁门店自身个性特点，反映连锁企业经营观念的整体价值观体系。显然，理念识别包含以下 4 个基本点：

（1）构建连锁企业门店理念识别有助于增强连锁企业发展的实力，提升连锁企业门店形象，参与市场竞争并获得成功。

（2）体现自身个性，连锁企业门店理念识别要体现自身特征，以区别于其他连锁企业。

（3）要进行广泛传播，以使社会公众普遍认同。

（4）连锁企业门店理念的基本内容是由其经营管理思想、宗旨、精神等一整

套观念性因素的综合，构成连锁企业价值观体系。

三、连锁门店理念识别系统（MIS）的内容及作用

1．理念识别系统（MIS）的内容

连锁企业理念识别系统包括：连锁企业经营哲学、连锁企业信条、连锁企业价值观、连锁企业经营方针、连锁企业精神、连锁企业口号、连锁企业广告词、连锁企业座右铭、连锁企业歌等。

2．理念识别系统（MIS）的作用及功能

MIS 是连锁门店形象识别系统中的最基本因素，应具有独特的经营理念、经营宗旨、企业目标、企业精神、企业道德、企业作风等，以求区别于其他连锁企业。

MIS 的确立将会直接影响到其他形象识别系统的形成。

确定统一的企业理念，对于企业的整体良好运转而言具有战略性的功能与作用。其功能和作用表现为以下 5 个方面：

（1）导向功能。导向功能是指企业理念可以为企业的发展指明方向。企业理念就是企业所倡导的价值观念和行为方式，它引导员工的追求。其导向功能主要以两种方式发挥作用：一方面是直接引导员工的人格、心理和行为；另一方面是通过员工的整体价值观认同来引导员工的观念与行为。良好的企业理念可以使员工在潜移默化的过程中形成共同的价值观，并通过企业理念的认同，共同朝一个确定的目标去奋斗。

（2）激励功能。崇高的理念可以产生巨大的推动力，让内部员工有希望，让外部的合作者有合作动力，让消费者消费有信心。企业理念既是企业的经营宗旨、经营方针和价值追求，也是企业员工行为的最高目标和原则。因此，企业理念与员工价值追求上的认同就构成员工心理上的极大满足和精神激励，它具有物质激励无法比拟的持久性和深入性。

（3）凝聚功能。在企业理念的确定和员工普遍认同的过程中，企业内部必然会形成一股强有力的向心力和凝聚力。它是企业内部的一种黏合剂，其一旦被企业员工认可，如同一面大旗，使员工自觉簇拥在其周围，并吸引后进者跟从，同时对企业的合作伙伴消费者产生吸引力。

（4）辐射功能。企业理念一旦确定为广大员工所认同，就会辐射到企业各门店整体运行的全过程，从而使企业整体系统得以优化，企业整体素质得以提升。与此同时，它也会产生巨大的经济效益和社会效益，向更广泛的社会领域辐射，形成一笔巨大的社会财富。诸如松下精神、沃尔玛精神、天虹精神等。

（5）稳定功能。正确的企业理念其本身具有一种同化力，可以对企业内部消极的观念起到消弱和改造功能，从而使企业变得更加和谐、更加稳定。同时，强

有力的企业理念和精神，还会凭借其强大导向力和惯性力，保证企业不会因内外环境的某些变化而衰退，从而使一个企业具有持续而稳定的发展能力。

四、连锁门店理念形成的途径

1．汲取民族传统文化的精髓

连锁企业的理念的形成可以从中国传统文化中进行寻求。中国上下五千年的文明，形成了诸多有价值、有意义的思想。诸如孔子、老子、庄子、孟子、韩非子这些伟大的思想家，他们所提出的很多思想都可以指导企业的经营活动。日本企业之所以能够在开拓世界市场方面取得成功，与他们成功地从中国传统文化中借鉴有价值的思想有很多关系。因此连锁企业要提出有效的经营理念，我国的传统文化可以提供有意义的借鉴。

在我国连锁企业竞争日趋激烈的今天，建立有效的连锁企业文化对于连锁门店的成功经营显得越来越重要。随着时代的发展与变迁，创建连锁门店优良文化模式必须对我国传统文化进行重新改良整合，树立起新时代的特色和中华民族传统文化相融合的新型连锁企业文化模式。

2．借鉴国外的先进连锁企业理念

以西方发达国家为代表的企业，自工业革命至今已经积淀了很多优秀的企业理念。在连锁领域，以美国麦当劳、沃尔玛为杰出代表。

麦当劳是全球最大的以汉堡包为主的速食公司。现在美国的每个州都建立了连锁店，在国外的业务迅速拓展到 60 个国家和地区。总计拥有连锁店 1 万多家，全世界每天光顾麦当劳的人数至少有 1 800 万。麦当劳以生产销售为主，它带来了一种文化，人称“汉堡文化”。麦当劳之所以能够形成一种震撼，就在于它本身就代表着快餐文化。这个连锁企业的成功，归功于它明确的经营理念与规范化的管理。其经营理念的核心就是积极引导消费、狠抓产品质量和顾客永远第一的思想。

沃尔玛作为全球零售业的老大哥，“尊重每个员工”、“顾客是上帝”、“每天追求卓越”是其核心经营理念。沃尔玛之所以能够取得今天的成就与其经营理念密不可分。

当然其他企业也有很多优秀理念，这些都是连锁企业进行理念设计时可以学习和借鉴的。

3．继承本土连锁企业的优良传统与个性化独创并举

企业在其经营的过程中，业已形成了一些好的经营理念，这些理念可以在理念识别设计中保留下来并发挥功用。长期以来，我们并不强调个性，做事做人强调共赢，强调个体服从群体，这个精神当然很重要，但如果企业没有个性，人们就缺乏有效识别。塑造企业形象，无非就是强调 5 个度：知名度、美誉度、定位度、指明度、忠诚度。这 5 个度的树立都是以企业个性为基石。如连锁企业名称形象应是顾客喜爱的、喜欢的；要易读、易记、易发音，好听、易理解、易分别。

五、连锁门店 MIS 构成要素设计

1. 确定连锁门店理念诉求方向

确定连锁门店理念诉求方向首先要对连锁门店内外环境进行调查与分析。通过连锁门店内部的调查与分析，把握连锁门店的经营方向、所属行业特点及运行状况；通过连锁门店外部调查和分析，了解连锁门店的社会地位及角色扮演状况，确认社会公众对连锁门店的基本期望。其次要根据连锁门店内外情况，设定连锁门店理念的诉求方向，确定连锁门店的经营宗旨、经营方针和价值取向。

2. 确立连锁门店理念设计的基本要素

连锁门店理念的基本要素涉及到连锁门店经营的基本宗旨、经营方针及连锁门店的价值观诸多方面；同时又涉及到连锁门店的经济行为、社会行为和整体文化行为等多个子系统。因此在理念设计时，必须将这些构成要素加以归类整理；再根据设定的连锁门店理念诉求方向，确定其基本含义和象征意义。

3. 连锁门店理念要素的语言表征

连锁门店理念设计的基本要素一旦确定，就要求用合适的语言形式对其进行恰当的表达。首先，要求语言表达的准确性，即所使用的语言与所要表达的内涵应当一致，避免产生多重象征或歧义。其次要用最精练的语言文字对所要表达的全部理念设计要素和内涵进行高度概括，以提高连锁门店理念的识别力和表征力。

4. 连锁门店理念要素要体现民族性

连锁企业理念系统设计应体现民族性设计原则。要求在进行理念系统的设计时，必须充分考虑到民族精神、民族习惯、民族特点，体现民族形象。无论是连锁企业的经营宗旨、经营方针或价值观，都应当体现本民族的精神追求、价值取向、道德标准，从而不仅在民族文化范围内产生普遍认同，而且也在世界范围内弘扬连锁企业的民族文化个性。因为只有民族性的，才能是世界的。

第三节　连锁门店行为识别系统（BIS）

一、连锁门店行为识别系统（BIS）概述

1. 连锁门店行为识别系统（BIS）概念

连锁门店行为识别系统（BIS）是连锁企业理念识别系统的外化和表现。连锁门店行为识别是一种动态的识别形式，它通过各种行为或活动对连锁企业理念

进行表达、执行和实施。

连锁企业理念要得到有效的实施，必须要科学构建和明确连锁企业的行为主体，包括确定连锁门店组织形式、建立健全连锁门店组织机构、合理划分部门、有效确定管理幅度并科学授权。只有连锁企业行为主体架构得以完善，连锁门店的运行机制才能顺畅，连锁门店的行为才能有基础的组织保障，连锁企业的理念才能得以真正贯彻实施。因此，在连锁门店行为识别系统中，连锁门店行为主体的合理构建和确定是基础性因素。

2．连锁门店行为识别系统（BIS）构成

连锁门店的行为识别系统设计涵盖了连锁门店的经营管理和业务活动的所有领域。总体上，可以分为对内、对外两大部分。连锁门店内部行为包括连锁门店内部环境的营造、员工教育、员工行为规范等；连锁门店外部行为包括市场调研、商品规划、服务活动、广告活动、公关关系、促销活动等。

（1）门店内部行为子系统

1）连锁门店环境的营造。连锁门店环境的营造主要分为两大部分：一是物理环境的营造，包括对视听环境、温湿度环境、嗅觉环境、营销装饰环境等的营造。二是人文环境营造，主要内容包括对员工精神风貌、领导形象、合作氛围等环境的营造。营造一个整洁、团结向上、温馨融洽、友爱互助的门店环境，不仅能保证员工的身心健康，而且对树立良好的门店形象发挥着重要作用。

2）员工培训。为满足门店经营的要求，需要对员工进行相关知识培训。不同层次的员工要进行不同内容的培训。根据培训对象的不同，可将员工培训分为管理者培训和一般职工培训。对管理者培训应侧重于政策理论水平、法制、决策及领导作风等内容。一般员工培训则侧重于与其日常工作相关的一些内容，如经营理念、企业精神、服务态度、服务技巧等。

3）员工行为规范化。每个连锁门店要做到在经营活动中步调一致、令行禁止，必须要设立和遵从一套行之有效的准则规范。行为规范就是门店员工共同遵守的行为准则。员工行为规范化体现在员工行为的方方面面，诸如职业道德、仪容仪表、迎接礼仪、谈话礼节等多个方面。

（2）门店对外行为子系统

1）商品规划。这是塑造连锁门店商品形象的第一步。影响门店商品形象的因素包括：整体的商品组合、商品档次、商品价格、商品包装、商品质量等。欲做好商品规划必须要进行市场调研，以求得与消费需求的一致性，即连锁门店的商品配置和开发必须根据商圈内消费者的需求来进行。门店商品形象的核心是所售卖的商品质量。因此，商品规划活动的关键是保证商品的质量。

2）服务。服务由门店员工向顾客提供。根据服务所处销售的环节，可将服务分为：售前服务、售中服务和售后服务。门店服务必须讲真诚、讲信用，必须能够给消费者带来实实在在的好处，才能够从内心打动消费者。

3）广告。广告是由企业通过各种传播媒介向广大社会公众传递商品信息、传递企业形象的活动。广告可以分为商品广告和连锁门店形象广告。对于连锁企业形象识别系统而言，应更加重视形象广告，以获得社会各界对本连锁门店及产品的广泛认同。

4）公关。开展公关活动同样是连锁门店对外行为的重要内容。任何一个门店都不是一个孤立的客观存在，而是一个由各种社会关系包围着的社会存在。通过公关活动可提高连锁门店的知名度、美誉度；通过公关活动可以消除公众的误解，消除不良影响，取得公众的理解和支持。

二、连锁门店内部行为识别系统的构建

1. 门店行为识别系统建立应遵循的原则

连锁门店行为识别系统包括的内容非常繁多，它涉及到营销学、广告学、公关学、管理学等多学科的内容。行为识别系统的目的在于通过各种活动，塑造门店的动态形象，并与理念系统、视觉系统相互配合，树立起连锁门店良好的整体形象。塑造为社会公众所接受优良的门店动态形象，不仅仅是某一部门的事情，而是连锁门店自上而下的每一员工、每一环节和每一部门的工作。这需要企业长期规划以及全体员工的共同努力。行为识别系统传达的对象，不仅仅针对消费者，同时还要针对连锁门店内部员工、社会大众、相关机构与团体。

连锁门店行为识别系统的创建是一项系统工程，应遵守以下原则：

（1）立足长远、持之以恒。建立连锁门店行为识别系统，塑造连锁门店形象，是连锁门店长期的战略目标。其塑造过程需要经过长期努力，要有计划地开展各种有利于树立连锁门店形象的活动，把连锁门店点滴工作都统一到树立良好门店形象这个总目标上来，并持之以恒。同时，也要根据时代的变化，作出相应的调整。

（2）以诚立业、以信为本。连锁门店开展任何活动都应是真心诚意，讲究信用，切忌哗众取宠、弄虚作假。诚信是企业创业的基础，立足的根本。连锁门店必须对消费者有真诚而实在的承诺，并加以兑现；如果没有做到，消费者将最终会抛弃企业。

（3）内外兼修。连锁门店开展活动时，既要考虑连锁门店内部员工的需要，又要顾及社会公众的需要。衡量连锁门店形象好坏的主要标准就是能否满足内外公众的利益。双方员工利益满足了，员工才有动力为顾客服务；顾客利益满足了，顾客才能够成为忠诚的顾客。

（4）广泛传播。连锁门店举办活动要想取得良好效果，除精心设计外，更重要的是通过各种有效媒体把活动信息广泛地传播给大众。大众媒体是树立连锁门

店良好形象的必备手段，在传媒高度发达的今天，利用媒体对连锁门店举办的活动进行多渠道、多层面的正面报道，为连锁门店扩大宣传服务，是行为系统发挥作用的一项重要工作。

（5）防微杜渐。连锁门店是一个有机体，机体的运动必然会产生各种问题。问题的出现并不可怕，关键是对待问题的态度。在企业经营活动中不论出现什么问题，对连锁门店形象都会有或大或小的影响，有的甚至会带来难以挽回的损失。因此，防止连锁门店形象发生危机是树立、保证和维护连锁门店形象的重要原则之一。一旦活动中出现形象危机，就应采取有效对策，以赢得顾客的理解和支持。

2．门店员工培训

连锁门店员工是连锁企业形象的活化和外部传达的重要媒介，其素质高低以及在其工作的过程中能否具体体现连锁企业的经营理念、方针和价值观，对树立良好的连锁企业的形象具有重要影响。因此，连锁门店 CIS 的实施，需要全体员工满怀激情的参与。

连锁门店 CIS 的推进，需要员工从一切细微处着手。为此，需要对员工进行规范系统的宣传教育和培训。一般而言，对于连锁门店内部员工的教育和引导工作，可采取如下措施：

（1）印刷 CIS“说明书”和“员工手册”。CIS 说明书主要阐明连锁门店导入 CIS 的背景、动机、计划以及连锁门店理念和连锁门店识别的内涵，以增强员工的认同感和前瞻意识。

员工手册则是编印说明连锁门店理念、行为规范和连锁门店标志的手册，让员工了解其在连锁门店 CIS 导入过程中担负的职责，随时以此规范其行为。

（2）制作员工教育录像带和幻灯片。在条件允许的情况下，可利用电视、幻灯等现代化设备和手段，将说明书和员工手册等更有效地传达给员工，以提高宣传、教育的效果。

（3）充分利用连锁门店内部各种宣传手段制造舆论。可借助连锁企业内刊、通信、简报、海报等宣传媒体，大张旗鼓地进行宣传，一方面可使员工具有必要的心理准备，另一方面还可提高员工的士气。

（4）加强内部沟通。通过内部会议等沟通系统加强连锁门店内部沟通。

（5）提倡各种有意义的活动。连锁门店导入 CIS 的目的之一，就是要通过规范员工的行为，提升连锁门店的整体素质。为了更好的规范员工行为，门店可采取一些切实可行的办法，诸如推行礼貌运动、推行最佳仪表活动、开展积极向上的文娱活动等。

3．门店员工工作和行为设计

门店是通过员工的工作来展开对顾客的服务，员工工作整体水平决定了顾客对门店形象的评价水平。为此，连锁企业应对门店工作进行合理分工和设计，保证合格员工出现在其适合的岗位上；同时，还保证员工按照合理的工作规范来开展工作。在这方面 7-11 连锁店就做得比较出色。

以其进货陈列管理为例：当订货商品到达门店时，有些商品直接上架，有些商品暂时放到店后临时存货间。在此过程中，极容易出现门店混乱或店堂通道堵塞现象。一般的零售门店在出现这种情况时，会临时增加人员进行商品搬运、陈列，而这样会大大增加人工费；如不增加人员，就只有投入全部店员从事这些活动，而这又可能会影响正常的经营活动。面对这种两难局面，7-11 着重通过规范化、程序化的作业，在最短的时间内完成各项商品进货活动，同时通过具体细致的陈列规定防止出现取货、商品上架时的混乱。具体分析可以发现，7-11 的门店指导员每天会对第二天进货商品的搬运、陈列流程进行指导和规划，各门店依此制成计划表，再将具体的作业要求传给当天工作人员。在商品陈列管理方面，7-11 规定像糖果这类有绉皱的产品一般放在货架底部的两端，其他商品依商品的性质和重要程度放在货架底部的中间或货架的中端部位，食品摆放在货架的上部；相类似的产品不能摆放在一起，因为这样容易在取货时产生差错。为了从根本上杜绝这种现象，有些门店还将各类商品中都竖着摆放一个样品，这样销售人员在取货时就能一目了然。

三、连锁门店外部行为识别系统的构建

连锁门店对外行为识别系统是连锁门店动态的识别形式之一。连锁门店的各种行为只有在体现连锁企业经营理念的基础上，才能塑造出良好的连锁企业形象，才能使连锁门店形象具有统一的内核。因此，连锁门店对外行为识别系统必须在理念系统的指导和制约下进行。连锁门店对外行为系统大致包括：服务活动与服务形象、连锁门店形象广告策划、公共关系活动策划等。

1. 制订服务规范

制订服务规范的目的，是通过其的贯彻实施，提升企业服务水平，树立企业良好的服务形象，最终提高门店的市场竞争力。

以当前我国最大的连锁家电专业店国美为例。为了更好服务消费者，提升服务水平，国美针对空调安装服务人员提出了“七个一”的服务规范：

小案例：国美“七个一”的服务规范

（1）上门服务必须佩戴国美统一的“空调安装员”服务牌；

（2）进门服务说一句：“您好，给您添麻烦了”；

（3）进门带一块垫布和一块抹布；

（4）穿一双自备鞋套；

（5）不喝一杯水；

（6）不吸一支烟；

（7）送用户一张上门服务卡。

如此细致入微的服务体系，得益于国美十几年来不断积累的经验和教训，赢得了消费者的一致好评。

2．门店促销活动策划及公共关系

门店促销就是门店营销者将门店商品和服务的信息通过各种方式传递给社会公众，促进其了解、信赖并购买本企业的商品，以达到扩大销售的目的。由此可见，促销的实质是营销者与社会公众之间的信息沟通。

促销活动的策划就是通过各种促销方式的选择、运用与组合搭配的策划，有效地实现企业与社会公众之间的信息沟通。

在对各种活动进行策划时，如何树立企业形象显得十分重要。如果企业具有良好的社会公众形象，可以使企业和社会公众之间的信息沟通更顺畅、更持久，它对企业发展的影响也是深远的。

例如，在 1997 年 8 月，北京赶上多年未有的酷暑天气，一时间各大商场空调器被抢购一空，出现脱销现象。很多市民即便是买上空调，也要排队等候好几天，才能轮上维修人员上门安装。这时，素以“迅速反应，马上行动”作风著称的海尔集团马上派遣一支 300 人的安装服务队伍增援北京，并通过大众传媒大做广告，真可谓“雪中送炭”，受到北京消费者的欢迎。这是一次非常成功的促销活动策划，同时对海尔的企业形象、产品形象又是一次有力的提升。

围绕着企业营销所施行的公关活动，我们称之为营销公关活动，诸如现场免费咨询、公益广告、公益活动等等。同时，现场促销也是塑造企业形象、品牌形象、产品形象的最好场所与良机。促销现场统一视觉形象的 POP、广告、吊旗、宣传品、促销小姐等的设计，是塑造优良企业形象与产品形象的必备手段；与此同时，围绕营销开展一系列公关活动，也尤为重要。

营销公关的核心是争取社会各方面的理解、信任和支持，在公众中树立良好的企业形象和产品信誉，达到促进销售的目的。它的着眼点不是企业的眼前利益，而是从企业战略目标实现及长期影响出发的。营销公关活动本身不是做买卖，而是通过公关活动促进销售。具体地讲，企业公关活动的目标有：建立和提高连锁门店的知名度、建立并提高连锁门店及门店商品的信誉度、建立并提高连锁门店及门店商品的美誉度、取得社会谅解等。

3．建立信息沟通网络

为了使连锁门店树立良好形象，应广泛拓展连锁门店与外部的信息交流途径，建立门店同社会各界之间纵横连锁的信息网络，及时预测社会环境变化和对企业行为的反应，取得社会各界的理解和支持。

第四节　连锁门店视觉识别系统（VIS）

一、连锁门店视觉识别系统（VIS）概述

1．视觉识别系统的概念

VIS 即 Visual Identity System，通常被译为视觉识别系统。在整体 CIS 中，VIS 是最具传播力和感染力的子系统。据统计，在人类所感知的外部信息中，其中有 83%是通过视觉通道来获取的。连锁企业形象的视觉识别，就是将 CIS 的非可视内容转化为静态的视觉识别符号，以丰富多样的表现形式，在尽可能广泛的层面上，进行最直接的传播。设计科学并实施有效的视觉识别系统，是传播连锁企业经营理念、建立连锁企业知名度、塑造连锁企业形象的便捷之径。

2．视觉识别系统设计原则

VIS 的设计不是符号的机械堆积，而是对企业理念内涵的生动表述。因此，连锁企业的 VIS 设计应从多角度、全方位地反映该企业的经营理念。在设计过程中，应遵循以下 7 大原则：

（1）风格统一原则；

（2）视觉冲击原则；

（3）以人为本原则；

（4）体现民族个性与尊重民俗习惯原则；

（5）可操作性原则；

（6）符合审美原则；

（7）严格管理原则。

二、视觉识别系统（VIS）设计的基本程序

视觉识别系统（VIS）的设计程序可大致分为 4 个阶段：

1．筹备阶段。成立 VIS 设计小组，是 VIS 设计的组织保证。一般说来，VIS 设计小组应由连锁企业的高层主要负责人担任组长。其他成员主要是各专门行业的人士，以美工人员为主体，以行销人员、市场调研人员为辅助。在组织人员时应注意：人不在多，而在精。

2．设计开发阶段。VIS 设计小组成立后，首先要充分地理解、消化连锁企业的经营理念，把 MIS 的精神吃透，并寻找与 VIS 的结合点。这一工作有赖于 VIS 设计人员与连锁企业间的充分沟通。在各项准备工作就绪之后，VIS 设计小组即可进入具体的设计阶段。

3．在 VIS 设计基本定型后，还要进行较大范围的调查研究，以便通过一定

数量、不同层次的调研对象的信息反馈来检验 VIS 设计的有效性。

4．编制 VIS 手册是 VIS 设计的最后阶段。

三、VIS 应用要素系统设计表

1．办公用品系列

名片、中文信纸、英文信纸、普通信袋、普通信封、国际信封、国际信袋、传真纸首页、公文纸、便条纸、用款单、付款凭证、报销单、货物流程单、文件夹、档案袋、介绍信、合同书、纸杯、电话留言条等。

2．标识系列

公共标识图案、企业招牌、公共导向牌、部门标识牌、横式、竖式楼顶招牌、立地招牌、吊牌、产品外包装、工作证、贵宾卡、来宾卡、通行证、产品合格证、手提袋、包装纸、外包装箱、封箱胶带、不干胶贴纸等。

3．广告系列

企业宣传册、海报广告规范、杂志广告规范、电视风格、幻灯片风格、报纸广告规范、企业杂志封面、招商说明书封面、气球广告规范、雨伞遮阳伞广告规范、霓虹灯广告、路牌广告规范、公布栏、说明书、企划书、招聘书、互联网主页、E-mail 背景风格等。

4．服饰系列

男女管理人员制服、维修服、男女礼宾服、男女服务员制服、男女保安人员制服、男女清洁人员制服、男女科研人员服、运动服、运动帽、文化衫、雨具、皮夹、领带、领巾、领带夹等。

5．交通系列

交通车、商务车、运输车等。

6．旗帜系列

车旗、公司旗帜、桌旗、锦旗、双面锦、POP 吊旗、横幅布旗等。

7．环境系列

办公楼主体装饰、形象墙、展示会场风格、垃圾桶、踏垫等。

8．其他用品

记事本、台历、挂历、赠品类、茶具、烟灰缸、意见箱、稿件箱、感谢卡、各式贺卡、卡片封套、请柬、伞架、薪资袋等。

四、VIS 的基本要素设计——标志设计

1．标志类型

根据标志表达的主体的不同，可以将标志分为连锁企业标志和产品标志。连锁企业标志即从事生产经营活动的实体的标志；产品标志即连锁企业自身所生产

产品或自有品牌的标志。

根据造型的不同可以将连锁企业标志分为具体型、抽象型、具体抽象结合型三种。具体型标志是在具体图像的基础上，经过各种修饰设计而成，其优点在于能够直观地表达具体图像的特征，一目了然。抽象型标志则是由点、线、面、体等造型要素设计而成的标志，突破了具体图像的束缚，在造型效果上有较大余地，可产生强烈的视觉冲击，不过，在理解上易产生不确定性。具体抽象结合型标志则结合了具体型和抽象型两种标志类型的长处，从而使其表达效果尤为突出。

2．标志设计应遵循的原则

在对企业标志进行设计的时候，应遵循以下 3 个方面的原则：

（1）标志设计一定能反映连锁企业的经营理念，突出连锁企业形象特征；

（2）标志设计应充分考虑结合连锁企业的所处行业属性和产品属性；

（3）标志设计应符合时代的审美特征。

五、VIS 的基本要素设计——标准字设计

标准字设计即将连锁企业或产品的名称通过创意设计，形成风格独特、个性突出的组合整体。

1．标准字的特征

（1）识别性是标准字最基本的特征。由于标准字代表着特定的连锁企业形象，因此，在设计的时候必须充分考虑其应具备独特的整体风格和鲜明的个性，以使其所代表的连锁企业从众多对手中脱颖而出，令人过目不忘。

（2）造型性则是标准字的关键特征。标准字必须有一定的造型，以便体现其所展现的个性。

（3）系列性是标准字的应用性特征。即应有一系列的风格相同的标准字，能够适用于不同场合。

2．标准字的设计步骤

对于标准字设计，首先应确定标准字的总体风格。一个连锁企业的标准字应具有不同于其他连锁企业的风格特点，不同的字体造型和组合形式也具有其内在的风格特征，要找到二者间的内在联系。其次，应构思其基本造型，调整视觉误差。在实际的视觉效果中，略长些的汉字看起来比规整的方块形更为美观。

本 章 小 结

CIS 是企业形象的识别系统，CIS 设计具有重要意义。它是公众识别企业的信号。企业形象识别系统（CIS）包括理念识别系统（MIS）、视觉识别系统（VIS）、行为识别系统（BIS）三个子系统，三者相互联系、相互促进、不可分割；三者功

能各异、相互配合、缺一不可。它们共同塑造连锁企业门店的形象，推动连锁企业门店的发展。不同的子系统其构成、特征、作用以及形成途径均有自己特点。

关 键 词

CIS　MIS　BIS　VIS

复习思考题

1. 认识 CIS 的定义，理解 CIS 的特征。
2. 请思考连锁门店理念识别系统的构成、特征、作用及其形成途径。
3. 请思考连锁门店行为识别系统的构成、特征、作用及其形成途径。
4. 请思考连锁门店视觉识别系统的构成、特征、作用及其形成途径。
5. 连锁店铺 CIS 系统是连锁企业经营成功必不可少的要素，请结合身边连锁店铺的例子，讨论连锁门店 CIS 对连锁企业经营和消费者心理的影响。

实 训 项 目

以小组方式完成一份企业的 CIS 设计。

案 例 分 析

案例 3-1　从可口可乐“变脸”浅谈 CIS 发展趋势

CIS 这个名词对大多数中国的设计师和连锁企业家来说应该都不陌生。它曾经一度给中国的连锁企业界和设计界带来一股无法阻挡的魔力和希望，但近年来却大有萎靡不振逐渐被人们遗忘的趋势。笔者并不想就个中原因详细分析，只想就最近可口可乐公司更换标志的动作中窥探出 CIS 设计行业新的动向和发展趋势。

一、从可口可乐“变脸”谈起

可口可乐（中国）饮料公司于 2003 年 2 月 18 日对外界宣布：正式更换包装，启用新标识。此香港著名广告设计师陈幼坚设计出的全新流线型中文字体，取代了可口可乐以1979年来在中国市场一直使用的中文字体。此次改变是可口可乐公司CIS在中国市场的一次大胆尝试。也体现了在面对发展迅速的社会、日新月异的生活意识形态和不断变化的市场竞争时公司主动求变以赢得发展的态度。

标志和产品包装是连锁企业识别系统（即CIS）中最重要的特征。可口可乐CIS的改变也并非对原有连锁企业识别系统的完全颠覆，而是为使原有形象跟上时代步伐，保持品牌活力而作出的渐进式的调整。原有CIS中的几个要素是可口可乐公司多年来投入重金构筑的宝贵财富，已经为市场和消费者广泛接受。这几个核心要素是:

1. Cocacola白色英文书写字体
2. Coke品牌名称
3. 红色标准色
4. 独特的可乐瓶形

实际上可口可乐在全球几乎每经历几年就会对商标及包装等一系列CIS的内容进行修改和更新，以适应不断变化的市场口味。无独有偶，可口可乐的老对手百事可乐也是如此。这种变化保持着一种渐进的尺度，即革新的同时审慎地保留先前积累的品牌资产，使CIS的演变路径呈现出优美的过渡，没有断裂和跳跃。

二、CIS是什么

说到可口可乐的CIS就不得不提一下它的概念。CIS(Corperate Identity System)即我们所称的连锁企业识别系统。CIS发源于欧洲，成长于美国，深化于日本。CIS作为一个连锁企业的识别系统通常又被划分为三个分支即VIS、MIS、BIS。VIS是连锁企业的视觉识别系统，包括：标志、包装、标准色等元素及其在不同的介质上的运用，如公司内部文具，交通工具，制服和在不同媒体上发布的各类广告；MIS是指公司统一的理念和文化，通常渗透在连锁企业管理制度、员工的思维方式、处事方式中；BIS是员工的行为规范，连锁企业的员工行为准则是BIS的一个集中体现。

对于CIS设计，当今设计界的观点也有所不同。以美国为代表的许多西方发达国家认为BIS和MIS是平面设计师力所难及的，他们更乐于通过图形和颜色的标准化来体现连锁企业的精神特质，也就是主要利用视觉识别部分；而以日本为代表的一系列东南亚国家则更强调BIS和MIS的部分，把CIS的导入作为连锁企业的一种管理战略，从各方面树立一个立体的连锁企业形象。比较而言笔者更倾向于后者，虽然把CIS简化为视觉识别系统往往更有利于设计师的执行，但单纯的通过视觉元素在体现一个复杂的连锁企业实体的形象上显然是有困难的，特别是随着经济全球化的加剧，不同的文化背景下，图形所能给人的传达信息和隐喻的功能也会发生变化。

所以一个连锁企业的CIS要通过多种因素共同建立包括视觉识别系统、员工的行为规范、广告、公关、连锁企业文化……当然如此复杂的系统工程不可能靠某个设计师单打独斗的完成，这需要管理层对CIS有个清醒的认识，针对连锁企业特征，至上而下的进行CIS管理，更需要全体员工的参与和协作来共同打造。

三、CIS发展的趋势

如上所述，连锁企业导入CIS是一个长期复杂的战略，因此从一个连锁企业的CIS变更中，特别是外化为视觉识别系统的VI变更的中能看到一个连锁企业经营理念的转变。作为连锁企业形象系统导入成功者之一的可口可乐公司，其CIS的变化还可以作为设计界的风向指标，引导着业界的新发展趋势。笔者在仔细观察可口可乐公司历次CIS更新，特别是此次“变脸”后总结了如下几点CIS设计的发展趋势。

1．从静态到动态

传统的VIS设计是静态的，以标准化的图形和颜色作为视觉传达的要素。但仔细观察可口可乐新的中文标识和包装，你会发现设计师在细微之处的调整：新包装及标志的红色背景中加入了暗红色的弧线，整体红色变得更有深度和动感，并产生了多维的透视效果。罐身包装的侧面设计了崭新的“气泡弧形瓶”，既保留了原有弧形瓶的原创性，又体现了新的动感效果。多层次的飘带图案，和飘带中的银色边线及飘带两侧的气泡更强调了活力和现代感。经过微妙的调整和添加，原有的视觉元素“活”了起来。设计师就是通过这种方法力图使设计突破二维媒介的局限，创造一种视觉上动态的效果。

我国的VIS设计长期以来也是以一种静止和程式化的形态呈现的，缺乏新意和活力。其原因是设计观念上束缚太深。特别是标志设计，我们常将其理解为一张脸，好比IBM，造型和构成方式在不同的载体和环境中使用都具有一致性和稳定性。20世纪末，数字化媒体出现，社会环境也发生了质的变化。电脑技术在设计上的广泛应用挑战着艺术设计形式，同时也充实着设计的外延。多元化的视觉观念也暗示着新视觉传达方式将要打破传统设计门类的界限，让设计成为一种能融合多种学科的载体。许多设计师已经不再满足于原有VIS设计仅局限在平面和静态的状况。尤其是在FLASH等简单而好用的动画软件面世后，各种动画形式的VIS设计面世，也有在平面的媒介上表现超平面的动态效果的。总之VIS打破了“静”的传统，逐步开始“动”了起来。国外类似的尝试早就在进行着。现在国外的标识设计早已打破传统规则，在静止的二维平面中加入“时间”和“表情”，在应用中丰富和灵活的展现。从可口可乐的VIS变化上，我们可以感受到这一点。NIKE、SONY公司设计的推广片段更进一步证明了视觉传达设计由静态向动态的新走向。

2．以连锁企业为核心向以消费者为核心转变

上世纪八十年代左右，确切的讲是七十年代后期开始，当CIS热在日本风靡一时的时候，在美国就开始大大降温了。有学者从理论提出：CIS理论是“从里向外”的思维方式，是从连锁企业的角度出发，而非从消费者的角度出发，与市场营销管理观念发展的趋势相悖，因而不可避免带有时代局限性。纵然CIS的发展在世界范围内几经潮起潮落，甚至也有人把它视为过分炒作的经济泡沫，但我认为随着对CIS认识的深化和管理的科学化，它将对连锁企业管理发挥越来越不可掩盖的作用。以可口可乐为例，原来连锁企业非常注重产品的统一形象以及随着产品传播的美国文化。这种停留在推销观念的以连锁企业核心的思维方式也正在酝酿着变革。现在连锁企业认识到满足消费者需求是连锁企业的终极目标，于是更注重将连锁企业文化和不同市场的文化相融合，更注重市场营销观念的导入。不妨一起来看看可口可乐公司这几年在连锁企业形象上的动作：2002年公司在中国市场推出泥娃娃“阿福”的新形象。阿福邀请小朋友一起剪纸，喝可乐，伴着“龙腾吉祥到，马越欢乐多”的对联展开共迎新春。2003年公司沿用“阿福”形象，把阿福带到北方小乡村。阿福与小朋友一起滑雪放鞭炮，同时出现“可口又可乐，羊年喜洋洋”的对联。浓浓的中国味和“阿福”的形象就深深地刻在消费者心中。这无非是连锁企业认识到不同地区消费者拥有不同的文化背景和喜好，特别是在中国消费者对吉祥、热闹、合家欢的渴求心理。因此公司从原来一味以连锁企业为核心，传播其美国文化到逐渐淡化美国情结，转而更关注消费者的心理需求。广告风格的转变是这一趋势最明显的表现。

3．从国际化到本土化

一位经济学家曾指出：美国公司海外业务的成败取决于是否认识和理解不同文化存在的区别；取决于负责国际业务的高级经理们是否愿意摆脱美国文化的影响。此次可口可乐“换装”最显著的特征就是其新中文标识的推出，新中文字体结合原英文斯宾塞字体流线型的特点，使中英文字体在视觉形象上达到统一。再回顾一下可口可乐在中国及世界不同地区的设计、广告及推广活动：如中国2001年7月申奥成功，可口可乐为此特别推出奥运金罐：金罐以喜庆的金色和红色作为主调，并加入天坛，长城等元素和一些运动画面；2001年10月中国足球队提前两轮出界入围世界杯，一款全新设计的珍藏版罐装可口可乐也适时面世。2002年推出“阿福”形象，再到今年新中文标识的横空出世，无不体现可口可融入地方文化，从国际化到本土化的发展趋势。与此同时在不同市场，公司也在策略上作了相应调整。集中反映在不同国家广告语上：在美国本土，广告口号是“无法抓住这种感觉”；在日本市场是“我感受可乐”；到意大利则变为“独一无二的感受”；在智利又变为“生活的感觉”。广告信息始终随着具体的时空调整，始终以当地文化形态作为出发点。从国际化到本土化的

CIS 设计趋势正在被越来越的公司所认同并运用于自己连锁企业的形象之中。特别是经济全球化的今天，随着跨国公司把其业务扩展到地球的每个角落，纯粹的传播自己公司的理念和观念的方式已经不那么有效了，取而代之的是使公司融入不同地域文化之中。

4．从盲目炒作到趋于理性

CIS 上世纪八十年代传入中国，九十年代随着太阳神等连锁企业在运用上的成功顿时成为最时髦东西。各种连锁企业也纷纷导入 CIS 以期带来连锁企业的腾飞和丰厚的利润。进入新世纪，曾经的明星连锁企业再也不复当年，启用了 CIS 的连锁企业也发现并不如他们所期待的那般具有让连锁企业起死回生的神奇魔力，人们开始进入全面的怀疑连锁企业形象系统时期。更有人提出 CIS 不过是泡沫。的确，过分的强调和高估 CIS 对于整个连锁企业发展的作用是有失客观的，特别是当 CIS 理论还在起步阶段，有待发展和升华的时候。把 CIS 纯粹理解为视觉系统，希望依靠设计师设计几个标准化的图形，弄一个 CIS 手册就能对连锁企业的管理起到很大的作用也是不正确的。只有在科学认识 CIS 是什么的基础上，从 VIS、MIS、BIS 三个方面入手，从连锁企业的决策层抓起，结合公司品牌战略，营销公关策略和连锁企业文化立体地来完善 CIS 形象，才能够达到效果。

（资料来源：朱宁．《现代广告》．2006-05-05）

问题 1：可口可乐原有 CIS 的核心要素是什么？

问题 2：可口可乐为什么要进行 CIS 的变脸？

问题 3：CIS 的发展趋势是什么？

案例 3-2　麦当劳的 CIS 设计

麦当劳（McDonald）公司是世界上最大的快餐集团。麦当劳公司的成功主要归功于它的 CIS 战略。麦当劳主要的品种是汉堡包。市场上绝大多数品牌的汉堡包质量较差、供应速度慢，服务人员态度不好，餐厅卫生条件差，环境嘈杂。面对这种状况，麦当劳决策者克罗克为适应顾客需求采取了 CIS 战略。具体地说，可分如下几点：

一、明确的企业理念

麦当劳的企业理念是“Q、S、C+V”，即向顾客提供高质量的产品；快速、准确、友善的优良服务；清洁优雅的环境及做到物有所值。麦当劳几十年遵守这个理念，始终如一地落实到每项工作和员工的行动中去。正是这种企业理念，使麦当劳在激烈的竞争中始终立于不败之地，跻身于世界强手之林。

二、严格统一的行为规范

为了使企业理念“Q、S、C+V”（质量、服务、清洁、价值）能够在连锁店贯彻执行，保持企业稳定，每项工作都做到标准化、规范化，即“小到洗手有程序，大到管理有手册”，克罗克指派麦当劳的主管透纳，用了几个月的时间，针对几乎每一项工作细节，反复、认真地观察研究，写出了营运手册。该手册被加盟者奉为神明，逐条加以遵循。与此同时，还制定出了一套考核加盟者的办法，使一切都有章可循，有“法”可依。例如，手册中规定：玻璃每天要擦；停车场每天冲水；垃圾桶每天刷洗；每隔一天必须擦一遍全店所有的不锈钢器材；每星期，天花板必须打扫一次。其他诸如食品的品质、烹煮时间与温度，顾客的等候时间等等都有详细规定。

科学的态度、严格统一的行为规范，是麦当劳的成功之道。概括地说，麦当劳的行为规范包括如下几个方面：

1．**麦当劳营运训练手册**（Q&Tmanual）

麦当劳营运训练手册极为详细地叙述了麦当劳的方针、政策，餐厅各项工作的运作程序、步骤和方法。30多年来，麦当劳公司不断丰富和完善营运训练手册，使它成为指导麦当劳公司运作的指导原则和经典。

2．**岗位工作检查表**（SOC）

麦当劳公司把餐厅服务系统的工作分成20多个工作站。例如煎肉、烘包、调理、品质管理、大堂等等，每个工作站都有一套“SOC”（Station Observation Checklist）。按照SOC的详尽规定，员工进入麦当劳后将按照操作流程逐项实习，表现突出者晋升为训练员，然后由训练员负责训练新员工，训练员中表现好的可以晋升到管理组，也就是说从最基层的实践培养起，台阶式的逐级提升。

3．**袖珍品质参考手册**（Pocket Guide）

麦当劳公司的管理人员每人分了一本袖珍品质参考手册，手册中详尽地说明各种半成品的接货温度、贮存温度、保鲜期、成品制作温度、制作时间、原料配比、保存期等等与产品品质有关的各种数据。

4．**管理发展手册**（MDP）

麦当劳公司是依靠餐厅经理和员工把企业的经营理念（Q、S、C+V）传递给顾客的，该公司对餐厅经理和员工的培训极为重视。所有的经理都从员工做起，也就是说没有当过战士不能当指挥员。经理必须高标准地掌握所有岗位操作并通过SOC考评。MDP是麦当劳公司专门为餐厅经理设计的一套手册，一共四本。手册采用单元式结构，循序渐进。管理发展手册中介绍各种麦当劳管理方法，也布置大量作业。与管理发展手册相配合的还有一套经理训练课程，如：基本营运课程、基本管理课程、中级营运课程、机器课程、高级营运课程。餐厅第一副经理在完成管理发展手册第三班学习后，将有机会被送到美国麦当劳总部的汉堡包大学学习高级营运课程。上一级经理将对下一级经理和员工实行一对一的训练。通过这样系统的训练，使麦当劳的经营理念和行为规范深深地渗透到麦当劳员工的行为之中。

三、麦当劳的企业标志

1952 年，麦当劳（McDonald's）取其英文名称的第一个字母 M 为标志。标准色采用金黄色，标志用寓意和象征图形相结合的方法，M 既是公司英文名称的第一个字母，又设计成象征双臂打开的黄金双拱门，表示欢乐与美味，象征着麦当劳以“Q、S、C+V”像磁石一般不断地把顾客吸进这座欢乐之门。麦当劳叔叔是麦当劳的吉祥物，他亲切幽默，象征着祥和、友爱和欢乐，象征着麦当劳叔叔永远是顾客的朋友和社区的一分子，他时时刻刻为儿童和社区的发展贡献自己的一份力量。

四、麦当劳的广告公关

如果说营运是一门科学，那么促销就是一种艺术了。

1963 年，麦当劳第一次做全国性的广告——在《读者文摘》上登了一整页广告。

紧接着，麦当劳公司又做了两三个 30 秒的电视广告，加盟者可向公司购买广告片，在地方电视台播放。

在公关宣传方面，1957 年麦当劳老板克罗克以每月 500 万美元的费用雇用了古柏高公关公司帮助作促销宣传。古柏高大力为麦当劳寻找在全国及地方报纸上登消息的机会。

古柏高公关公司对麦当劳是这样形容的：“所用的番茄酱已相当密西根河的水流量”，“所使用的面粉可以填平科罗拉多大峡谷”，“如将卖出的汉堡连接起来，可以环绕地球几圈”等等，这种宣传手法吸引了许多媒体的注意，争相报道，使麦当劳名声大振，妇孺皆知。

参加公益活动也是麦当劳引起公众注意的重要方法之一。麦当劳总公司要求连锁店主参加当地的公益活动，使之成为地方新闻报道的热点。

几乎所有的麦当劳餐厅员工都自动地参加各项地区性活动，如学校乐队、童子军等，麦当劳每年要拿出 4%的所得用于各项赞助活动。

在今天，麦当劳在美国每年要花 6 亿美元的广告费，其中大部分用在电视广告上。

此外，邮寄宣传品也是麦当劳的宣传手法之一。

在日本的麦当劳公司，拥有电脑贮存有全国 60 万儿童的出生年月日。每当他们生日的时候，总会收到生日卡片。拿到生日卡之后，孩子们通常都会到店里。一般商店的做法是，对他们说声生日快乐，然后赠送一份生日礼物。麦当劳不是这样处理，而是当时在店的全体员工齐声说“生日快乐”后，一齐鼓掌表示欢迎。这一做法抓住了儿童的心，他们大多会带他们的父母到麦当劳来。

为了把广告宣传搞上去，麦当劳公司的领导和古柏高公关公司共同说服加盟者，于1965年举行了全国大会，建立了比地区基金更广泛的全国广告基金。

伊登公司为麦当劳创造了一系列儿童故事人物：

汉堡神偷、吉事汉堡市长、麦克警察以及奶昔小精灵等，他们都成为麦当劳餐厅乐园中最受欢迎的人物，也成为许多麦当劳广告中的主角，同时也是麦当劳餐厅中最主要的特色之一。

随着宣传运作的成功，麦当劳的事业也在不断成长，其成熟的标志是于1975年成立的一个“政府关系”部门。这个部门开始较为技巧地利用政府运转的关系，把自己的意见与信息传达给政府官员及立法者。

为处理好民族关系，麦当劳让少数民族加入到麦当劳的行列来。从1974～1977年三年中，麦当劳的黑人经营者就达到了10%。

在努力处理好媒介关系、政府关系、民族关系的同时，公司还提升公关部门在公司中的地位，把公关主管升为一级主管。与公司形象有关的会议，都有公关主管参加，以便让公司了解不同的政策决定，将对公司产生什么样的影响。

同时，公关部门也扩大了人员编制，并拥有直接向总裁汇报的权利，除了在危机时出动，平时它也主动与新闻界沟通。在有了问题的时候，公关这个沟通部门可充当润滑剂，使麦当劳这架机器正常运转。

麦当劳是世界上食品餐饮业的杰出代表之一，也是导入CIS战略取得巨大成功的典范。

（资料来源：http://www.gdfs.edu.cn，2006-5-21）

问题1：麦当劳的CIS战略包括哪些具体内容？

问题2：麦当劳的企业理念是什么？

问题3：麦当劳CIS战略成功的重要启示是什么？

第四章 连锁门店选址与商圈分析

4

技能目标

- 使学生对门店选址重要性和程序有清晰的认识；
- 能够运用商圈选择准则进行商圈分界点的计算；
- 能够运用方法对某一区域的商圈进行全面系统的分析；
- 能够掌握饱和度指数计算方法，并能运用该方法进行区域的饱和情况比较。

知识目标

- ➢ 连锁经营与连锁店概念；
- ➢ 连锁经营的特征；
- ➢ 连锁门店常见业态；
- ➢ 样板店功能。

连锁门店的店址是一种战略性资源，一旦决定就很难改变，否则将使企业遭受重大调整和损失。因此门店店址的选择必须慎之又慎。为了保证门店选址的正确性，则需要对拟选择的店址进行详细评估和比较。其中评估的一个重要依据就是对门店的店址的商圈进行分析，以便确定店址是否合适，是否具有可持续性。所以门店选址与门店的商圈分析好比是一对孪生姊妹，密不可分。

第一节　门店选址遵循的原则与程序

一、连锁门店选址的重要性

俗话说，好的选址是成功的一半。店址选择的好坏，在开店战略中至关重要。

零售店的开设地点被视为开业前所需要主要资源之一，因为开设地点决定了零售店可以吸引有限距离或地区内的潜在顾客的多少，这也就决定了零售店可以获得销售收入的高低，从而反映出开设地点作为一种资源的价值大小。连锁店的正确选址不仅是其成功的先决条件，也是实现连锁经营标准化、简单化、专业化的前提条件和基础。店址选择是一项战略性长期投资，关系着门店和连锁企业的发展前途。

店址选择是一项大的、长期性投资，关系着企业的发展前途。零售店铺的店址不管是租借的，还是购买的，一经确定，就需要大量的资金投入，营建店铺；当外部环境发生变化时，它不可以像人、财、物等经营要素可以作相应调整，而具有长期性、固定性特点。因此店址选择要作深入调查，周密考虑，妥善规划。

店址是零售店铺确定经营目标和制订经营策略的重要依据。不同的地区有不同的社会环境、地理环境、人口状况、交通条件、市政规划等特点，它们分别制约着其所在地区的零售店铺顾客来源及特点和零售店铺对经营的商品、价格、促进销售活动的选择。所以，企业经营者在确定经营目标和制订经营策略时，必须要考虑店址所在地区的特点，以达到策略的可实施性和目标的可实现性。

店址选择是否得当，是影响零售店铺经济效益的一个重要因素。企业的店址选择得当，就意味着其享有优越的“地利”优势。在同行业商店之间，如果在规模相当，商品构成、经营服务水平基本相同的情况下，拥有“地利”优势的连锁企业必然享有较好的经济效益。所以零售店铺在分析经济效益的过程中，不可忽视店址的影响效果。

二、连锁门店选址应遵循的原则

1. 方便顾客购物的原则

满足顾客需求是商场经营的宗旨，因此门店位置的确定，必须首先考虑方便顾客购物，为此商场要符合以下条件：

（1）交通便利。车站附近是过往乘客的集中地段，人群流动性强，流动量大。如果是几个车站交汇点，则该地段的商业价值更高。门店开业之地如选择在这类地区，就能给顾客提供便利购物的条件。

（2）靠近人群聚集的场所。这类场所可方便顾客随机购物，如影剧院、商业街、公园名胜、娱乐场所、旅游地区等，这些地方可以使顾客享受到购物、休闲、娱乐、旅游等多种服务的便利，是门店开业的最佳地点选择。但此种地段属经商的黄金之地，寸土寸金，地价高、费用大，竞争性也强。因而虽然商业效益好，但并非适合所有门店经营，一般只适合大型综合门店或有鲜明个性的专业商店的发展。

（3）靠近人口居住稠密区或机关单位集中的地区。由于这类地段人口密度大，且距离顾客较近，顾客购物省时省力，比较方便。店铺地址如选在这类地段，会对顾客有较大吸引力，很容易培养忠实消费者群。

（4）符合客流规律和流向的人群集散地段。这类地段适应顾客的生活习惯，自然形成“市场”，所以进入店铺购物的顾客人数多，客流量大。

2．有利于门店开拓发展的原则

门店选址的最终目的是要取得经营的成功，因此要着重从以下几方面来考虑如何便利经营：

（1）提高市场占有率和覆盖率，以利企业长期发展。门店选址时不仅要分析当前的市场形势，而且要从长远的角度去考虑是否有利于扩充规模，如有利于提高市场占有率和覆盖率，并在不断增强自身实力的基础上开拓市场。

（2）有利于形成综合服务功能，发挥特色。不同行业的商业网点设置，对地域的要求也有所不同。门店在选址时，必须综合考虑行业特点、消费心理及消费者行为等因素，谨慎地确定网点所在地点。尤其是大型百货类综合商场，更应综合、全面地考虑该区域和各种商业服务的功能，以求得多功能综合配套，从而创立本企业的特色和优势，树立本企业的形象。

（3）有利于合理组织商品运送。门店选址不仅要注意规模，而且要追求规模效益。发展现代商业，要求集中进货、集中供货、统一运送，这有利于降低采购成本和运输成本，合理规划运输路线。因此在商场位置的选择上应尽可能地靠近运输线，这样既能节约成本，又能及时组织货物的采购与供应，确保经营活动的正常进行。

3．有利于获取最大的经济效益的原则

衡量商场位置选择的优劣的最重要的标准是企业经营能否取得好的经济效益。因此网点地理位置的选择一定要有利于经营，才能保证获取最佳经济效益。

三、优良门店店址的条件与标准

一个优良的店址往往具有以下 6 个方面的条件和标准：

（1）商业活动频繁程度高的地区。比如在闹市区，商业活动极为频繁，把店铺设在这样的地区营业额必然会很高，这样的店址就是寸土寸金之地。相反如果在客流量较小的地方设店，营业额一般很难提高。

（2）人口密度较高的地区。例如居民聚居、人口集中的地方是适宜设置店铺的地方。在人口集中的地方，人们有着各种各样的对商品的大量需要。如果店铺设在这样的地方，致力于满足人们的需要，那必定会生意兴隆，这种店铺收入通常比较稳定。

（3）交通便利的地区。比如在旅客上车、下车较多的车站，或者在主要车站的附近，也可以在顾客步行距离很近的街道设店。

（4）面向客流量多的街道。店铺处在客流量多的街道上，可使多数人购物都较为方便。

（5）人们聚集的场所。如公园、电影院、游乐场、舞厅等娱乐场所，或者机关、工厂的附近。

（6）同类商店聚集的街区。大量事实证明，对于那些经营耐用品、选购品的商店来说，若能集中在某一个街区或地段，则更能招揽顾客。从顾客角度来看，店面众多表示货品齐全，可比较参考和选择也比较多，是有心购物时的最佳选择。所以，创业者不需害怕竞争，同行愈多，人气愈旺，业绩就愈好，因此店面也就会愈来愈多。例如许多城市已开成了各种专业街，如在广州，买电器就要去海印，买服装要去北京路、上下九等。许多顾客为了能够买到满意的商品，往往不惜跑远路也要到专业街购物。

四、门店选址应注意的问题

（1）快速车道边。随着城市建设的发展，高速公路日渐增多。由于快速车道的要求，高速公路多有隔离设施，两边无法穿越，公路两边少有停车设施。因此尽管公路旁有流动的顾客群与固定单位的，也不宜作为新开店选址的区域。因为人们往往不会为一项消费而在高速公路旁违章停车。

（2）周围居民少或增长慢但商业网点已基本配齐的区域。这种地区不宜作为店铺的新店址，这是因为在缺乏流动人口的条件下，有限的固定消费总量不会随新开店铺而增加。

（3）同一地区层高的地方。这种地方不宜开设店铺。这不仅因为层高开店不便顾客购买，也因为层高开店一般广告效果差，对商品补给和提货都带来不便。

（4）近期有拆迁可能的地区。新店局面刚刚打开就遭遇拆迁，会造成很大的投资损失。

如果创办者资金较少，只要策略得当也可以选到合适的店面。一般来说，小额资金创业者的选店法有4项：选自己居住的地区，选与自己人事上或经济上有关系的地区，选自己希望的区域，选预算范围内的适当地区。前两项选择是运用地缘关系，可以广泛利用已有的人际关系拓展业务，打下创业的基础；后两项选点前，必须针对当地情况作一定的调查和分析，并根据调查结果确定营业内容、人事规划、定价策略、营业时间等。

五、连锁门店选址的程序

连锁门店的选址工作不是盲目的，而是有章可循、有序可依的。一般而言，店铺选址往往可以按以下步骤依次进行：

1．选择区域与方位

选择店铺店址，首先要找出目标市场、找准服务对象；其次根据目标市场、服务对象所在的区域和消费场所、消费习惯等来确定店址设置的区域；最后要根据企业的经营规模和档次来测算企业投资回收率，在此基础上认真加以选择，确定方位。

2．制图——寻求最佳位置

在确定店址后，应绘制出该区域的简图，并标出该地区现有的商业网点，包括竞争对手和互补店铺，以及商圈店铺整体结构、客流集中地段、客流量和客流走向、交通路线等，以保证店址决策的正确性。

3．市场调查

在门店店址基本区域方位确定后，必须进行周密的市场调查，论证选址决策的准确性。在市场调查过程中，应注意将调查对象分类统计，并对调查时间和内容进行必要的抽样调查，以保证调查资料的可靠性。

4．具体实施方案的制订和落实

确定店址的具体位置后，需要抓紧时机投资兴建门店。在启动过程前则需要拟定切实可行的实施方案并依此加以贯彻落实。

第二节　连锁门店商圈及设定

一、商圈及商圈形态

1．商圈的含义与层次

门店的销售和服务活动范围通常都有一定的地理界限，即有相对稳定的商圈。商圈是指商店吸引顾客的地理区域，即来店顾客所居住的地理范围。它是以门店为中心，向四周扩展，从而形成一定的辐射范围。

商圈轴心点是店铺所在的位置。因此店铺位置一旦确定，商圈轴心点就相应地得到确定。

无论是商业区，还是居民区，都需要对商圈轴心点（即店铺地点）环境进行具体描述。因此目标市场的有效范围以店铺位置为轴心，通过半径准确地画出各层商圈，这个半径就是商圈半径。

商圈包括三部分：核心商圈、次级商圈、边缘商圈。一般来说，核心商圈的顾客占门店顾客总数的 55%～70%，次级商圈的顾客占门店顾客总数的 15%～25%，其余为边缘商圈所占顾客比例数。不同的门店由于所处的地区、经营规模、经营方式、经营品种、经营条件不同，其商圈规模、商圈形态存在很大差别。

商圈示意图如图 4-1 所示。

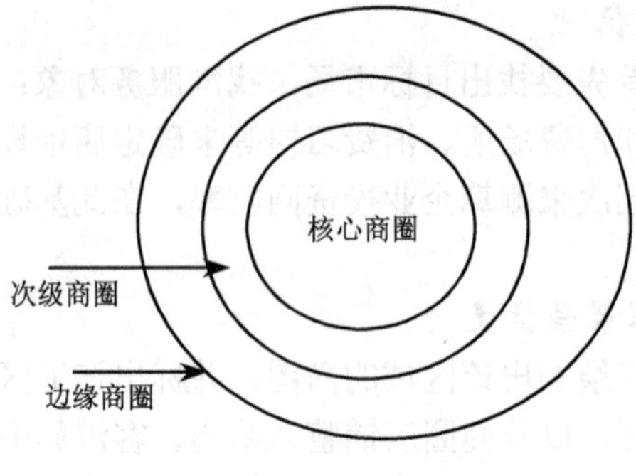

图 4-1　商圈示意图

2. 商圈形态

（1）商业区。商业行业的集中区，其特色为商圈大，流动人口多、热闹、各种商店林立。其消费习性为快速、流行、娱乐、冲动购买及消费金额比较高等。

（2）住宅区。该区户数多，至少须有 1 000 户以上。住宅区的消费习性为，消费者群稳定，便利性、具有亲切感、家庭用品购买率高等。

（3）文教区。该区附近有大、中、小学校等。文教区的消费习性为，消费群以学生居多、消费金额普遍不高、休闲食品、文教用品购买率高等。

（4）办公区。该区为办公大楼林立。办公区的消费习性为便利性、外来人口多、消费水准较高等。

（5）混合区。混合区即住商混合、住教混合等区域。混合区具备单一商圈形态的消费特色，属多元化的消费习性。

二、影响商圈形成的因素

（1）家庭与人口因素。企业所处外部环境的人口密度、收入水平、职业构成、性别、年龄结构、家庭构成、生活习惯、文化水平、消费水平，以及流动人口数量与构成等，对于企业商圈的形成具有决定性意义。

（2）产业结构。一个企业的外部环境是工业区还是农业区，是市区还是郊区，对商圈的形成有着重要意义。如果一个农业区域发现了丰富的矿藏，将要开发成一个新兴的工业区时，有利于扩大企业的商圈领域。

（3）交通状况。交通状况对于商圈形成十分重要。要考虑道路状况，是否有公共汽车或电车停车站，是否有地铁站连接等。

（4）城市规划。城市门店网点的规划建设要受到城市整体规划的制约。如果企业选址于城市的市级商业中心规划区，其商圈范围大，可能涉及全市；如果企业选址在区域性商业中心，则商圈范围为区域性的地域。

（5）门店聚集状况及商业区的形成。零售企业的聚集状况可分为以下几种情况：一是不同业态零售企业的聚集，比如百货商店同专业店、超级市场等的聚集。二是同种业态的店铺的聚集，如服装一条街、古玩一条街等。

三、商圈大小的决定因素

（1）商业信誉。信誉好的门店，其商圈规模会比同行业其他门店大。

（2）经营规模。门店的经营规模越大，商品经营范围越广，花色品种越齐全，其吸引顾客的空间范围也越大。

（3）商品种类。经营日用品的门店的商圈较小，经营选购品、特殊品的门店的商圈较大。

（4）竞争商店位置。相互竞争的门店之间的距离越大，它们各自的商圈也越大。但是，有时相互竞争的门店毗邻而设，顾客因有较多的选择而被吸引过去，则商圈也可能会因竞争而扩大。

（5）顾客流动性。顾客流动性大，光顾商店的来源会更广，门店的边缘商圈因此会扩大，从而整个商圈规模会扩大。

（6）交通地理状况。门店位于中心商业区或交通便利的地区，商圈规模会因此扩大。

（7）促销活动。门店可以通过各种促销手段扩大其知名度和影响力，吸引更多的边缘商圈顾客慕名光顾，从而扩大其商圈规模。

四、连锁门店商圈的确定方法

对于连锁门店商圈的设定主要有以下几种方法。

1．经验设定法

由于连锁门店所处位置、规模大小、消费者购物出行方式及购物频率的不同，有不同的商圈范围，需要进行具体的分析。

（1）根据业态设定商圈范围。各种商业业态的商圈范围有较大的差异。百货商店、高级专卖店、购物中心一般追求大商圈，百货店商圈的人口在 30 万～100 万人口；大型购物中心的商圈则可包括周边的几个城市；而超级市场与百货店、购物中心等业态相比，商圈偏小，来店单程时间约为 10 分钟。超市奉行小商圈主义，地处社区或居民区，商圈人口 7 万～12 万人；以经营食品为主的超级市场的商圈更小，商圈人口仅为 3.5 万～5 万人。据调查表明，人们对肉、鱼、蔬菜、水果的经常性购物距离不足 2 千米，而服装、化妆品、家具、耐用消费品购物距离为 4～5 千米。

（2）根据门店所处位置设定商圈范围。以超市为例，一般位于都市中的超级市场商圈要大大小于位于城郊的超级市场的商圈范围。对于居民区类店铺来说，如社区型超市商圈仅为社区范围，便利店常常没有边缘商圈的顾客。对于商业中心区类店铺来说，核心商业圈的顾客较少，次级和边缘商业圈的顾客较多，商圈范围较大。

以超市为例，日本超级市场的调查统计表明超级市场的位置与商圈范围之间的关系如表 4-1 所示。

表 4-1　超级市场位置与商圈范围

位置＼商圈范围	徒步商圈范围/米	自行车商圈范围/米	小汽车商圈范围/米
都　市	300～500	700～800	2 000～3 000
郊　外	500	1 500	3 000

（3）根据零售店市场规模设定商圈范围。一般店铺市场规模越大，商圈范围越大，反之则越小。除了不同业态店铺的经营规模不同，商圈的范围不同外，同一业态由于规模的不同，商圈的范围也不同。以超市为例，法国超级市场调查统计表明超市规模与商圈范围的关系如表 4-2 所示。

表 4-2　超级市场规模与商圈范围

规　模	面积/平方米	商 圈 范 围
小型超市	120～399	步行 10 分钟之内
中型超市	400～2 499	步行 10 分钟或开车 5 分钟
大型超市	2 500	驱车 20 分钟左右

（4）根据顾客购物出行方式设定商圈范围。相同条件下的店铺，根据人们购物出行的方式不同，其店铺商圈范围不同。出行方式的现代化、机械化程度越高，商圈越大；反之则越小。例如表 4-1 所反映的日本情况，郊外超级市场的徒步商圈范围为 500 米，自行车为 1 500 米，而小汽车达 3 000 米。

（5）根据顾客购物频率设定门店商圈范围。一般说，顾客购买的频率越高，商圈范围越小；反之则越大。不同的商品购买的频率不同，人们出行的范围也不同。如食品、日用品，购买的频率较高，出行的范围较近；而耐用品的购买频率低，人们购买出行的距离较远。受收入水平及消费习惯的影响，居民购物频率显示出不同的特征，即使是对同一种商品也会出现购物频率的差异。以超市为例，顾客购买频率与超市商圈范围的关系如表 4-3 所示。

表 4-3　顾客购买频率与超市商圈范围

位置＼商圈范围/米＼顾客购买频率	每 天 购 买	每周 3～4 次	每周 1 次
都　市	300	500	700～800
郊　外	500	700～800	1 500

2．商圈测定常用法则

西方一些零售专家对商圈理论进行了长期的研究，总结出一些带有规律性的定律。这些定律对于我们评价超级市场店址有着十分重要的意义。

（1）康维斯的均衡点法则。康维斯又译康帕斯，为美国伊利诺大学的经济研究学者，在1943～1948年间对莱利法则进行了深入研究，依据莱利法则，提出了康维斯均衡点公式，用以测量商圈的分界点。其公式为

$$D_a = \frac{D_a + D_b}{1 + \sqrt{\frac{P_b}{P_a}}}$$

式中　D_a——a 地到分界点 C 的距离；

D_b——b 地到分界点 C 的距离；

P_a——a 地的人口；

P_b——b 地的人口。

（2）科亨·阿普波姆法则。阿普波姆先生的创新性在于两点：一是把两地的销售场地面积作为影响因素之一，舍弃了人口方面的影响因素；二是将两地间距离换算为小汽车行使时间，更符合现代社会的特点。其公式为

$$D_a = \frac{D_a + D_b}{1 + \sqrt{\frac{P_b}{P_a}}}$$

式中　D_a——a 地到商圈分界点的时间距离（小汽车行使时间）；

D_b——b 地到商圈分界点的时间距离（小汽车行使时间）；

P_a——a 地的销售面积；

P_b——b 地的销售面积。

尽管上述法则都有一定的规律性，但仍不能将各种因素都考虑进去，因此根据本地区实际情况，同时运用经验设定法，进行一些经验分析也是非常必要的。

3．问卷调查商圈设定法

（1）顾客调查。针对来店顾客调查的主要项目有：

1）住址。

2）来店频率（次/周、次/月）。

3）大型店利用频度。

4）竞争店利用频度。

（2）绘制商圈。将约 100～150 份问卷所收集的住址在地图上标示画线，即使商圈的范围自然展现。

（3）计算商圈内的住户。商圈确认后，利用住户资料算出户数。

（4）预算销售额。户数乘以每户每月生活费用支出（食品、饮料及日用百货），即为一家超市店铺的营业额。

（5）划分商圈层次。商圈的范围一般可按销售额与市场占有率指标分为三个层次，即第一商圈：市场占有率在 30%以上，占本店销售额的 75%；第二商圈：市场占有率在 10%以上，占本店销售总额的 25%；第三商圈：市场占有率在 5%以上，占本店销售额的 5%。

第三节　连锁门店商圈调查与分析

一、商圈调查目的

1．了解优良立地的基本条件

优良的立地条件是一个门店成功持续经营的关键所在。良好的立地主要有以下三个方面的条件：

（1）门店具有未来性、可持续经营 10 年以上的潜力。

（2）门店的店址具有足够的集客能力。

（3）门店的卖场及停车场容易进出。

2．确定立地条件的三要素是否具备

而满足上述门店立地条件必须有以下三个要素作为支撑：

（1）具有足够户数、人口数的支持。

（2）具有良好的道路和便利的交通工具。

（3）卖场的面积设施、布置等相关设施具有吸引顾客的良好能力。

3．降低估算营业额误差、提高估算的精度

一个门店能够实现多少销售额，是门店开发者应该了解到的基本信息。而门店的商圈调查则能够使营业额的估算的误差降低，对于提高管理者决策水平具有重要意义。

二、门店选址分析的资料来源

为了能为连锁门店选址提供准确、有效的依据，资料来源的选择非常重要。门店调查资料的来源如表 4-4 所示。

表 4-4　资料来源示意表

资 料 类 别	资 料 来 源
城市布局、发展规划资料	城市政府、住宅局或城建管理部门
人口数、户数资料	城市政府、户籍管理部门或居委会
竞争分布图	实地调查、行业协会、工商部门
竞争店销售业绩	实地调查、行业协会、工商部门
商业业态与格局的未来变化	城市政府、行业协会

三、门店商圈调查分析的内容

门店商圈调查分析的内容非常多，包括人口、消费、交通、竞争等诸多因素，但归纳起来可以将这些因素归结为三大方面的分析。

1．商圈潜力调查分析

商圈潜力调查就是调查该地区内消费者生活状态的资料，了解商圈范围内有多少人口、多大的潜在消费额、人们的消费行为等，以确定其发展前景如何。一个门店的生存和发展，依赖于商圈范围内有供其吸收的充足购买力，没有理想的购买力，门店将难以为继。

（1）商圈人口调查与分析。划定商圈后，首先是进行商圈范围内的人口调查。对于此调查一般可以通过户籍管理部门或居委会、住宅局或城建管理部门得到较为准确的数字。

人口调查项目具体如下：

1）人口数量；

2）人口密度；

3）人口职业构成；

4）家庭规模；

5）男女性别比例；

6）人口年龄比例；

7）教育结构；

8）小区规模；

9）其他。

在商圈人口的调查过程中，要注意三点：一是门店所要求的商圈人口数量依规模、地点、竞争情况有所不同，店铺规模越大要求的人口越多；二是空间障碍因素，例如，河流、沟壑会阻止部分顾客；三是竞争店因素，竞争店会瓜分市场占有率。

在商圈人口的调查过程中，要注意分析有没有人口增加的潜力，在一个人口逐渐增加的新区开店较易成功，而在一个人口逐渐减少的老区开店较易失败。

（2）商圈客流量调查与分析。客流量的大小是门店成功的关键因素，客流包括现有客流和潜在客流，除固定商圈内居民以外，流动的消费者也是门店一个重要的客户来源。随着交通的便利和生活方式的改变，流动人口的消费比例有所增加，如果所选择的店址交通便利、人员来往频繁，无疑会给零售店带来可观的经济收益，所以商圈客流调查不容忽视。如深圳罗湖区吸引香港过境人员购物的人数逐年增加，据不完全统计，平均每天出入罗湖海关的人数达 10 多万人，节假日超过 50 万人；位于火车站南端的罗湖商业城日客流量达 2 万多人，节假日高达 7

万～8万人，顾客中90%是香港同胞，这些给商业城的繁荣创造了得天独厚的条件。

1）分析客流目的、速度、滞留时间。不同地区的客流规模可能相同，但其客流目的、速度、滞留时间各不相同。如车辆通行道，客流多，但客流的目的不是购物，虽然顺便或临时购物，但客流速度快，滞留时间短。

2）分析街道两侧的客流规模。由于交通条件、公共设施等影响，街道两侧的客流规模也有所不同，可选择客流较多的一侧。

3）分析街道特点。选择开店地点还要分析街道特点与客流的关系，可选择交叉路口客流集中、能见度高、交通方便的地点。

（3）潜在消费额调查与分析。潜在消费额是在对人口调查的基础上，进一步调查消费者的收入水平和消费者的消费水平测算出来的。收入水平主要是指居民平均收入在全国或城市中处于什么水平。由收入水平的资料可以知道消费的可能性，并将每人或每一家庭的收入与其他地区比较，以作更进一步的分析。消费水平资料是消费地区消费活动的直接指标，也是商店最重要的指标。借此我们可以了解每个人或每一家庭的消费情形，并针对消费内容依商品类别分别预测各种商品的消费额，作为企业决定商品结构的最重要的参考资料。

一个店铺究竟需要多大的潜在消费额，应根据店铺规划及利润目标来决定。其最低标准是：商圈潜在消费额必须大于店铺的规划销售额，并且这些潜在消费额应剔除店铺不经营的商品部分。

（4）顾客消费倾向分析。门店选址仅对商圈内人口、收入、支出进行一般分析还不够，要在此基础上具体分析顾客的消费倾向，从而选定连锁经营的目标市场。① 消费者行为调查与分析。包括顾客购买的动机与购买习惯；购买的时间与次数；购物地点和购买所用的交通工具。② 消费意愿调查与分析。包括了解顾客感兴趣的商品与服务；对未来商店有何期望；希望在该地建何种规模和类型的商店。③ 耐用品拥有率调查与分析。主要指小汽车、电冰箱、微波炉等的普及率，这些耐用品的普及率直接反映出消费者的消费习惯。

对于消费者购买行为的调查，可以通过消费者购买商品时的活动范围与购买某项商品经常到何商店购买等活动来获取信息，由此亦可获悉消费者购物活动的范围、消费者选择商品的标准与习惯。

2．城市结构调查

城市结构调查即对该地区之设施、交通状况、活动空间等环境和将来的发展计划作调查。

（1）地域。对地域与其腹地的大小都要调查了解，此外对于气候的特殊性也要稍加研究，因为零售商店不免与气候因素有相当的关系。

（2）交通。一般我们都知道，商店的位置开设于交通要冲之处比较好，因为交通网密布的地方，往往是人口集中或流量特别大的地方，自然是开店的理想地点。

所以对于交通路线与车辆往来班次、载送量都要考虑调查。

（3）繁华地段。在繁华地段，往往是商店集中之处，所以商家选择热闹地段开店乃是当然之事，但是在地价及租金上都较昂贵，因此在投资成本提高的状况下，如何有效利用地段优势，是在繁华热闹地段开店的考虑事项。

（4）各项城市机能。一般商店位置若为行政、经济、文化活动等集结之处，那么整个都市机能易于发挥出来，比如行政管理、经济流通、娱乐、物品贩卖等机能，自然成为人口流量中的焦点。对于人口流动究竟是以上下班通勤的人口为主体还是以购物、社交、娱乐的流入人口为主体，都是调查时应明了之事项。

（5）城市发展计划。除了城市结构的现状外，都市将来发展计划如交通网的开发计划、社区发展计划与商业区的建设计划等，都是开店时所需考虑的因素，这些因素对将来商圈的变化会产生重要影响。尤其是超市以连锁经营的方式发展，不仅仅是单店的选址，还要考虑连锁网点的发展。

3．商圈内竞争店调查

同一商圈范围内的竞争门店是影响门店竞争激烈程度的最重要因素，对于门店的销售、盈利等经营要素影响重大，因此对于商圈内竞争店情况的调查与分析是商圈调查分析的重中之重。

（1）商圈竞争店情况调查。竞争店调查主要立足于商圈范围内，重点是那些具有相关竞争性的店型。超级市场做好开店前的竞争店调查可以做到心中有数，做好决策。

1）综合调查。由公司高级负责人对竞争店的情况进行综合调查，包括：选地、用地、店铺构造、商品策略、店铺计划、运营管理等内容。如果调查证明它是一个没有竞争力的店，可不用再进行具体调查。如果是一个威胁性很大的竞争店，则必须再深入地进行具体调查。

2）商品能力调查。商品品质高、结构优是门店成功的重要影响因素，也是竞争店拥有竞争力的法宝。商品能力调查主要包括商品综合力调查和主要商品能力调查。这种调查一般由采购员和部门负责人对竞争店每一部门经营商品的品种、面积、货源等情况进行调查，以便进行市场定位，或与自己的超级市场进行比较，找出双方的差异，以求改进。

3）店铺调查。店铺调查包括：竞争店店址环境、店铺设计及店堂陈列布局等内容的调查。店址环境调查主要包括：竞争店选地、用地、停车场及商品搬入口的调查。店铺设计调查主要包括：竞争店的店铺形象、构造、建筑、空调、电气设备、器具等内容，是对每一个专门领域的调查。店堂陈列布局调查主要包括：竞争店的楼面构成、平面布局、面积分割、商品陈列及家具备品等方面的调查。

4）店铺运营管理调查。店铺运营管理调查主要包括：促销、补货、陈列及清扫等店铺运营管理方面的调查。

（2）竞争店分析。竞争店分析是开店前的必要准备工作，是业态选择和形象定位的重要基础。竞争店分析主要立足于商圈范围内，重点是那些具有竞争相关性的店型。

1）店型确定前的竞争环境分析。如果连锁企业还没确定自身的业态，也没有相应的意向选择，那么对竞争店的分析就要着眼于商圈内的整体商店布局情况，考察各种业态的情况或商店饱和度情况。商圈商店饱和度可通过两种方法来计算：一是每个零售店服务的人口数。如果商圈内该数字超过标准平均数，就意味着未达到饱和；反之则认为实现了饱和。二是每平方米销售面积的营业额。如果商圈内该数字超过标准平均数，就意味着未达到饱和，反之则认为实现了饱和。

2）店型确定后的竞争店分析。如果连锁经营公司已有店型选择意向，就要进行直接竞争店和间接竞争店的分析。

直接竞争店是指那些与待建店铺类型相同的店铺。例如，某公司拟定开一家超级市场，那么商圈范围内的超级市场就成为直接竞争店。

间接竞争店是指那些与待建店铺类型不同，但却经营着某些相同商品的店铺。例如，某公司拟开一家名牌时装专卖店，那么商圈范围内的百货商店就属于间接竞争店。国外有些专家认为，快餐店也是超级市场的间接竞争店，种种迹象表明，去快餐店的人多了，去超级市场买食品的人就少了。

无论是直接竞争店，还是间接竞争店，都需要列出竞争店情况表，进行详细的分析，其格式见表4-5。

表4-5 竞争店情况分析表

竞争店	营业面积	目标顾客	商品构成	价格策略	促销活动	店堂陈列

（3）商圈饱和度分析。商圈饱和度分析是在竞争店分析的基础上，通过进一步的消费调查，计算出商圈范围内饱和度，并判断开店的有效性。

商圈饱和状况的分析有两种方法。

1）商圈容量法。通过计算市场规模，确定所能容纳的超级市场面积。日本店铺专家长谷政弘先生在《商店管理》一书中用实例说明了商圈容量的具体方法，进而确定商圈内可容纳的超级市场规模。

假如某家超级市场公司想开办一个店铺，其商圈情况如下：

商圈范围内共有 6 000 户，其中第一级商圈有 1 000 户，二级商圈有 2 000 户，三级商圈有 3 000 户。

据调查，每户每月平均支出额为 100 000 日元，食品占 30%，那么商圈内每户每月食品支出额为 30 000 日元。这样，商圈内的食品支出额构成如下：第一级商圈为 3 000 万日元（30 000×1 000=30 000 000）；二级商圈为 6 000 万日元（30 000×2 000=60 000 000）；三级商圈为 9 000 万日元（30 000×3 000=90 000 000）。

接下来计算本公司待开的超级市场将取得的市场占有率及销售额。其市场占有率由各商圈吸收率来体现，在第一级商圈的吸收率为 35%，二级商圈为 10%，三级商圈为 5%，那么，第一级商圈销售额为 1 050 万日元（3 000×35%=1 050）；二级商圈为 600 万日元（6 000×10%=600）；三级商圈为 450 万日元（9 000×5%=450），该超级市场预计销售额为 2 100 万日元（1 050+600+450=2 100）。

最后推算该商圈能容纳的新增加店铺的平方米数。假如某地区平均每平方米的营业额为 4.5 万日元，那么该地区能容纳的新增店面积为 466 平方米（2 100÷4.5466）。因营业场所和仓库、办公室的比例为 8:2，那么待开超级市场总面积应为 582.5 平方米（466+116.5=582.5）。这是商圈的饱和数，如计划开 1 000 平方米的超市面积，就会失败。

2）饱和指数法。通过计算商圈饱和指数，评价有无再开店的市场空间。饱和指数法同样是以上述分析方法为基础的。它是先计算出饱和指数，然后再分析新建超市对这一指数的影响，如指数过低，达不到平均水平，则应放弃开店或缩小规模。

饱和度分析是根据成本效益方法，推算出每平方米必须实现的最低销售额，然后利用饱和度分析法推算出能达到此指标的地区。

饱和指数指现存店铺每平方米营业额，新建店铺可能使这一指数降低，一定要考虑待建和正在施工的店铺面积。饱和指数高，则说明该区域每平方米的营业额高，在此区域开设新店较好；反之，饱和指数低，则说明该区域每平方米的营业额低，在此区域开设新店则不明智。

饱和指数的计算公式为

$$IRS = \frac{C \times RE}{RF}$$

式中　IRS—— 饱和指数；

C ——某地区购买某类商品的潜在顾客数；

RE ——某地区每位顾客平均购买额；

RF ——某地区经营同类商品的商店营业总面积。

例如，某连锁零售企业计划开设一家新店，现有三个地区供其选择，三个地区的购买商品的顾客数、每个顾客的平均购买额以及经营该种商品的总营业面积如表 4-6 所示，那么该企业应该选择何种区域进行开店呢？

表 4-6　某市三个地区商业圈商店饱和指数分析

	1 区	2 区	3 区
购买商品的顾客数 *C*/人	60 000	30 000	10 000
每个顾客平均购买额 *RE*/元	30	35	40
经营同类商品的营业总面积 *RF*/平方米	15 000	10 000	2 500
零售饱和指数 *IRS*=（*C*×*RE*/*RF*）/元	120	105	160

根据上述饱和指数计算公式，我们可以得出 3 区的零售饱和指数最高，因此应该选择 3 区进行开店，从而可以取得较好的效益。

本章小结

店址在连锁企业中作为一种重要性战略资源而存在，其重要性不言而喻，因此门店的开发选址应慎之又慎。为了保证选址的正确性，就必须对拟开店的位置进行商圈的设定和分析。商圈的设定方法有经验设定法、康维斯的均衡点法则、科亨・阿普波姆法则、问卷调查商圈设定法等。商圈分析主要包括店铺周围人口统计特征、经济状况、消费者收入水平、交通状况、城市未来规划、竞争者状况等，以便能够使连锁企业选择较好的店址，确定合适的业态和店铺规模，为消费者提供优良的服务。

关　键　词

选址　商圈　商圈分析

复习思考题

1. 门店选址遵循的原则有哪些？
2. 优良连锁门店店址的标准是什么？
3. 连锁门店选址应遵循什么程序？
4. 什么是商圈？商圈划分为哪些层次？
5. 影响商圈形成的因素有哪些？

6. 商圈设定的方法有哪些?
7. 试述康维斯的均衡点法则。
8. 试述科亨·阿普波姆法则。
9. 商圈分析调查的内容包括哪些?

实训项目

1. 老师带领学生进行商业街考察，比较各个门店店址的优良程度。
2. 以小组为单位完成一份商圈分析报告。

案例分析

案例 4-1 7-11 便利店选址策略

在日本的零售业中，便利店作为一种追求便捷的优质服务的商业形式，一直占据着举足轻重的地位。而在这一新型零售业态中，7-11 公司可以说是鹤立鸡群，俨然成为世界便利店的楷模。7-11 公司卓越的店铺和商品管理是它经营的最大特点和优势，也是其生存发展的基石。良好的店址选择是其店铺开发过程中首要的和最需重视的要素，店址选择的失误将直接导致店铺运作的低效率和投资损失。因此，选址历来是 7-11 店铺管理中十分重要的内容。

一、开店四要素

一般来讲，便利店店铺开发过程中主要考虑四个因素：一是店址；二是时间；三是备货；四是快速（不需要加工）。在店址的选择上，7-11 考虑的一个基本出发点是便捷。从大的方面来讲，就是要在消费者日常生活的行动范围内开设店铺，诸如距离居民生活区较近的地方、上班或上学的途中、停车场附近、办公室或学校附近等。总的来说，7-11 特别注意在居民住宅区内设立店铺，而且在决定店铺位置的时候，非常注意避免在下述地点建店，即道路狭窄的地方、停车场小的地方、人口拥堵的地方以及建筑物过于狭长的地方等。

二、加盟四原则

7-11 店铺设立决策除了考虑地点和周围环境外，还有一个因素是十分重要的，那就是 7-11 对加盟的经营者的素质和个人因素有较高的要求，正因为如此，7-11 在与经营者签订契约之前，都要按一定的标准严格审查加盟者的素质和个人条件。

在素质方面，主要是强调经营者要严格遵守 7-11 店铺经营的基本原则，这是 7-11 经营的核心和诀窍，所以作为经营者不仅要能够理解这些原则对店铺运营的作用，而且在实际经营中能很好地执行。这些基本原则主要有四点，即鲜度管理（确保销售期限）、单品管理（单品控制，防止出现滞销）、清洁明亮（有污垢立即清扫，保持店铺的整洁明亮）和友好服务（热情、微笑待客）。个人因素是 7-11 公司在店铺设立过程中十分注重的因素，这也构成了 7-11 店铺管理的一大特色。这些因素包括加盟者的身体健康状况、对便利店的了解程度、性格、夫妻关系融洽与否、孩子的大小以及本人的年龄等。

三、辅助决策机制

如果说以上还是从细微之处来考察店铺设立的话，7-11 公司还有其他一些战略性的措施以确保店铺设立的正确性和及时性。第一，店铺的建立是否与伊藤洋华堂的发展战略相吻合。在伊藤洋华堂已进入的地区，由于商业环境和商业关系都已经建立和完善。所以，在这些地区，7-11 可以立即进入。第二，在进入新地区时，根据地方零售商的建店要求从事店址考察，并在此基础上，探讨有无集中设店的可能，即在目标市场实行高密度、多店铺建设，迅速铺开市场。由于集中设店能降低市场及店铺开发的投资，有利于市场发展的连续性和稳定性，便于 7-11 的高效率管理，因此，它已成为 7-11 在店铺建立管理中的主要目标和原则，在实际操作过程中，7-11 往往会收到很多要求建店的申请，却并不是接到申请后就立即建店，而是根据 7-11 的地区发展规划，在同申请者充分沟通后再作决定。

7-11 店铺的开发由其总部负责，总部内设有开发事业部。在开发事业部中，店铺开发部与店铺开发推进部是分开的，前者是对既存的零售店进行开发；后者是从事不动产开发和经营。从工作的难易程度讲，前者更为困难。因为前者是在对现有商家进行改造的基础上形成的，那些商家投入了大量的资金和人力、物力，颇有背水一战之意，这就要求 7-11 能及时给他们以指导，保证其经营获得成功。而对 7-11 来说，从大量的申请者中选出富有竞争力的商家也是一件极具挑战而工作量又很大的工作。

（资料来源：http://www.gdchain.com.cn，2006-8-1）

问题 1：7-11 对加盟者的要求有哪些？

问题 2：7-11 选址辅助决策机制是什么？

案例 4-2　肯德基的选址策略：我是这样立足中国的

1998 年，拥有肯德基、必胜客、Taco Bell（墨西哥式食品）三个著名品牌的餐饮系统（此系统为百事公司的一个业务部，百事公司三大业务是软饮料、小食品、快餐）从百事公司分离并在纽约证券交易所独立上市时，世界上最大的餐饮集团——百胜全球餐饮集团便正式成立了。当时所有股东和公司成员可能都没有想到，仅仅过去两年的时间，百胜全球餐饮集团的经营和发展取得了很大的成功。如今，百胜集团在全球拥有 3 万多家连锁分店，50 万名雇员，营业额达到 200 亿美元，跻身世界企业五百强之列。

刚从百事分离时，百胜全球餐饮集团既要弥补过去造成的损失，同时又面临着严重的挑战：如何创立企业的文化？如何建立三个著名餐饮品牌彼此之间相互协作，而不是竞争的关系？如何树立员工对企业未来发展的信心等。当时，在曾任百事集团总裁，现任百胜集团首席执行官的皮尔逊 Andrakk Pearson 先生和诺瓦克 David Novak 的共同主持下，公司在许多方面保持了分离前可行的组织架构，同时为公司未来勾画出新的发展目标。

他们采取了一系列大胆而全新的措施：如肯德基、必胜客、Taco Bell 继续各自原有的营运管理，但要发挥互相的协调作用；通过套餐形式，进行三个品牌的联合促销，原料由公司统一采购，配送，控制了资金的平衡支出；首次将一些属于公司拥有的连锁餐厅以特许经营的方式转给加盟伙伴，把部分回笼资金集中用以新餐厅的开发上；高级管理层亲自到餐厅激励员工的士气等。到目前为止，集团的营运边际利润由三年前的 11%增加至 16%，而且 1998 年全年及 1999 年上半年，所有三个品牌的连锁营业额都出现增长，集团出现了蒸蒸日上的新景象。

中国市场是百胜全球餐饮集团全球战略中发展最快并最具发展潜力的市场之一。中国百胜餐饮集团为百胜全球餐饮集团下属的国际公司在中国成立的协作发展总部。肯德基自 1987 年在北京前门开了中国第一家餐厅后，已在北京、上海、杭州、青岛、南京、广州、苏州、无锡、天津、福州、沈阳、西安、成都、武汉、深圳、哈尔滨等地成立了 19 个有限公司。至 2000 年底，在近 80 个城市和地区内开设了 400 多家餐厅。到目前为止，肯德基已成为中国最大、发展最快的快餐企业。

记者和中国 MBA 网站案例研讨小组两名成员在北京肯德基有限公司的配合下，经过两个多月的努力，终于完成了本篇案例的撰写。采访肯德基这样一个餐饮业特许经营方面的典范，我们最深的感触是：肯德基是一个有明确战略的企业，并且能够将这个战略成功地贯彻实施。同样是以人为本，同样是稳健经营，管理理论是一样的，但做出来就大有不同了。一个完美无缺的经营战略，如果执行不力，最后也会变得一文不名；而确定了恰如其分的经营战略，再辅之以完满的贯彻实施，企业才能百战不殆，长盛不衰。

作为国际餐饮巨头，肯德基值得探讨和深入研究的地方太多了，本案例也只涉及到其中一小部分。肯德基为什么做这样的决策？肯德基是怎么执行的？又是怎样推进到位的？这是本案例最关注的三个问题。

肯德基的自身实力、远景战略目标与经营管理三者是高度统一、相互支持的。为了发展中国的快餐业和特许经营业，我们要向肯德基学习，但同时也必须从自身实际出发，把它的成功经验与本企业的实际情况相结合，这样才能学有所获。

下面着重进行选址策略的介绍。

地点是饭店经营的首要因素，餐饮连锁经营也是如此。连锁店的正确选址，不仅是其成功的先决条件，也是实现连锁经营标准化、简单化、专业化的前提条件和基础。因此，肯德基对快餐店选址是非常重视的，选址决策一般是两级审批制，通过两个委员会的同意，一个是地方公司，另一个是总部。其选址成功率几乎是百分之百，是肯德基的核心竞争力之一。

肯德基选址按以下几步骤进行。

一、商圈的划分与选择

1．划分商圈

肯德基计划进入某城市，就先通过有关部门或专业调查公司收集这个地区的资料。有些资料是免费的，有些资料需要花钱去买。资料买齐了，就开始规划商圈。

商圈规划采取的是记分的方法。例如，这个地区有一个大型商场，商场营业额在 1 000 万元的算一分，5 000 万元的算 5 分，有一条公交线路加多少分，有一条地铁线路加多少分。这些分值标准是多年平均下来的一个较准确的经验值。

通过打分把商圈分成好几大类，以北京为例，有市级商业型（西单、王府井等）、区级商业型、定点（目标）消费型，还有社区型、社区商务两用型、旅游型等等。

2．选择商圈

选择商圈即确定目前重点在哪个商圈开店，主要目标是哪些。在商圈选择的标准上，一方面要考虑餐馆自身的市场定位，另一方面要考虑商圈的稳定度和成熟度。餐馆的市场定位不同，吸引的顾客群不一样，商圈的选择也就不同。

例如马兰拉面和肯德基的市场定位不同，顾客群不一样，是两个“相交”的圆，有人吃肯德基也吃马兰拉面，有人可能从来不吃肯德基专吃马兰拉面，也有的人刚好相反，所以马兰拉面的选址也当然与肯德基不同。

而肯德基与麦当劳市场定位相似，顾客群基本上重合，所以在商圈选择方面也是一样的。可以看到，有些地方同一条街的两边，一边是麦当劳另一边是肯德基。

商圈的成熟度和稳定度也非常重要。比如规划局说某条路要开，在什么地方设立地址，将来这里有可能成为成熟商圈，但肯德基一定要等到商圈成熟稳定后才进入，例如说这家店三年以后效益会多好，对现今没有帮助，这三年难道要亏损？肯德基投入一家店要花费好几百万，当然不冒这种险，一定是比较稳健的原则，保证开一家成功一家。

二、聚客点的测算与选择

1．要确定这个商圈内最主要的聚客点

例如，北京西单是很成熟的商圈，但不可能西单任何位置都是聚客点，肯定有最主要的聚集客人的位置。肯德基开店的原则是：努力争取在最聚客的地方和其附近开店。

过去古语说“一步差三市”。开店地址差一步就有可能差三成的买卖。这跟人流动线（人流活动的线路）有关，可能有人走到这该拐弯，则这个地方就是客人到不了的地方，差不了一个小胡同，但生意差很多。这些在选址时都要考虑进去。

人流动线是怎么样的，在这个区域里，人从地铁出来后是往哪个方向走等等，这些都派人去掐表、去测量，有一套完整的数据之后才能据此确定地址。

比如，在店门前人流量的测定，是在计划开店的地点掐表记录经过的人流，测算单位时间内多少人经过该位置。除了该位置所在人行道上的人流外，还要测马路中间的和马路对面的人流量。马路中间的只算骑自行车的，开车的不算。是否算马路对面的人流量要看马路宽度，路较窄就算，路宽超过一定标准，一般就是隔离带，顾客就不可能再过来消费，就不算对面的人流量。

肯德基选址人员将采集来的人流数据输入专用的计算机软件，就可以测算出，在此地投资额不能超过多少，超过多少这家店就不能开

2．选址时一定要考虑人流的主要动线会不会被竞争对手截住

因为人们现在对品牌的忠诚度还没到“我就吃肯德基看见麦当劳就烦”的程度，好像还没有这种情况。只要你在我跟前，我今儿挺累的，我干嘛非再走那么一百米去吃别的，我先进你这儿了。除非这里边人特别多，找不着座了我才往前挪挪。

但人流是有一个主要动线的，如果竞争对手的聚客点比肯德基选址更好的情况下那就有影响。如果是两个一样，就无所谓。例如北京北太平庄十字路口有一家肯德基店，如果往西一百米，竞争业者再开一家西式快餐店就不妥当了，因为主要客流是从东边过来的，再在那边开，大量客流就被肯德基截住了，开店效益就不会好。

3．聚客点选择影响商圈选择

聚客点的选择也影响到商圈的选择。因为一个商圈有没有主要聚客点是这个商圈成熟度的重要标志。比如北京某新兴的居民小区，居民非常多，人口素质也

很高，但据调查显示，找不到该小区哪里是主要聚客点，这时就可能先不去开店，当什么时候这个社区成熟了或比较成熟了，知道其中某个地方确实是主要聚客点才开。

为了规划好商圈，肯德基开发部门作出了巨大的努力。以北京肯德基公司而言，其开发部人员常年跑遍北京各个角落，对这个每年建筑和道路变化极大、当地人都易迷路的地方了如指掌。经常发生这种情况，北京肯德基公司接到某顾客电话，建议肯德基在他所在地方设点，开发人员一听地址就能随口说出当地的商业环境特征，是否适合开店。在北京，肯德基已经根据自己的调查划分出的商圈，成功开出了 56 家餐厅。

（资料来源：http://www.i18.cn，2004-9-21）

问题 1：肯德基为什么能够成功立足中国？

问题 2：肯德基选址的策略有哪些？

第五章 连锁门店卖场内部设计

5

技能目标

- 使学生对连锁门店内部设计有个全面认识；
- 能清晰说明通道、柜台、货架、地板设计的原理与技巧；
- 能准确描述门店灯光、色彩、声音、气味、温度设计技术。

知识目标

- 连锁卖场设计概述；
- 连锁门店卖场通道与服务设施的设计；
- 连锁门店照明与声音的设计；
- 连锁门店色彩的设计；
- 连锁门店其他要素的设计。

连锁门店卖场的内部设计就是对卖场的购买环境进行设计，其目的是为顾客营造一个温馨、舒适、适用的购买场所。卖场的内部设计所要遵循的最主要原则就是紧紧以顾客的需要为中心，无论是对卖场的通道宽窄、货架的高低、地板的材质的设计，还是灯光、色彩、气味、温度等的设计，都要遵循这一原则。好的卖场环境会激发消费者的购物激情。

第一节 连锁卖场设计概述

一、连锁店铺卖场的含义

连锁店铺卖场是店铺出入口以里的所谓“消费通道”。这里所说的多以零售业和餐饮业为主，而服务业里的教育、旅游、房地产中介、咨询等店铺的营业现场有其独特的行业特点，另文叙述。

二、连锁店铺卖场设计的意义

卖场环境的好坏直接影响到顾客的购买欲望。一个好的卖场环境能吸引源源不断的顾客，而一个不好的卖场环境却能使人产生望而却步的感觉。对于一个零售店来说，如何营造一个好的卖场环境直接影响到其是否能有好的业绩，甚至是否得以正常营业。

连锁店铺的卖场环境设计直接影响着顾客的购买行为，影响着连锁店铺的销售业绩。好的卖场环境设计不仅体现了一定的艺术美，也反映了连锁店铺独特的经营理念与风格，它们属于连锁店铺形象设计中视觉形象范畴，不仅要求方便顾客购物消费，而且要求独特新颖，在众多的竞争者中能够卓然出众，给消费者留下深刻的印象，使他们产生重复购买行为。

日本销售专家对具有 5.2 万名顾客的商圈进行销售状况随机调查，顾客对零售店铺有关项目的关心程度为：商品容易拿到——15%；开放式容易进入——25%；商品丰富——15%；购物环境清洁明亮——14%；商品标价清楚——13%；服务人员的态度——8%；商品价格便宜——5%。

其中“开放式容易进入”占 25%，购物环境清洁明亮占 14%，而这两项正是连锁店铺卖场设计的具体内容，而卖场设计是连锁店直接服务顾客的重要内容。

三、连锁店铺卖场设计的原则

在设计连锁店铺卖场时，应遵循以下原则。

1．便利顾客、服务大众

顾客“逛商场”已经不是一种纯粹性的购买活动，而是一种集购物、休闲、娱乐及社交为一体的综合性活动，这是新型的生活方式。因此连锁店铺既要拥有充足的商品，还要创造出一种适宜的购物环境，使顾客享受到最完美的服务。

2．突出特色、便于经营

连锁店铺内部环境的设计应依照经营商品的范围和类别以及目标顾客的习惯和特点来确定。以别具一格的经营特色，将目标顾客吸引到连锁店铺来。如北京老家快餐，其店内设计以红黄颜色为主，风格以稳重、温馨为主，对顾客有极强的吸引力，一时间顾客纷至沓来，喜盈店门。

3．提高效率、增长效益

连锁店铺内部环境设计科学，能够使进、存、运、销各个环节紧密配合，节约劳动时间，降低劳动成本，提高工作效率，从而增加企业的经济效益和社会效益。

4．利于选购

丰富的商品会刺激顾客产生购买欲望。但是如果商品有限，也可以通过一些陈列的技巧使其看起来更多些。例如，如果让可供比较评量的商品群放在一块，顾客对于商品的丰富感情就会倍增。这种可供连续不断进行比较评量的陈列状态，自然能够博得顾客信赖。另外，独特的陈列手法能赋予商品立体感；商品色彩的巧妙配合，同样会增添顾客对于商品的丰富印象，激发消费者对商品的购买欲望。

四、连锁店铺卖场设计的要求

卖场设计的规划一旦确定下来，就确定了卖场内顾客流动路线和内部工作人员的工作方式，从而直接关系到卖场工作效率的高低。其中最关键的是顾客、现场营业人员的活动路线和店铺形象塑造两点。顾客、现场营业人员的活动路线，直接关系到能否最大限度地方便顾客发现商店品种的安排和结构。能否最大限度地发挥商品的诉求力，会直接影响商品的销售量和利润率；同样工作人员的活动路线不合理，也会降低劳动效率，导致费用上升。

卖场设计必须达到以下要求：

（1）便于顾客在短时间内找到所需要的商品。

（2）顾客能够轻松地购物。

（3）店堂清洁，有亲切感、新鲜感。

（4）购物成为兴趣，有快乐感。

五、卖场布局的基本类型

尽管连锁卖场的整体布局对店铺盈利至关重要，但许多连锁卖场并没有就业务的类型、商品种类和店铺的区位设计最好的布局，这种疏忽可能会导致欲购买连锁卖场商品的客户流失。卖场的布局从不同的角度分析可以有不同的分类方式，下面介绍两种主要的分类方式。

1．从顾客的流动线路的角度看

连锁卖场整体布局决定了多数顾客在卖场的流动路线。理论上，店铺管理者希望顾客从尽可能多的商品旁边经过。根据顾客的流动线路，可以将卖场布局分成两种基本类型。每种类型具有不同的优缺点，企业在进行卖场布局设计时，一定要权衡利弊。

（1）方格式布局。多数杂货店、折扣商店和药店采用方格式布局。在方格式布局中，柜台和附属品之间互为直角。这种布局设计让客户通过入口进店，经过尽可能多的商品，再经过收款通道付款，最后从出口出店。

优点：建设成本低，客户熟悉这种布局，陈列的商品最多，容易维护。

缺点：限制客户浏览路线，容易增加购物拥挤程度，限制室内装饰风格。

（2）自由流动布局。专卖店、精品店和礼品店可能采用自由流动布局。这种布局中，货架和商店分门别类或者商品陈列在自由取位的货架上，为客户创造了一个无结构特点的购物通道。陈列商品的货架可能具有不规则的形状，如半圆形或弧形等。这会鼓励客户寻找商品，并在他们感兴趣的物品前逗留。

优点：能够鼓励客户浏览，增加冲动型购买，视觉上吸引人，安排灵活。

缺点：可能会增加客户的疑虑，浪费零售空间，成本较高，比较难维护。

还有两种常见的布局是基本布局的变形。标准布局有入口、柜台、收银区和出口。客户进进出出很频繁的地方（如售票处和快餐店）常常采用这种标准布局。精品布局是以自由流动布局为基础的，这种布局将来自某个设计者或制造商的商品分组陈列，每一组都以特定类型的客户为目标。这一方法在高级的百货商店流行。精品布局被很多零售店（如五金商店乃至一些杂货店）运用得很成功。

2．从柜台的摆放方式角度看

在对店铺的内部进行布置之时要考虑的因素有很多，其中最重要的就是柜台的摆放方式，它决定了顾客的流动方式。

（1）岛屿式。此类布置是指柜台以岛屿的形式分布，用柜台围成闭合式，中央设置货架，可设置成正方形、长方形、圆形、三角形等多种形式。这种形式一般用于出售体积较小的商品种类，它可以充分利用营业面积，在保证顾客流动的前提下，布置更多的卖场面积。采取不同的岛屿形状，能够装饰和美化零售店卖场；此外，岛屿式布置的柜台周边较长，陈列商品较多，便于顾客观赏、选购，顾客流动较灵活，视野开阔。但是这种类型也有它的不足之处，那就是由于岛屿式售货现场与辅助业务场所隔离，不便于在营业时间内临时补充商品，增加了续货、补货的劳动量。

（2）斜角式。这种类型即是将柜台、货架等设备与营业场所的柱网成斜角布置。斜向布置能使室内视距拉长而造成更为深远的效果，使室内既有变化又有明显的规律性，使卖场获得良好的视觉效果。

（3）沿墙式。此类是指柜台、货架等设置沿墙布置，由于墙面大多为直线，所以柜架也成直线布置。这是普遍的设计形式。采取这种布置方式，其售货柜台较长，能够陈列储备许多的商品，有利于减少售货员，节省人力，便于售货员互相协作，并有利于安全管理。

（4）陈列式。这种类型是把卖场敞开布置，形成一个商品展览出售的营业场所，售货员与顾客没有严格界限，在同一面积内活动。它利用不同造型的陈列设备，分类分组，随着客流走向和人流密度变化而灵活布置，使厅内气氛活泼。它的特点是便于顾客参观选购商品，充分利用营业面积，疏散流量，也有利于提高服务质量，是一种适应性很强的设计形式，也正被越来越多的连锁店经营者所采用。

在选择好内部布置的类型之后，要考虑的是如何突出整体布局的重点。一般情况下，店内布局应根据店铺的类型、员工数量的多少、经营品种的多少以及季节和业务发展的变化等不同的情况合理地进行布置。它们的共同要求是：方便商品的运输和保管，并且能充分发挥各种设备的使用效能；能够充分发挥员工的服务效率；最大限度地方便顾客购物。总而言之，合理的店内布局既可以向顾客展现自身优势，又可以吸引顾客。

六、连锁卖场空间布局形态

连锁卖场的种类多种多样，其空间格局复杂多样，似乎难以找出规律性的空间分割来。实际上，卖场空间布局只不过是营业设施、仓库和附属设施 3 个空间组合变化的结果，就像一个万花筒，虽然其变化无穷，但也不过是几片彩纸移动位置的结果。

1. 连锁卖场空间划分

连锁卖场场地面积可分为营业面积、仓库面积和附属面积 3 部分。各部分面积划分的比例应视商店的经营规模、顾客流量、经营商品品种和经营范围等因素影响而定。合理分配商店的这 3 部分面积，保证商店经营的顺利进行对各零售企业来说是至关重要的。

通常情况下，连锁卖场面积的细分大致如下：

（1）营业面积：陈列、销售商品面积，顾客占用面积（包括顾客更衣室，服务设施，楼梯，电梯，卫生间面积，用餐厅，茶室等）。营业面积空间又分为商品空间、店员空间、顾客空间，各空间比例不一。

商品空间：指商品陈列的场所，有箱型、平台型、架型等多种选择。

店员空间：指店员接待顾客和从事相关工作所需要的场所。有两种情况：一是与顾客空间混淆；一是与顾客空间相分离。

顾客空间：指顾客参观、选择和购买商品的地方，根据商品不同，可分为商店外、商店内和内外结合三种形态。

（2）仓库面积：店内仓库面积，店内散仓面积，店内销售场所面积。

（3）附属面积：办公室，休息室，更衣室，存车处，饭厅，浴室，楼梯，电梯，安全设施占用面积。

根据上述细分，一般说来，营业面积应占主要比例，大型商店的营业面积占总面积的 60%～70%，实行开架销售的商店比例更高；仓库面积和附属面积各占 15%～20%。

在安排营业面积时，既要保证商品陈列销售的需要，提高营业面积的利用率，又要为顾客浏览购物提供便利。有些商店在营业场所中设置顾客休息场所和一定的自然空间，备有台阶或坐椅供顾客使用，深受消费者的欢迎。

由于大型商场楼层高，面积大，客流多，顾客在购物时极易产生生理和心理上的疲劳，十分需要有一定的休息场所来缓解疲乏，稍作休息后继续浏览购物，实现“一站式购物”。有些商店还借助于室内造园的手法，在一楼大厅布置奇山异石，移种花草树木，引进喷泉流水，满足人们回归自然的心理需求，同时也引得一些顾客欣欣然留影纪念。

近年来，一些商店的经营者本着为消费者服务的宗旨，还特意为儿童设立了游戏的场所，并配有玩具和各种游戏设施，派专人看护，方便带小孩的顾客购物，虽占用了一些营业面积，但也带来了不可低估的社会效益。

2．连锁卖场营业空间格局的4种类型

根据商品的类型、销售方式、数量等情况，可将商品、店员、顾客3个空间进行组合，从而形成连锁店铺卖场空间组合的4种类型。

（1）接触型店铺：商品营业空间紧邻通道，顾客在通道上购买商品，店员则在店内提供相应服务，通过商品空间将顾客与店员隔开。

（2）封闭型店铺：商品空间、顾客空间与店员空间全部都在店内，顾客空间与店员空间之间由商品空间隔开。

（3）封闭、环游型店铺：商品空间、顾客空间与店员空间全部都在店内，顾客在店内可自由、随意地挑选商品。这种方式本质上是开架销售。

（4）接触、封闭、环游型店铺：在封闭、环游型店铺类型的基础上，再加上接触型的商品空间，即顾客拥有店内和店外两种空间。这种类型既包括开架型销售，也包括闭架型销售。

3．连锁卖场各种空间形态分析

（1）店员空间狭窄的接触型店铺。该类型的空间布局是一种传统店铺形式，没有顾客活动的空间，顾客在路边与店员接触，选择和购买商品。

这种类型的布局要求店员具有较高的服务技巧。如果店员只木然地站立在柜台前就会让顾客感觉到被疏远，而过于积极又会使顾客感觉到在被强加推销。所以需要店员要准于把握顾客的心态，平和的态度也许是成功的诀窍。该种布局适用于经营低价品、便利品和日常用品的店铺，规模小，带有早期店铺的特征。

（2）店员空间宽阔的接触型店铺。此种空间格局同样将顾客置于店外，店员通过柜台与顾客接触。其与店员空间狭窄接触型店铺的区别在于店员的活动空间增大。

此种形式可使店员与商品保持适当距离，店员在给顾客拿取商品时比较方便，顾客也不易产生压迫感和戒心。店员一定要避免整排矗立在柜台前，而应学会运用宽阔的店员空间开展各种工作，这样容易让顾客感觉到店铺蓬勃的生机，便于吸引顾客购买。此类型适用于销售无需费时进行认真挑选，便于携带的商品或小礼品。

（3）店员空间狭窄的封闭型店铺。该类型店铺的商品，需要顾客进入店内后才能看见；店员空间较狭窄，大多位于繁华地区。为了满足较多的顾客需求，店员所占空间被降到最低。

在封闭型店铺里，店员的行为对顾客购买与否起着重要作用。由于空间狭窄，店员的一举一动异常明显。店员应避免僵立于柜台前，以防止顾客失去购买兴趣。如果店员表现出多种工作行为，如摆放商品、清擦橱窗、统计数字等，既可引人注意，又可缓解店内的气氛。此类型一般适用于经营贵重物品和礼品之类的商品，也有些饼干、糖果、茶叶等专业店采取该种格局。

（4）店员空间宽敞的封闭型店铺。该类型的店铺是顾客空间、店员空间、商品空间皆在室内，店员空间和顾客空间较宽阔。最为常见的是面对马路的店铺，店内外分割得非常清楚，无购买欲望的顾客很少进入；而宽阔的顾客空间可使进入店铺的人们自由地挑选与购买。经营者应努力制造店铺的热闹气氛，靠环境提高顾客的购买心情和欲望。此类型比较适用于销售贵重礼品和高级商品。

（5）有店员空间的封闭、环游型店铺。该类型的店铺，店员活动空间被限定在一定范围的柜台内，一般不会主动走入顾客的购物空间，只有当顾客把选好的商品带到收银台时，店员才会主动服务。这种格局的最大特色是向顾客发出“店员不对顾客推销商品”的信息。顾客可在不受店员打扰的购物空间内，自由地在店内进行选购。此类型适用于销售的商品往往是普通商品，顾客有能力进行挑选，如食品店、杂货店，以及经营唱片、流行服饰等休闲性商品的商店。

（6）无店员空间的封闭、环游型店铺。该类型的店铺，往往在店门前摆放高档商品。不熟悉该店的顾客一般不会轻易进入。店员与顾客的活动空间不加以区分。由于店铺经营的商品价格比较昂贵，顾客购买时既需要较认真、仔细地挑选，也常需要店员从旁进行解释和说明，充当顾客的顾问。因此，店员不能够仅仅只做收款工作，更重要的是充当商品购买顾问的角色。当然，销售行为应追求轻松自然，店员位置切忌固定在店中央等待顾客招呼。

（7）有店员空间的接触、封闭、环游型店铺。该类型店铺在店面和店内有许多店员。店面陈列商品，可吸引顾客，给人普通的感觉；店内陈列商品，采取环游式布局，顾客进店后可随意地进行挑选。一般要求商品空间宽敞，能陈列齐全的商品。店员可专门做收银工作，即使进入顾客的空间，也不用打招呼。如果店内顾客很少，则需要店员走到顾客空间，忙碌工作，以免给人产生萧条的感觉。

此类型一般适用于销售商品量大且价格便宜的商店，例如销售图画和某些流行性商品，顾客不必频频询问店员，完全由自己进行判断和挑选。

（8）无店员空间的接触、封闭、环游型店铺。该类型店铺售卖的商品不一定档次很高，但常需要店员对顾客进行比较详细的商品讲解、说明并提供咨询。一般适用于普通的流行服饰店，如皮鞋店、皮包店等。

第二节　连锁门店卖场通道与服务设施的设计

一、卖场通道设计

1. 连锁店铺通道的类型

连锁店铺的通道可分为直线式通道和回型式通道两类。

（1）直线式通道。直线式通道也被称为单向通道。这种通道的起点是连锁店的入口，终点是连锁店铺的收款台。顾客依照货架排列的方向单向购物，以商品陈列不重复、顾客不回头为设计特点，它使顾客在最短的线路内完成商品购买行为，图 5-1 就是一则典型的直线式通道。

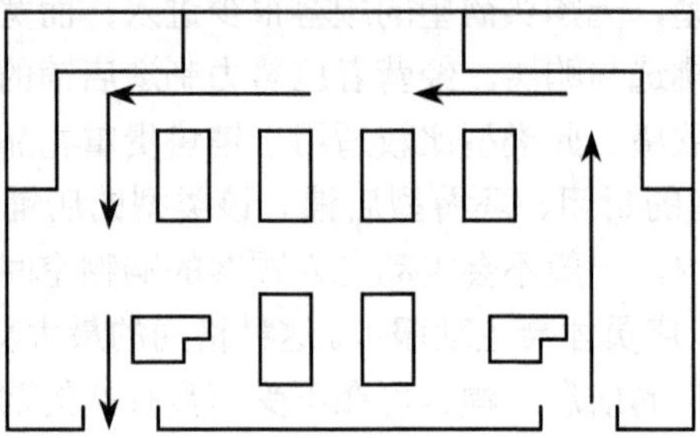

图 5-1　连锁店铺直线式通道

（2）回型式通道。回型通道又称环型通道，通道布局以流畅的圆形或椭圆形按从右到左的方向环绕店铺的整个卖场，使顾客依次浏览商品，购买商品。在实际运用中，回型通道又分为大回型和小回型两种线路模型。

1）大回型通道

这种通道适合于营业面积在 1 600 平方米以上的连锁店铺，顾客进入卖场后，从一边沿四周回型浏览后再进入中间的货架。它要求卖场内一侧的货位一通到底，中间没有穿行的路口，具体如图 5-2 所示。

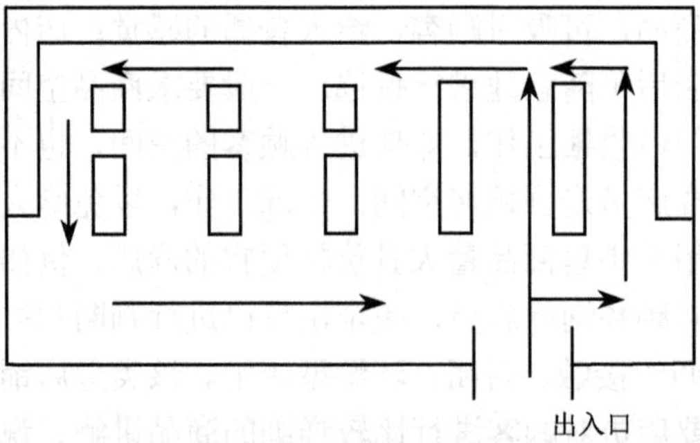

图 5-2　大回型通道

2）小回型通道

它适用于营业面积在 1 600 平方米以下的连锁店铺。顾客进入连锁店铺卖场，沿一侧前行，不必走到头，就可以很容易地进入中间货位。图 5-3 就是一则典型的小回型通道。

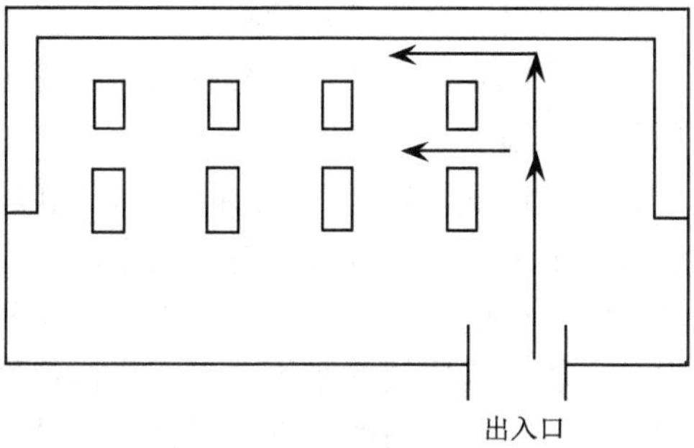

图 5-3　小回型通道

2．连锁店铺卖场通道设计要求

在设计连锁店铺卖场的通道时，主要有以下要求：

首先，通道宽度很有讲究，但各有不同的设计。一般来讲，营业面积在 600 平方米以上的零售店铺，卖场通道的宽度要在 2 米以上，副通道的宽度要在 1.2～1.5 米之间，最小的通道宽度不能小于 90 厘米，即两个成年人能够同向或逆向通过（成年人的平均肩宽为 45 厘米）。但也有人说东方人的身宽以 60 厘米较为适宜，所以卖场通道的宽度与通行人数有关。2 人通过通道宽度不小于 120 厘米，3 人通过通道宽度不小于 150 厘米，4 人通过通道宽度在 180～240 厘米之间。

其次，卖场主通道、次通道和连锁店的规模呈正比。

第三，通道设计最好简单、明了而直线。比如某书店的通道进行了不同方向的弧形设计，是一个失败的例子。

第四，不能给卖场留有“死角”。“死角”就是顾客不易到达的地方或者顾客必须折回才能到达其他货位的地方。顾客光顾“死角”货位的次数明显少于其他地方，非常不利于商品的销售。

二、存包处、收银台、试衣间的设计

1．收银台设计

连锁店铺收银台的数量应以满足顾客在购物高峰时能够迅速付款结算为出发点。大量调查表明，顾客等待付款结算的时间不能超过 8 分钟，否则就会产生烦躁的情绪。由于顾客流量的增大，连锁店铺卖场内人太多，无形中就加大了顾客的心理压力。所以收银台的设计原则应是快速、安全的准确结算。可设置“黄金通道”，专门为不超过 3 件单品的顾客服务，以加速顾客缴款的速度。

目前，在连锁店铺的收银台处，都配有 POS 系统。顾客自选商品到收银台付款时，服务人员只要对商品的条形码扫描照射，计算机就能显示出商品的数量和金额。顾客付款后，服务人员要将购物的小票，即结算凭证交给顾客，便于顾客核对。购物小票也是顾客保护自己合法利益的凭据，一旦发现商品质量、规格不符合自身的要求时，就可以凭此要求退换。为缓解顾客心理压力，有的在收银台上方安装电视进行动画和电影播放。

收银台的数量配置。一般情况下以 40 平方米一台，高峰时可达到 25 平方米一台较为适宜。我国超市收银台的数量大多不符合要求。

收银台的位置设计。收银台的位置是否得当，直接关系商店的商品销售和经济效益问题。通常来说，一般高级店铺的收银台设在店内最底部；生活日用品商店的收款台设在商店的中间位置。超市的收款台设在门口处；如果是需要大量包装物料的商品销售，收款台可以设在两柜台之间；若是集中包装的商品销售，收款台可设在包装柜台的对面。

2．存包处设计

存包处一般设置在连锁店铺的入口，配备 2～3 名工作人员。顾客进入连锁店铺时，首先存包领牌，完成购物以后再凭牌取包。现在有些大型零售店铺中，配有顾客自助式的存包处，顾客自己取存柜钥匙，自己存包，减少了等待时间。此外还有投币式自助存包、红外线指纹识别存包等形式。不过现在有些店铺存包设施设计的太少，在节假日人多时，存包的箱子不够用；有的设计的存包箱子太小，如果带较大的东西就没法存放，或者客户在购物后再想购物时，前面所购之物就没法进行存放，这些都是存包设施的不足造成的。不论采用何种形式的存包方式，都应该是免费的，否则就会引起顾客的反感，直接影响到连锁店铺的销售业绩。

3．试衣间设计

服装店以豪华的装修来吸引顾客，是时下不少商家不惜用重金打造的一项工程。然而，即使是富丽堂皇的服装店，往往都在一个细节上出现了败笔——试衣间。

试衣间可以说是决定了服装是否能够被销售出去的一个重要环节。作为顾客而言，买不买只有试了才能决定。可是由于服装店内的试衣间在隐私、大小等方面令顾客感到尴尬，从而导致生意泡汤。试衣间应该具备以下几个方面的条件。

（1）隐私性问题。试衣间最致命的问题，就是隐私性不够。每个人在试衣间的时候都要经历不可示人的阶段。所以在试衣间的设计应该着重考虑保护顾客隐私问题。比如说某某“坊”试衣间的“门”都是布帘子，拉不严的会留下一条细缝，叫更衣人心惊肉跳。这还不止，比如那里有三个试衣室，其中一个恰好对着

上二楼储物室的楼梯，从这个试衣间里顾客可以很清楚看到上下楼的人，而从楼梯那里也可以很清楚地从布帘上方看见试衣室的人。这样的试衣间即使准备更多，也无法让顾客安心地在里面试衣服。

（2）面积不能太小。通常的试衣间都是恰好只能容一个人。尤其那些内衣专卖店，如果你长得比较胖，那就抱歉了。试衣间是为所有来服装店消费的顾客提供服务的，并不是只为身材好的顾客准备的，万万不可让试衣间成为体形较胖的顾客感觉羞涩的地方。

（3）装修不能太简陋。许多试衣间内没有安装镜子。有很多人都希望自己试衣的时候可以不用出来照镜子，这样当穿上效果不好的衣服时就不必被其他人看见，例如那些把萝卜腿暴露无遗的贴身裤；而且也不用被那些无论你穿什么都会赞扬一通的售货员所误导。一个好的试衣间在装修上要考虑顾客使用是否舒适，灯光是否能够衬托出明显的效果等。

三、出入口、柜台和货架的设计

1．出入口的设计

出入口是整个卖场的咽喉重地，如果设计存在缺陷，那么将影响整个卖场。

（1）出入口设计类型的选择。在卖场设计中第一关便是出入口的设置。招牌漂亮只能吸引顾客的目光，而入口开阔才能吸引顾客进店。入口选择的好坏是决定零售店客流量的关键。不管什么样的商店出入口都要易于出入。商店的出入口设计应考虑商店规模、客流量大小、经营商品的特点、所处地理位置及安全管理等因素，既要便于顾客出入，又要便于商店管理。一般情况下，大型商场的出入口可以安置在中央；小型门市的进出位置设置在中央是不妥当的，因为店堂狭小，直接影响了店内实际使用面积和顾客的自由流通。小店的进出口，不是设在左侧就是右侧，这样比较合理。

1）封闭型。此类设计的入口尽可能小些，面向大街的一面要用陈列橱窗或有色玻璃遮蔽起来。顾客在陈列橱窗前大致品评之后，进入零售店内部，可以安静地挑选商品。在以经营宝石、金银器等商品为主的高级商店，因为不能随便把顾客引进店内，又要顾客安静、愉快地选购商品，所以这种类型是很适用的。这些零售店大都店面装饰豪华，橱窗陈列讲究，从店面入口既可给顾客留下深刻印象，又可使到这里购物的顾客产生一种与一般大众不同的优越感。

2）半开型。入口稍微小一些，从大街上一眼就看清零售店内部。倾斜配置橱窗，使橱窗对顾客具有吸引力，尽可能无阻碍地把顾客诱引到店内。在经营化妆品、服装、装饰品等的中级商店，这种类型比较适合。购买这类商品的顾客一般都是从外边看到橱窗，对零售店经营的商品发生了兴趣，才进入店，因而开放度不要求很高，且顾客在零售店内可以安静挑选商品。

3）全开型。是把商品的前面、面向马路一边全开放的类型，使顾客从街上很容易看到零售店内部和商品。顾客出入商品没有任何阻碍，可以自由地出入。出售食品、水果、蔬菜、鲜鱼等副食品的商店因为是经营大众化的消费商品，所以大多都用这种类型。这种类型的商铺前面很少设置障碍物；在零售店内要设置橱窗；前面的柜台要低些；不要把商店内堵塞得很满，影响顾客选购商品；店前不要放自行车、摩托车等，以免堵塞门口，影响顾客出入。

4）出入分开型。即指出口和入口通道分开设置，一边是进口，顾客进来之后，必须走完全商场才能到出口处结算，这种设置对顾客不是很方便，有些强行的意味，但对商家管理却是非常有利，有效地阻止了商品偷窃事件发生。这种出入设置往往适用于经营大众化商品的商店。一些著名的外资零售企业如沃尔玛等便是采用这种方式。也有一些商场由于商品陈列和营业厅的配置有困难，一般都把一面堵起来，就像附近的超级市场那样，店内可以自由走动，到各个货架买货都方便。零售店的一面是入口，另一面是出口，顾客出入商店也很自由，这种类型对顾客的接待效率也很高。

（2）出入口设计运用技巧

1）出入口选择应考虑行人流动路线，车水马龙的大马路边不宜设口，行人川流不息的步行街却是开口的好位置。所以出入口设置务必以人流量、路线选取规律、目光辐射取向调查为基础，把门开在行人最多、路径最顺畅、最引人注目的地方。

顾客从右侧入口容易进入。卖场的入口设在右侧就能畅销。入口究竟设在中央、左侧或右侧曾产生很多议论，而结论往往由领导来决定。从结论来说，入口应设在右侧。入口设在右侧较好的理由如下：

① 开设超市、大卖场较成熟的美国，法国，日本等国家，大卖场入口都设在右侧。

② 视力右眼比左眼好的人多。

③ 使用右手的人较多等。

人都会用自己比较强的一面来行动。以右手做主要动作的人，注意力往往集中在右侧，由右侧开始动作，这是为弥补左手的弱点。实际上进卖场，从右侧进店以后，以左手拿购物篮，右手自由取出右侧壁面的陈列商品，放入左侧的购物篮，以这种动作来前进，然后向左转弯。如果相反从左侧的入口进店，左侧的壁面陈列的商品以左手很难取出，所以必须转身用右手来拿。向前前进时右手不能动，向右转弯时，左手变成无防备因而感到不安。最有力的座右铭是：右边比左边占有优位。对顾客来说，能自由使用右手的卖场，便会成为顾客的第一卖场。卖场把顾客的方便置于卖场的方便之上，整个卖场贯彻这种方针来服务，卖场将变成优良的卖场。

2）对于一些开设在楼上或地下室的商店，其入口要设立醒目而有特色的标志，并采取人员促销等方式克服出入口的“先天不足”。

3）出入口要能清楚地看见商店的内部，陈列要有强烈的吸引力，以便引起顾客的购买欲望。

4）出入口一定要方便顾客进出，因为商店的出入口既有出店的顾客又有进店的顾客。所以必须排除商店门前的一切障碍。如果商店门前安排不好，杂乱无章，进入商店就很困难。特别是售货员在商店门前接待，跟随来店的顾客出入商店，就更加困难。

5）有的商店把门前用玻璃挡起来，这种做法不好。拐角的橱窗和特价台也妨碍进入。通道狭窄，顾客就难以进入商店。

6）超市入口一般设在顾客流量大，交通方便的一边。通常入口较宽，出口相对较窄一些，入口比出口大约宽 1/3。应根据出入口的位置来设计卖场通道及顾客流向。在入口处为顾客购物配置提篮和手推车，一般按 1 辆（个）/10 人—3 辆（个）/10 人的标准配置。超市的出口必须与入口分开，出口通道应大于 1.5 米。出口处设置收款台，按每小时通过 500～600 人为标准来设置 1 台收款台。出口附近可以设置一些单位价格不高的商品，如口香糖、图书报刊、饼干、饮料等，供排队付款的顾客选购。

2．柜台、货架的设计

（1）柜台。柜台是店铺内用来销售商品和摆放商品的台架。他除了具有展示商品、方便销售的作用以外，还具有合理摆放商品、美化店铺环境的艺术感染力的作用。其设计和制作一般分为方形和前面突起的多边形两种形式。柜台的高度一般为 1～1.1 米左右，宽度在 55～60 厘米左右，长度视商店的大小及其预计的排列组合形式而定。

柜台的材料一般是原木、铝合金、镀铬铁架、玻璃等。过去木制的玻璃柜台比较多，现在随着时代的进步，商家多用铝合金、镀铬铁架和玻璃组合的铝合金、镀铬铁架玻璃柜台。颜色容易协调，感觉比较典雅，效果好。方形柜台，在前面和上面设有大块玻璃，展示商品效果好，里面设有两扇门或活动拉门用以拿取商品。多边形柜台是一种常用而又比较新颖的柜台。柜台的前面是倾斜的，与顾客观察商品的目光成直角，不会产生反光与折射，能较好的显示商品。

柜台在各个店铺的布局，要视本店的营业面积大小、经营商品的多寡酌情而定，以能给顾客舒适感为前提。

（2）货架。货架是商店用来摆放商品的重要设施，也是构成卖场布局的重要因素。他包括仓储货架和门市货架两种。其制作材料有木材、镀铬铁架、玻璃、大理石等。仓储货架主要用于库房储存商品，其货架规格要同商品原包装的箱、盒、件相适应，便于按类存放和提取。门市销售货架，主要用于店铺的商品摆布，它的设置要根据商品小包装的实物形态来确定，以实现商品陈列和方便销售的功能。

货架按其原料分为木材货架、镀铬铁架货架、水泥货架、玻璃货架等不同的种类。水泥货架坚固耐用，便于清洗，可用来陈列水产、果品等物品。多数店铺用木制货架，这种货架既轻巧美观，又便于进行各种艺术陈列，为美化店铺创造了良好的条件。

货架的设置规格一般根据店铺内的大小和所经营的商品的不同而有所区别。基本的要求是整齐统一，美观大方。

货架的架口是陈列商品的地方，为了便于商品的分类和去拿存放，需要在货架上设置各种形状的架口，大致分为横置和竖置两种式样。具体规格要依据商品的形状、大小设计制作。架口按装置的不同，可分为反射架口、梯台架口、坡板架口、挡板架口、云锣架口、吊环架口、露天架口等。

四、连锁门店卖场天花板、地板、墙壁的设计

1. 天花板的设计

天花板的设计不只是创造室内的美感，还要与空间设计、灯光照明相配合，形成优美的购物环境，使顾客充分感受到一种舒适的购物氛围。在天花板的设计中主要考虑的内容是：

（1）高度设计。如果天花板太高以致店铺上部空间过大，会使顾客感受不到亲切的气氛；反之天花板过低，虽然可以给顾客一份亲切感，却会使店铺内的顾客无法享受视觉、行动上舒适自由的购物乐趣。天花板的高度要根据店铺的面积决定，宽敞的店铺应该高一些，反之则应低一些。一般来说，店铺的面积达到300平方米，天花板的高度则应达到3～3.3米的高度；如果达到1 000平方米的面积，天花板的高度应达到3.4～4米的高度。我国不少店铺对天花板的高度重视不够。有的小店铺天花板很高，又不进行装饰，使上部空间显得空荡荡的，非常影响店铺的内观，应设法进行改进。有时天花板的颜色也具有调整高低的作用，因此有时并不需要特别把天花板架高或降低，而只须通过对颜色的改变，就可以从感觉上收到升降天花板的高度的效果。

（2）天花板形状设计。天花板一般以平面的居多，如果在上面加些变化，对于顾客的心理、店内的气氛都有很大的影响。除了平面之外，常用的天花板还有以下形状：倾斜天花板、格子天花板、波形天花板、圆形天花板、垂吊形天花板、船底形天花板、金字塔形天花板、半圆锥形天花板等。

（3）材料设计。制作天花板的材料不胜枚举，有各种石膏板、石棉板、胶合板、贴面装饰板、玻璃绒天花板等。装饰时应根据店铺特点，考虑防火、耐久、消音的要求，选择适当材料。

胶合板——是最经济、最方便的天花板材料，但防火、消音性能差。

石棉板——不仅防火、绝热、耐水、耐湿，而且吸音效果较好，适合于噪声较大的大型商场，其缺点是不易加工。

商店建筑中通常采用木天棚、石膏板天棚、金属板天棚、矿棉板或玻璃纤维板天棚等。

木天棚——一般为木板或胶合板，它可以是狭长条板或大块板、镶板，也可用木板组成蜂窝状顶棚。木天棚加工方便，材质轻盈，适合于中小型商店的天棚装饰。

石膏板天棚——石膏板表面有平板与凸凹板之分，它可组合成各种图案，与灯具配合有较强的艺术表现力。有很好的耐热、消音性能，但防水耐湿性差，经不起冲击。

金属板吊顶天棚——这是一种华丽的装饰材料，造型多样，品种繁多，但价格较贵。

2．卖场地板的设计

（1）地板图案性格。地板在图形设计上有刚、柔两种选择。以正方形、矩形、多角形等直线条组合为特征的图案，带有阳刚之气，比较适合经营男性商品的连锁店铺使用；而圆形、椭圆形、扇形和几何曲线形等曲线组合为特征的图案，带有柔和之气，比较适合经营女性商品的连锁店铺使用。

（2）地板的选材。地板的装饰材料一般有瓷砖、塑胶地砖、石材（天然、人工）、石英砖、木板（原木、合成）、玻璃以及水泥等，可根据需要选用。地板的选材主要考虑的因素是连锁店铺形象设计的需要、材料的费用大小、材料的优缺点等几个因素。

瓷砖——品种很多，色彩和形状可以自由选择，耐水、耐火及耐蚀，有相当的持久性，但是保温性差，对硬度的保有力太弱。

塑胶地砖——价格适中，施工方便，颜色丰富，但容易被烟头、利器和化学品损坏。

石材——有花岗石、大理石以及人造大理石等，外表华丽、装饰性好，耐水、耐火、耐腐蚀，但价格较高。

木地板——柔软、隔寒、光泽好，可是易弄脏、易损坏，适用于顾客进出次数少的店铺。

水泥地面——价格最便宜，但现在在连锁店经营中几乎不再被使用。

地毯——商店采用的地毯大多为化纤地毯，它的装饰性强，保温和吸音性良好。可用于较高档的商店中。

3．墙壁的设计

（1）室内装修和室内装饰含义、内容。墙面是组成空间的重要因素之一，它作为空间的侧面，以垂直形式出现，对人的视觉影响很大。在墙面处理中，应使它与门窗、灯具和通风孔洞结合起来，以取得完整的效果。

墙壁设计主要有装修和装饰两种任务。装饰原义是指“器物或商品外表”的“修饰”，是着重从外表、视觉艺术的角度来探讨和研究问题。例如对室内地面、墙面、顶棚等各界面的处理，装饰材料的选用，也可能包括对家具、灯具、陈设和小品的选用、配置和设计。室内装修着重于工程技术、施工工艺和构造做法等方面，顾名思义主要是指土建施工完成之后，对室内各个界面、门窗、隔断等最终的装修工程。可以说，装修是装饰的基础，装饰是装修效果的继续和提升。

总体来说，装饰装修中的费用应该包括：设计费、主材费、辅助材料费、工时费、管理费和税金。装修项目有木工、瓦工、油工等这些“看得见、摸得着”的常规工程项目，但还有隐蔽工程和一些细节问题。如上下水管道改造、防水防漏工程、强电弱电改造、空调管道等工程。

（2）室内装饰材料。装饰墙壁的材料有很多种，如木质壁材、涂料、油漆、墙纸等。但比较经济的是纤维板上粘贴印花饰面，这样的壁面便于拆卸改装。

墙壁的装饰用品也有很多种，有绘画、字画、刺绣、雕刻、剪纸、壁毯、灯具、贴花画及墙上插花等。布置的内容要根据季节的变化和宣传需要进行更换。

主墙是装饰的重点，要着重选择装饰墙壁的材料的品种、质量和数量，突出行业的特色和风格。

木质壁材——可分合成板、纤维板、木板。合成板就是胶合板，它富于自然色彩，表面质感较好，是高级墙面装修材料。

涂料——它种类繁多，色彩丰富。涂料干燥后形成薄膜，色彩和表面形式可自由选择。

油漆——这是一种使用方便的墙面涂层，它有较好的防水性能。

墙纸——墙纸是贴在墙壁上的装饰材料，它可分为编织墙布和塑料墙纸两种。墙纸是最常用的墙面材料，色彩、图案、质地极多，可随时改换。

卖场的空间装饰是商场顶面、墙面和地面的组合体，不但影响商场的气氛和格调，而且与电器设备和灯光有密切的关系。它能给人们完整、美的空间享受，创造出一个引人入胜的购物环境。

第三节　连锁门店照明与声音的设计

一、卖场灯具与灯光设计

连锁店铺照明的目的就是正确地传达商品信息，展现商品的魅力，吸引顾客进入店铺，达到促销的目的。连锁店铺的照明有基本照明、重点照明和装饰照明3种。

1．基本照明

基本照明是确保整个连锁店铺的卖场获得一定的能见度而进行的照明。在连锁店铺里，基本照明主要用来均匀地照亮整个卖场。例如天花板上的荧光灯、吊灯、吸顶灯就是基本照明。基本照明用来营造一个整洁宁静、光线适宜的购物环境。一般来讲，自然光是最好的基本照明，它对人眼没有任何刺激，又可以展现商品的本色和原貌。

2．重点照明

重点照明也称商品照明，是为了突出商品优异的品质，增强商品的吸引力而设置的照明。常见的重点照明有聚光照明、陈列器具内的照明以及悬挂的白炽灯照明。在设计重点照明时，要将光线集中在商品上，使商品看起来有一定的视觉效果。比如店铺的烧烤及熟食类食品常用带红灯罩的灯具照明，以增强食品的诱惑力。

3．装饰照明

装饰照明是连锁店铺为求得装饰效果或强调重点销售区域而设置的照明。常见的装饰照明有：霓虹灯、弧形灯、吊灯以及连续性的闪烁灯等等。

在设计连锁店铺的照明时，并不是越明亮越好。在连锁店铺的不同区域，如橱窗、重点商品陈列区、通道、一般展示区等，其照明光的强度（即光度）是不同的，设计要求也不一样。具体要求如下：不同的商店有不同的设计，服装店的照明要忠于商品本色；钟表店的灯光要表现出豪华的气派就应该以大型吊灯和冕灯为主；家具店多以日光灯照亮全店。

店铺的灯光设计主要是人工光源。人工光源主要有三个基本作用：一是直接用于店铺的外部照明，为了照亮店铺的门面和店前环境而设立安装的，以使用为基本要求；二是为了渲染店铺的气氛、烘托环境而设立各种装饰灯，目的是增加店门面的美感，其中以霓虹灯和橱窗灯为主；三是店铺内部的各种顶灯和柜台灯，主要用于商品的基本照明和重点照明。

店铺使用的光源一般分为两种：一是单色光源，主要以店内为主；二是多色光源，主要用于装饰，是外部装饰的主要光源。

由于人对多色光的视觉反映不同，所以形成的心理感觉也不同。玫瑰色光源给人以华贵、幽婉、高雅的感觉；淡绿色光源给人以柔和、明快的感觉；深红色刺激性更强，会使人的心理活动趋向活跃、兴奋、激昂、使人焦躁不安；蓝靛色刺激性较弱，会使人的心理活动趋向平静，控制情感发展，但也容易产生沉闷或压抑的感觉。因此店铺内外部灯光的运用应考虑各种颜色的光源对顾客心理产生的不同影响。

二、连锁卖场声音设计

现代，人们常常用音乐来舒缓情绪、治疗疾病、消除不安和恐惧感。在商业领域里，利用声音刺激消费者的购买欲望就更加普遍了。声音是商店气氛的重要组成部分。声音的种类和密度可对零售店的气氛产生积极的影响，但店内的各种声响一旦超过一定的限度就会使顾客心情烦乱，注意力分散，使顾客反感。所以商店要善于区分音乐和噪声，认识到在整个商店的购物环境中音乐会起到积极的作用，而噪声则会起到消极的作用。商店要努力运用声音的积极一面同时克服消极的一面。

1. 积极的音响效果

据一家著名的媒体所做的一项调查表明，在零售店里播放柔和而节拍慢的音乐会使销售额增加40%。快节奏的音乐会使顾客在商店里流连的时间缩短而导致购买的商品减少，这个秘诀早已被零售商店经营者熟知，所以每天快打烊时，零售商店就播放快节奏的摇滚乐，迫使顾客早点离开。为了改善和活跃商店内部的听觉环境，商店要控制噪声并多使用乐曲。

（1）利用音响提示顾客。在零售店中，广播提示是十分必要的音响利用手段，这一方法尤其适用于零售店促销活动期间。可以提醒顾客正在促销、热卖的商品，通过广播告知顾客促销的地点、促销的商品和促销的条件。因为大商店里销售的商品品种多，场地大，顾客很难全面地获得所有商品的信息，这时广播是一种好的方式。

（2）利用音响吸引顾客的注意。实践证明在商店的各相关购物场所中，钟鸣声，收录机、电视机的播放声，都能吸引顾客的注意，从而产生顾客和商家都满意的效果。

（3）播放背景音乐来营造购物气氛。音乐是塑造店内气氛的重要手段，而且是最简易的方式。音乐非常有益于促销，如果一家零售店在入口处经常有悦耳的音乐，会促使门外的顾客鱼贯地进入店内。一些轻松柔和、优美动听的乐曲能抑制噪声并产生欢愉、轻松、悠闲的浪漫气氛，使店内顾客有一种舒适的心情，放慢节奏，甚至流连忘返。

（4）通过隔音设备和消音设备控制噪声。来自商店外部的声音干扰，这对零售店来说是一种噪声。商业繁华区的车辆声和往来行为的喧闹声会对此区域商店的店内顾客产生不同程度的影响，是应该消除的噪声。

（5）店内或柜台上产生的声音处理。这些声音从局部看大多数是有益的。如顾客与营业员的交谈，挑选时的试听、试用、试戴等产生的声音。但各种声音的相互交织易变为噪声，形成对其他顾客的干扰，容易使顾客形成该商店购物环境不好的印象。

对于这类声音的利用与消除，一般通过商品合理布局的方式解决。需要一个安静的购物环境的商品，则应集中摆布或布局在高层或深处，以使其有一个相对安静的购物空间。

2．运用中的技巧

（1）零售店背景音乐的选择一定要结合零售店的特点和顾客特征，以形成一定的店内风格。

（2）应注意音量高低的控制，既不能影响顾客用普通声音说话，又不能被店内外的噪音淹没。

（3）音乐的播放也要适时有度，如果音乐给顾客的印象过于嘈杂，使顾客产生不适感或注意力被分散，甚至厌烦，将不仅达不到预期的效果，而且会适得其反。

（4）乐曲的选择必须适应顾客一定时期的心态。在炎炎夏日，商店中播放涓涓流水和莽莽草原的悠扬乐曲，能使顾客在炎热中感觉到清新和舒适。商店在大拍卖时，就可以播放一些节奏比较快的、旋律比较强劲的乐曲，使顾客产生不抢购不罢休的心理冲动。

（5）背景音乐的强度（响度）一定要与连锁店铺力求营造的店内环境相适应，以不影响顾客之间的对话为宜。音乐的种类对连锁店铺来说主要强调节奏的快慢。对连锁店铺来说，虽然雇员们能够在工作时间行将结束时，听一听 E·波尔·比格斯演奏的“触枝曲”（一种形式自由，速度甚快的对位式风琴曲或古钢琴）和“遁走曲”（在一个乐曲中，有一个或一个以上的主题或旋律在不同部分重复演奏）是乐意的，而顾客则会对此乐曲连 5 分钟都不能忍受。所以连锁店铺卖场声音的设计要以轻音乐为主。

音乐能使顾客心情畅快，同时也能使顾客感到心浮气燥，只要你使用得当，一切才能恰到好处。

第四节 连锁门店色彩的设计

色彩可以对消费者的心情产生影响和冲击。从视觉上讲，彩色比黑白色更能刺激视觉神经，因而更能引起消费者的注意。彩色能把商品的色彩、质感、量感等表现得极近真实，因而也就增强了顾客对销售商品的信任感。麦当劳快餐厅的内部环境设计就是以暖色为主，它能创造出温暖、活跃、热烈的心理感受，这主要是基于吸引快餐店的主要顾客——儿童、少年而考虑的。颜色具有如此的奥妙，不同的颜色会给人不同的感觉，因为颜色本身具有感觉色彩。在开设零售店之时，你要懂得利用各种色彩的组合搭配，给顾客一种焕然一新的感觉。

一、色彩冷暖与语言

红色、黄色、橙色被专业人士认为是“暖色”，这是在希望有温暖、热情、亲近这种感觉时使用的色彩。店铺应该运用这些色彩以及烛光和壁炉，以便对顾客心境产生影响，使他们感到温暖、亲切。蓝色、绿色和紫罗兰被认为是“冷色”，通常用来创造雅致、洁净的气氛。在店铺中希望使人感到比较舒畅、比较明亮的地方，或光线比较暗淡的走廊、休息室应用这些色彩，效果比较好。棕色和金黄色被认为是泥土类色调，可以与任何色彩配合。这些色彩也可以给周围的环境传播温暖、热情的气氛。白色使人想到冰天雪地，给人以冷清的感觉；黑色是吸光的，能给人以暖和的感觉。

不同的连锁店、不同商品有各自独特的色彩语言，对顾客心理产生的影响不同，这种作用在连锁店铺里特别明显。快餐店应运用暖色以及烛光和壁炉，对顾客的心境产生影响，使他们感到温暖、亲切；在光线比较暗淡的走廊、休息室，以及连锁店铺中希望使人感到比较舒畅、比较明亮的场所，运用冷色效果较好；至于商品陈列，暖色系统的货架上适宜放的是食品；冷色系统的货架上适宜放的是清洁剂；色调高雅、肃静的货架上适宜放的是化妆品等等。商品的色彩是做给消费者看的，消费者也有自己的色彩审美、色彩心理、色彩感觉、色彩感情，两者的统一将大大提高连锁店的销售额。

关于色彩感觉与色彩感情的关系见表 5-1。

表 5-1　色彩设计中的色彩感觉与色彩情感

色彩种类	色彩感觉	色彩情感
红色	热	刺激
绿色	凉	安静
青色	较冷	较刺激
紫色	中性	少刺激
橙色	暖	较刺激
黄绿色	中性	较安静
青绿色	冷	很安静
紫绿色	较冷	较刺激
紫红色	稍暖	较刺激

二、商品形象色

商品形象色是指不同大类商品上，经常使用的能促进销售和便利使用的色彩或色调。有些色彩会给人以酸、甜、苦、辣不同味觉感受，以致不同的嗅觉感受。如淡红色、奶油色和橘黄色，点缀少量的绿色等，是促进食欲的颜色，因而食品类的陈列普遍采用暖色系的配色，反之则让人厌恶。例如美国一家无人售货商店发现肉类的销售量下降了，经过调查才发现，店里新安了一扇蓝色的窗子，蓝色使消费者对肉类感到反胃。

不同的商品具有不同的色彩形象，在设计连锁店铺卖场时，一定要正确处理一些大类商品的特点和习惯色调同连锁卖场的关系。比如服装讲求时尚与适合，除普通成人服装和童装外，均取高雅的色调。男性明快的色调显示活力强，有气魄；女性和谐、柔和的色调，烘衬温柔女性美。食品讲求安全与营养，多采用暖色系列。化妆品功能是护肤美容，多用中性色调和素雅色调，例如淡淡的桃红色，给人以健康、优雅与清香感。工矿机电产品多用稳重、沉静、朴实的色调，有时用有活力的纯色（如红、黑、蓝色）加以衬托，给人以坚固耐用的感觉。

玩具和儿童文具讲求兴趣与活泼感，多用鲜艳活泼的对比色调。药品讲求安全与健康，多采取中性色彩系列。偏冷色调给人以安宁冷静之感。

红色：热情、大胆、泼辣，是进取性和积极的颜色，给人以“高级”的印象。中国人认为红色代表喜庆和吉祥，通常在节日或喜庆的日子里人们都爱用红色。红、金红色给人以元气、阳气、健康与活力的感受。

橙色：活泼、年轻、缺乏爱情。

黄色：明亮、年轻、有爱情的要求。在商店内使用时，由于有刺激视觉的作用，会使顾客感到疲劳，可以少量使用，不要用于主色。

褐色：保守、消极、容易被信赖。其中茶色、咖啡色、巧克力色给人以强烈的活动之源感。总的说来，素净的严肃颜色用于古玩、书画、瓷器店较理想。

绿色：新鲜、年轻，是人们疲劳时希望看到的颜色，同时使人感到放松、协调、健全、温和，具有家庭气息。其中浅绿色最适合商店内使用。

蓝色、银色：给人以安全感。

青色：理智、安静、清洁，也有人称之为“服从色”。

紫色：优雅、高贵、稳重，有神秘的色彩。直感敏锐、言谈直爽的人多喜欢这种颜色。如将它作为商店的主色，该店将显时髦、漂亮。

粉红色：华丽、年轻、明朗，也被称为“愿望色”，是人们在有所要求的时候喜欢的颜色。

灰色：沉静，是一种谦虚、稳重的颜色。

黑色：严肃、坚强、认真、稳健。

白色：神圣、洁白、清洁。商店内的墙壁、顶棚经常使用，但易给人苍白感和冷静感。

零售感悟：不同的色彩代表不同的含义，只要懂得运用这其中的奥妙，你就能够为顾客谱绘出一片独特的色彩之地。

第五节　连锁门店其他要素的设计

一、连锁店卖场的气味设计

在零售店中，宜人的气味通常对人体生理有积极的影响。空气污浊有异味的商店顾客不会久留，无味的商店也会让顾客情绪疲软。而清新如野、令人心旷神怡的环境购物，则使顾客得到美的享受。零售店内部根据所经营的商品特征适宜地散发一些宜人的气味，能使顾客在购买活动中精神爽快、心情舒畅。所以说气味也是店内刺激不可缺少的一味"添加剂"。

1. 气味的效果

零售店中的气味大多与商品相关，特别是在专营商店中更为突出。正常的气味往往会吸引顾客购买这些商品。人们的嗅觉会对某些气味做出反应，以致可以只凭嗅觉就可能嗅出某些商品的味道。在一般情况下，巧克力、新鲜面包、橘子、玉米花和咖啡等等，这些气味对增进人们的愉快心情是有帮助的。花店中的花香气味，皮革店中的皮革气味，茶叶店中的清香气味等，均是与这些商品协调的，对促进顾客的购买是有帮助的。

气味同声音一样有正面影响也有负面影响。零售店中，化妆品的香味，蛋糕食品香味，糖果、巧克力的诱人味道都能对顾客产生积极的影响。商品与其气味的协调对刺激顾客购买有积极的促销作用。不良气味会使人反感，有驱逐顾客的副作用。

2. 克服气味负面因素

（1）商店要有良好的通风设备。

（2）采用空气过滤设备。

（3）定期释放一些芳香气味。

（4）对商品应经常检查，以防霉烂变质，散发不良味道。

（5）要防止商品相互串味。注意不同味道的商品要隔离布置，避免相互影响。如化妆品柜台应与食品柜台隔离，茶叶柜台应与香皂、洗衣粉等日用品隔离。

（6）对各种商品所释放的气味和商店有意释放气味的浓度要与顾客的嗅觉限度相适应。

（7）如果商店新开张或店内某部分刚进行装修，有很大的异味，但在短时间内又无法消除时，商店应以在店内张贴说明或告示牌的形式向顾客说明情况并表示歉意。顾客看到之后，心理上会觉得受到尊重而愉快，本来比较浓的异味会因这种愉悦心情而淡化。

3．对卖场气味设计要求注意四点

（1）要与所售商品相协调。花店中花卉的气味，化妆品货架上商品的香味，面包店的饼干、糖果味，蜜饯店的奶糖和硬果味，零售店铺礼品部散发香气的蜡烛，皮革制品部的皮革味，烟草部的烟草味，均是与这些商品协调的，对促进顾客的购买是有帮助的。当你走过糕点店时，会闻到一阵阵不可抗拒的香喷喷的新烤出的巧克力饼干的香味。美国国际香料公司采用高科技人工合成了许多令人垂涎的香味，包括巧克力饼干香味、热苹果派、新鲜的比萨饼、烤火腿的香味，甚至还有不油腻的薯条香味等。美国国际香料公司将各种人工香料装在精美的罐子中用来销售。根据定时设置，香料罐子每隔一段时间会将香味喷洒在店内，引诱顾客上门，效果奇佳。

（2）严格控制不愉快的气味。不愉快的气味会把顾客赶走。令人不愉快的气味包括地毯的霉味，吸纸烟的烟气，强烈的染料味，啮齿类动物和昆虫的气味，残留的尚未完全熄灭的燃烧物的气味，汽油、油漆和保管不善的清洁用品的气味，洗手间的气味等。

（3）注意不同商品相邻气味的混合问题。邻居的不良气味也像外部的声音一样，会给店铺带来不好的影响。这些气味不光令人不愉快，还与连锁店铺的环境、气氛也不协调。比如巧克力和硬果的气味飘入保健食品部，医生诊室的很浓的药味飘入面包店等等。

（4）控制气味强度。连锁店铺应当用空气过滤设备力求降低不好的气味的密度（强度）。对正常的气味，密度不妨大一些，以便促进顾客的购买，但是要适当控制，使它不致扰乱顾客，甚至使顾客厌恶。

气味的运用在于使消费者产生一种舒畅的感觉，从而在购物的过程中显得轻松，而这样其所购货物也会更多。

二、连锁店卖场的通风设计

连锁店铺内顾客流量大，空气极易污浊，为了保证店内空气清新通畅，冷暖适宜，应采用空气调节措施，加强通风系统的建设。

1．通风分类

主要解决味道和温度的问题。通风来源可以分自然通风和机械通风。采用自然通风可以节约能源，保证连锁店铺内部适宜的空气环境。一般小型连锁店铺多采用这种通风方式。而有条件的现代化大中型连锁店铺在建造之初就普遍采取紫外线灯光杀菌设施和空气调节设备，用来改善连锁店铺内部的环境质量，为顾客提供舒适、清洁的购物环境。

2．通风设备配置原则

连锁店铺的空调配置应遵循舒适性原则，冬季温暖而不燥热，夏季凉爽而不骤冷。否则会对顾客和职员产生不利的影响。如冬季暖气开得很足，顾客从外面进店都穿着厚厚的衣服，不久会感到燥热无比，很可能匆匆离开连锁店铺，无疑会影响零售店铺销售。夏季冷气习习，顾客会有乍暖还寒的不适应感。从服务的角度讲，使用空调时维持舒适的温度和湿度是至关重要的。

3．空调机组的选择

连锁店铺在选择空调机组的类型时应注意以下要求：

（1）根据店铺的规模大小来选择。大型连锁店铺应采取中央空调系统，中、小型零售店铺可以设分立式空调。

（2）根据能源的供应状况选择。店铺空调系统热源选择应注意结合当时和未来的热能来源。市政集中供热是未来发展的方向，最好充分予以运用。店铺空调系统冷源选择要慎重，要考虑是风冷还是水冷，是离心式还是螺旋式制冷；同时还必须考虑电力供应的程度。

（3）店铺的空气湿度。一般参数保持在40%～50%，50%～60%湿度更为适宜，该湿度范围使人感觉比较舒适。但对于经营特殊商品的营业场所和库房，则应严格控制环境湿度。

（4）连锁店铺的温度。根据国家有关规定，北方地区冬季不低于16℃，夏季在25℃左右。

三、店内POP设计

1．POP介绍

连锁店铺内POP广告（也叫售点广告）是连锁店常用的促销手段，主要指在售货点和购物场所制作和发布的多种形式广告组合的统称。从广义来讲，POP（Point of Purchase）广告有店外POP和店内POP。店内POP又包括：柜台广告、悬挂广告、地面广告、货架广告、招牌广告、录像广告、有线广播、传单、现场展示、刊物等。而店外广告放在店面设计的范畴，这主要包括：连锁店名称、连锁店招牌、连锁店装潢、橱窗设计、店外环境装饰（如广告牌、霓虹灯等）。店内POP广告处处可见可闻，店内悬挂着各种印有商品图案的彩旗，反映店铺特色的各式横幅，身着时装的模特，旋转柜台里展示的各种商品实物，店内广播播送的商品信息，电视录像里反复播送的商品广告，厂家促销员的现场演示操作等。所有这些店内陈设与布置，都对顾客有着极大的吸引力。

店内POP在时间上和在空间上无疑都比其他任何形式的广告更接近消费者，因而对顾客的消费行为影响最大，也最直接。据调查统计，约有75%的顾客消费行为是在消费场所决定的。也就是说大多数顾客的消费行为受消费环境和氛围的影响。

2．店内POP广告的作用

连锁店内广告是向顾客介绍、展示商品和进行鼓动性宣传活动的促销手段，可以说连锁店内广告对顾客、对经营者、对竞争对手都有重要的影响。

（1）对店方而言。可以代替店员和业务员解释商品特征和使用方法，从而达到节省店员说明时间、提高效率、降低成本的作用；可以引导顾客，吸引其进入连锁店内；可以告知顾客商品降价或优惠信息及产品更新的信息。还可以美化企业和店铺的形象。

（2）对消费者而言。增加顾客购买商品的兴趣，烘托购买氛围；顾客获得及时信息，购物明白便利，心情愉快，成为店铺的忠实顾客；同时面对众多商品，顾客在广告作用下易于下购买决定，激发购买欲望，产生购买行为。

（3）对竞争者而言。是针对竞争对手的一种经营方略，是抢夺顾客的一种手段。不断变化的店内广告招牌，向竞争对手传递一个信息——竞争。

3．店内 POP 广告的类型与制作要求

店内广告形式多种多样，制作要求一般都很独特。无论是创意策划，还是现场制作手段、发布形式都要求别出心裁；特别强调对购买者的视觉效果的刺激，加强购买者的动机，并立即产生购买行为。另外制作 POP 广告的另一要求是能更好地起到美化购物场所的作用，作为一种装饰物，烘托出购物气氛的热烈、紧凑和店铺的繁荣，或在购物场所造成一种双向动感，使购买者的流动与商品的动感相映成辉。下面主要介绍以下几种 POP 广告的特点。

（1）柜台广告。可制作成招贴画或实物广告，也可由广告模特或营业员进行商品展示宣传、操作示范。制作时要注意此类广告的作用是吸引消费者注意、提高对商品差别化认识、直接引起购买冲动，如服装连锁店的模特展示，茶叶连锁店的现场沏茶表演等。

（2）悬挂广告。是天花板、梁柱上垂吊下来的展示商品各种形式的招贴，可制作成标牌、饰物、彩条、旗帜等形式，由于挂在空中不占用商品摆放空间，且若悬挂高度适中，从各个角度都能看到，易引起顾客注意。但正因为其不占用空间，保存时间较长，更应防止其长时间不变，过于陈旧。所以制作时应注意印刷质量的精美、色彩图案对比醒目、大小和悬挂高度适中，并形成某种动感。

（3）地面广告。立于地面上的 POP 广告，有锥形、柱形、瓶形、陈列架、商品形及商品包装物形。因周围是空地，犹如孤岛，故称岛形展示。这种广告如果能旋转，加以照明，光色根据不同商品的颜色、质量进行相互协调，必然产生显著效果，视觉印象会很强烈。但占用面积较大，制作成本较高。

（4）彩色灯箱广告。这种广告的设计是在灯箱上安置事先设计好的广告照片画面，内置电灯等设备。用内置电灯的灯光加强彩色照片的色彩效果，使视觉印象更深刻。各种食品连锁店、快餐连锁店应用这种形式的广告会收到极佳的效果。如食谱、菜谱等。

（5）壁面广告。这种广告形式美化销售现场的作用较强，但较费空间。如海报、装饰旗、垂帘等。多布置于扶梯两侧、上下楼梯两侧、通道对面墙壁等位置。

（6）吊旗。店铺内外都有布置，数量很多，色彩鲜艳，形状有长方形、方形、圆形、三角形、半圆形等，多是展示新产品、特价品、季节品，起烘托气氛的作用，能促使整个广告活动达到高潮。

（7）贴纸。指各种轻巧的小型印刷物、刻字的不干胶纸等，粘贴性较强，可以贴在壁面、玻璃、商品上。一般制作成本较低且方便，但具有较强的营造明亮、欢乐气氛的作用。

（8）文字广告（彩页）。文字印刷广告一般作为其他形式广告的辅助形式，多放置在连锁店的出入口或前台上。有时由店员向过往顾客发放，用以指导顾客的店内行动。文字广告制作上应力求语言简洁、鼓动性强，配图要恰当，能帮助其他形式的广告效果。但要注意顾客情绪，采取自愿取要原则，也不能妨碍店内顾客流动。

4．店内 POP 广告宣传的内容

店内 POP 广告设计和应用，坚持的就是实用主义原则，往往力求达到即时刺激顾客，引起购买行动，提高销售效果的作用。表面上看，店内 POP 广告，形式五花八门，色彩鲜艳夺目，用语新奇有趣，实际在宣传内容上应该是很明确的。

（1）明确广告的主题。广告的目的是促进销售，其主题往往是物美价廉、新商品、新时尚、新功能、宣传促销活动、增值服务等。这些主题的广告传递给消费者，将会促使消费者产生购买行为。

（2）明确宣传的广告对象。要明确它是一种商品，还是一类商品，不明确的话会驴唇不对马嘴。

（3）明确宣传对象的特点。找出商品的特点，并判断这些特点是否是消费者想要了解的信息。如商品的质量是否过关；食品是否保持新鲜；价格是否合算；使用起来是否容易；是否具有某种特殊的价值等。

（4）针对竞争状况设计广告内容。广告的目的性、逐利性决定了进行广告宣传必须针对竞争对手或竞争产品，比较双方的优劣点，宣传自己商品或服务对销售的重要影响，然后再决定广告的内容。

（5）店内 POP 广告必须与其他形式的广告相互配合协调，才能达到最好的效果。

5．店内 POP 广告的制作要点

连锁企业制作 POP 应从以下方面考虑入手：

（1）POP 的制作要与总部进行协调。总部已经印制的，要用总部的店内 POP

广告；总部没有印制的，要在总部的指导下制作，以体现连锁企业的总体形象。

（2）充分利用现有的资源。如厂家的人员和经费，商品的包装，实习的学生，赠送的设备等。

（3）POP 信息的设计。店铺的顾客一般逗留的时间较短，很少在一处长时间停留，所以在 POP 的设计上，应力求简单直接，要把表达的信息直接设计在 POP 上，避免复杂的图形和文字。

6．店内 POP 广告效果的评价

对店内广告招牌（POP）效果的衡量从下面两方面进行：

（1）传递信息是否准确、有力度。店内广告招牌是否很快吸引了顾客的注意力？是否有可能吸引顾客进一步细读？是否明确地表明了主题？是否准确地突出商品的特点？是否能激起顾客的购买行为？

（2）对销售业绩是否有帮助。这是店内广告招牌宣传的最终目的。因为销售量的多少受多种因素影响，如价格制订得是否适当，需求是否旺盛，竞争对手有无推出更好的产品而占据优势。将这些因素剥离得越彻底，越便于分析和评价店内广告招牌的效果。现在应用较多的一种方法是历史分析法，即运用统计技术将过去的销售和过去的广告支出联系起来，衡量广告对销售业绩是否有帮助。

本章小结

连锁卖场内部设计的好坏将直接影响顾客在店铺内部的购买情绪。如果卖场设计得体，顾客就可能提高其购买额，提高其购买的满意度水平，反之则会抑止其购买，进而影响其满意度水平。连锁店铺的卖场设计包含诸多方面：连锁门店卖场通道与服务设施的设计、连锁门店照明与声音的设计、连锁门店色彩的设计、连锁门店其他要素的设计等。因此作为店铺开发方，在进行店铺卖场设计的过程中，一定要慎之又慎。

关键词

卖场　　卖场布局　　POP　　通道

复习思考题

1．请简述连锁店铺卖场设计的原则。

2. 请简述连锁店铺卖场通道设计要求。
3. 出入口设计运用技巧有哪些？
4. 店内 POP 广告的类型与制作要求有哪些？
5. 结合实际分析我国著名的连锁店的卖场布局设计。

实训项目

1. 调查：比较沃尔玛会员店卖场设计与家乐福综合超市卖场设计的不同。
2. 调查讨论：我国连锁卖场的 POP 设计在不同业态上应用会有哪些不同。

案例分析

案例 5-1　仙踪林休闲餐饮店

仙踪林休闲餐饮店是由翰轩国际集团首创的，位于北京前门的仙踪林休闲餐饮店是一家颇具特色的主题餐厅。它以园林景致为主题，配以环保概念的超现代化设计，营造清雅休闲的气氛，整个餐厅布置和菜式搭配都体现了这一主题。

店面以原木加岩石组成，推进木制大门，迎面见到的是一棵巨大的榕树，葱郁茂密的绿叶散发着大自然特有的气息，而粗壮的树干则显示出岁月给其带来的经历。近 10 米宽的吧台以岩石垒就而成，台面以原木铺就。所有的菜品均用毛笔写在 2 寸宽的木板上，一排排的挂在吧台后面的墙壁上。服务人员衣着随意而休闲。店内的桌椅全部用不加任何粉饰的原木制成，每隔 2 个或 4 个座位就用粗大的麻绳加以分割，营造一种古朴的气氛。靠近马路的一排就餐区则与众不同：地面是松软的海砂；所有的椅子全部设计成如树林里的秋千架，秋千架上缀满了大榕树的树叶，衣着随意的青年男女坐在摇摇晃晃的秋千架上，一边品尝各类菜点饮品，一边随意畅谈，如同回到了清新的大自然中。

仙踪林休闲餐饮店的四壁以白色为主调，墙壁上用浮雕手段凸现出一棵棵高矮不一的榕树，天花板则用天蓝色的幕布设计出一种旷远的感觉，同时也巧妙“掩盖”了顶部的各种管道。仙踪林休闲餐饮店非常注重细节的处理：电话架也用原木“随意”制成。洗手间的门上用卡通人物表示男女：分别为戴棒球帽的男孩和梳羊角辫的女孩，两个小孩的眼睛都设计成斗鸡眼样，让人忍俊不禁。

（资料来源：陈放.《餐饮营销》. 蓝天出版社，2005.5）

问题 1：仙踪林休闲餐饮店的特色体现在何处？

问题 2：仙踪林休闲餐饮店的布置有何不足之处？

案例 5-2 商品生动化陈列

可口可乐公司自 1886 年诞生，至今已有 110 多年的历史，但它的销量依然在增加，而且在饮料品牌众多的情况下，消费者仍然选购可口可乐，这靠的是产品的质量和形象的质量。可口可乐的产品质量，大家有目共睹；而形象质量，就是通过市场生动化将产品最好的形象展示给消费者。在可口可乐公司的市场策略中，有效的生动化是其中最主要、最重要的部分之一。可口可乐公司强调，公司的成功与否，往往可以从市场上可口可乐产品的生动化工作做得好坏中看出来。可口可乐公司的市场生动化（即终端建设），非常强调科学化、标准化，其经验值得企业借鉴。所谓生动化是在售点上进行的一切能够影响消费者购买可口可乐产品的活动。生动化原则的内容包括三个方面：产品及售点广告的位置、产品及售点广告的展示方式、产品陈列及存货管理。

生动化工作的目标包括以下 4 个方面：

1）强化售点广告，增加可见度；

2）吸引消费者对可口可乐产品的注意力；

3）提醒消费者购买可口可乐的产品；

4）使消费者容易见到可口可乐的产品。

要达到这些目标，业务员在做生动化工作时必须注意它的 5 个关键方面：

一、货架展示

要考虑 4 个方面的内容——位置、外观、价格牌、产品的次序和比例。

（1）位置。可口可乐强调产品要摆放在消费者流量最大、最先见到的位置上。为此业务员要根据商店的布局及货架的布置，根据人流规律，选择展示可口可乐产品的最佳位置。如放在消费者一进商店就能看见的地方、收银台旁边等，这些地方可见度大，销售机会多。

（2）外观。货架及其上边的产品应清洁、干净。

（3）价格牌。应有明显的价格牌。所有陈列产品均要有价格标示，所有产品在不同的陈列设备中的价格均需一致。

（4）产品次序及比例。陈列在货架上的产品应严格按照可口可乐、雪碧、芬达的次序排列，同时可口可乐品牌的产品应至少占 50%的排面。产品在货架上应唾手可得。包装相同的产品必须位于同层货架上，同时要平行，包装轻的放上面，重的在下面。要注意上下货架不同包装的品牌对应，如上层是易拉罐的可口可乐，则下层的对应陈列就是塑料瓶的可口可乐。这就是所谓的品牌垂直。

当商店无足够的产品陈列空间时，可口可乐公司向客户提供活动货架，以争取陈列存货空间用于陈列销售量大、周转快的品牌和包装。对活动货架的管理，可口可乐也提出了详细的要求：

存货。可口可乐应占公司产品陈列的 50%（垂直陈列），其他品牌则依销售量比例陈列。一般而言，以不超过一种包装、4～5个品牌为原则，陈列于活动货架上。

位置。在超市或自选商场（便利店）的主要饮料区之前；在主要陈列区末端；在竞争者产品之前；靠近相关产品（如小吃区域等）。

包装。塑料瓶包装最适合陈列于活动货架上（除非活动货架是专为易拉罐或利乐包所设计的）；而易拉罐则比较适合进行“落地陈列”。

展示。每一个品牌/包装陈列时，必须清楚标明“品牌”、“包装”、“价格”及特价等促销信息，并确保店内所有价格一致。

落地陈列。落地陈列是为了促销产品，强调某一促销活动（产品/包装）、假日特卖，或者提供高周转产品有更多的存货量所做的陈列。

陈列方式。端型落地陈列，消费者可从三个方面拿取产品。岛型落地陈列应摆放于较宽通道的中央，通常是店里主要位置，消费者从岛型落地陈列的四面可以拿取产品。

二、广告

售点广告能提高售点的形象，把客户引进售点，同时也增加可口可乐产品展示的吸引力、可见度。

广告也要考虑4个方面的内容：位置、外观、选用、售点和买点的广告。

（1）位置。广告应张贴在最显眼的位置，如进门处、视平线处等以吸引消费者的注意力。

（2）外观。广告也代表了可口可乐的形象，因此广告外观应干净、整洁。

（3）选用。广告品的种类很多，在选用时要注意销售什么产品配什么广告，这也是专业水准的一种表现。

（4）售点和买点的广告。生动化是围绕着产品在售点和买点内进行的，因此广告品必须张贴在售点和买点内。

总之售点广告要做到：

广告品必须贴于商店的显眼地方，不可被其他物品遮盖；

海报或商标贴纸必须贴于视线水平，不应太高或太低；

更换及拆除已褪色或附有旧的广告标语之广告物；

不应同时出现两个新旧广告攻势的广告品：当张贴“永远是可口可乐”的广告品时，应同时换除原有“挡不住的感觉”的广告品；

当促销活动结束时，必须将广告品换除。

三、陈列

陈列就是把一些商品有规律地集中展示给顾客。陈列产品生动化的目标是占据更多的陈列空间，尽可能地增加货架上的陈列产品数量。应在售点内多处展示可口可乐的产品。顾客能在越多的地方见到可口可乐的产品，他们买的机会就越多。

（1）陈列位置。可口可乐的产品应陈列在消费者容易看得到的最好位置。

（2）陈列方式。可口可乐产品应集中陈列，同一品牌垂直陈列，同一包装水平陈列。维持每一品牌每一包装至少两个以上的陈列排面，以方便补货及增加产品循环。如有价格促销时必须使用“特别价格标示”，内容应包括“原价格”、“新价格”、“节省差价”及“品牌包装”等信息。包装陈列方式以上轻下重的原则陈列，可依靠地点或商店的不同而调整。总之，陈列分配应依销量大小来决定。

四、冷饮

可口可乐及其他品牌的口味和特殊感觉只有在 0～4 度时才会最好，尝过冰凉可口可乐的人将成为可口可乐产品的忠实消费者。可口可乐公司向经销商提供冷饮设备，如玻璃门冷柜等。在安排冷饮设备时，要考虑以下内容——位置、外观、产品次序和比例。

（1）位置。应选择有明显展示效果、消费者进店能看得见且进出频繁的地点，如收银台附近，同时应量拿掉四周的杂物，扩大视野。

（2）外观。可口可乐的冷饮设备应干净、整洁，同时要保证所有的设备始终处于良好的运作状态。

（3）产品次序和比例。冷饮设备内必须全部存放可口可乐的产品，并且产品的顺序和比例要符合公司的要求。

业务员要正确使用冷饮工具和展示工具。可口可乐公司的冷饮工具和展示工具必须陈列可口可乐的产品。

五、存货

存货有两个内容，即货架上的存货与仓库内的存货。货架上陈列的产品应循环摆放，旧货在前、新货在后，同时也应注意及时补充货架上的产品。仓库内的存货也应注意循环，同时要放在仓库内容易拿取的地方。

概括来说，实施生动化要做到：

（1）产品必须陈列在消费者刚进店时所能看得到的最佳位置；

（2）可口可乐必须占公司所有陈列空间面积的 50%；

（3）所有产品必须除去外包装后陈列；

（4）每一品牌/包装至少要占有两个排面；

（5）每次拜访客户时必须移开损坏或过期的产品；

（6）所有陈列的产品必须有清楚的价格提示；

（7）保持产品陈列、冷饮设备及展示工具整洁；

（8）产品必须集中陈列，同一品牌垂直陈列，同一包装水平陈列。

（资料来源：http://www.i18.cn/，2005-7-26）

问题 1：生动化陈列的目标是什么？

问题 2：可口可乐是如何实现生动化陈列目标的？

第六章 6

连锁门店外部设计

技能目标

- 使学生对连锁门店外部设计的整体有个清晰全面的认识；
- 能清晰描述店铺外观布局的原则和风格；
- 能够遵循门店命名的原则对门店进行命名；
- 能够进行橱窗的设计。

知识目标

- 店面外观布局；
- 连锁店名设计；
- 店标与招牌设计；
- 门店门脸与橱窗设计；
- 连锁门店与外部周围环境的设计。

连锁店铺经营的特征之一是标准化、统一化、规范化，这就要求必须进行连锁店铺的形象塑造。而作为连锁店铺形象塑造的重要内容，连锁店铺的设计与布局必须做到更科学、更实用，要能吸引消费者、能促进商品的销售、能给消费者带来快乐。本章论述的基本点是：由于连锁经营本身具有的“一个店铺是连锁系统里其他店铺的活广告”作用，所以要对店铺的外观内里设计加以重视，这也属于连锁企业识别系统范畴。

第一节　连锁店店面设计的原则与风格

连锁店铺的设计与布局关系到连锁店经营的成败。由于它是一种较微观的经营手段，所以对消费者的影响较大。店铺的外部布局具有方便顾客和广告促销的作用，它可以吸引消费者注意店铺，并进入店铺。而店铺的内部设计和布局（也叫店堂布局），它的本质是以入口为始点，出口为终点的消费通道。科学的店堂布局，可以达成最佳的消费通道，使“消费流”合理流动，促进消费的连续实现。

一、连锁店铺外观设计的原则

1．醒目、刺激消费者的原则

连锁店铺开设的目的是让消费者消费，而消费的前提是进入店铺，进入店铺前必须先关注店铺，而关注店铺的前提是店铺给消费者以刺激。醒目、刺激顾客的手段很多，通过刺激给消费者以愉快的感觉。如爽口的店名，醒目新颖的店名字体，简洁明快的标识，有特色的大门，宽敞的店前广场，五颜六色的条幅等。

2．方便顾客的原则

方便顾客是连锁店铺经营的基本点之一，主要包括以下几点内容：

（1）从交通往来角度讲：方便顾客到达、离去和寻找店铺。

（2）从交通工具停放角度讲：停车场要宽畅方便，进出入畅通无阻，收费要合理。

（3）从进入店铺角度讲：店门外不能有任何障碍物，让顾客能顺利方便地进入商店。

（4）从顾客购买商品的角度讲：让顾客在店内能够方便地接触到所有商品，店内所有商品的摆放都能让顾客看得见、摸得着，不论高处、低处的商品，不用服务人员的帮助就可以自如地取放商品（仓储式商场例外）。

3．促进消费的原则

也就是尽量延长顾客在店内的停留时间，使顾客尽可能地多消费。到超级市场、百货店、便利店购买商品的消费者，即时性购买的比例占 70%～80%。因此丰富、新鲜的商品，会大大刺激顾客的消费欲望。顾客在货架前停留的时间越长，购买商品的可能性就越大。

4．创造良好的购物环境以使消费者快乐的原则

店铺是一个取得顾客好感，让顾客留下美好回忆的空间。除尽可能利用售卖空间达到一举多用，做到照明、音响、装潢布置、气味、温度的有机配合，制造一个良好的、有独特个性的购物环境外，我们还应该重视场外环境的设计。为什么麦当劳的大“M”在很远的地方就能吸引顾客，关键是“M”的设计把麦当劳品牌和消费者的心理感受进行了沟通。他留给消费者的是满意、满足和快乐，自然少不了回头客。

5．安全性原则

连锁店铺是人口聚集的地方，也是货物、资金、设备集中的地方，一旦出现安全事故，损失是严重的。店铺外观设计应侧重于安全事故的防范和安全撤离，所以店门和安全通道的设计对于连锁企业来说是非常重要的。这里的安全事故主要包括倒塌、火灾、毒气、疾病、地震等。

二、店面的风格

随着零售行业的竞争日渐加剧，店面的个性化特色越来越发挥他的重要作用。店面的风格指的就是店铺的个性化特色的外在表现。我们研究店铺的风格主要从店铺内部布局和外观店面设计的角度考虑，本部分主要研究店面风格的功能和店面风格设计策略。

1．店面风格的功能

店面风格的功能主要体现在不同店面的作用上。

（1）反映经营管理者经营理念。一个保守的企业经营者，他是不可能把自己的店面装饰得气势非凡、气吞山河的。

（2）反映店铺经营产品的类别。工业五金类产品与眼镜、化妆品产品的店面风格是大不一样的。

（3）反映企业经营的文化底蕴。我国许多的老字号品牌由于多年的经营，其无形资产价值不可低估。其关键就是文化在起作用。所以他们的店面仍然保持传统的特色，就是文化的继承、就是经营特色的反映。

（4）反映企业经营的不同阶段和经营范围。在一个区域经营的店铺，他的店面风格不可避免的具有当地风格。而跨国集团的经营店面一般情况下应该标准化，以便能够为全球大多数消费者所接受，为各地的不同文化所接纳。

2．店面风格的类型

（1）平铺直叙式风格。这是最常见的店铺店面风格类型。在我们日常生活中，经常路过一些店铺，对他的店面没有任何印象，这是该店面没有特色的结果。这些店铺一般不是快速消费品店铺，多为企业加工店铺。

（2）抒情夸张式风格。这种风格的店面相对较多，多用于青少年产品的店面设计或者新潮时尚产品的店面设计，其功能是烘托气氛，产生联想，愉悦人们的心情。从而引起人们的好奇，并产生进去看看的欲望。如有一个店铺取名“名古屋”，而日本有个城市叫名古屋，这个店铺和城市有关系吗？只有进去看看才知道，那么就有了消费的可能。

（3）兼容并蓄的风格。这种风格的店铺比较少，因为兼容并蓄有可能丧失特色。他主要用于跨区域经营的连锁店铺。比如乡村风味的店铺却用现代化的灯光设备进行店面设计安装；少数民族风味的店铺除了用少数民族文字外还用汉字进行产品店面说明。

（4）前卫时尚的风格。这种店铺店面风格也比较少。主要是青少年产品的店铺，目的是突出店面和产品的个性，张扬自己。比如军体用品店面用绿色和军人形象作店铺设计。雪亮眼镜店的店面用的是玻璃钢门窗，显得里外通透，既体现行业特色又时尚无比，其LOGO红黑白三色的搭配也是非常重要的时尚因素。

（5）体现科技的风格。这种店面风格现在比较常见，在连锁店铺里，国美、苏宁、大中、中复、建设银行都是代表。字体方面得体大方，文字简洁，颜色以蓝色为主，体现科技元素。小门大店面，充分利用店面的广告作用，起到促销的作用，体现以市场为导向的经营理念。取消橱窗，运用玻璃幕墙，里外透明；顾客在里外都可以观察，体现了企业的阳光服务本质。

3. 店面风格设计策略

店铺店面的设计主要包括店名、字体、店标、色彩运用、装饰、门口、台阶、广场、灯箱等内容。所以店面的设计策略应考虑以下方面：

（1）重视经营必须重视门脸。因为门脸是企业经营的外在表现，客户首先看到的是企业店面，正是由于店面的吸引力，顾客才产生进入店铺的兴趣；进入店铺后，店内布局的效果，会对顾客购买与否产生影响。所以店面风格设计的好坏直接关系到店铺对顾客的吸引力。

（2）以目标消费群的审美观进行设计。每一店铺都有自己的目标消费群，以他们的喜好来进行店面的设计本身就是保持个性的体现。这既是店铺对消费者进行调查、与消费者进行沟通的结果，也是对消费者的尊重。

（3）根据服务内容的行业特点设计。由于人们平时受到文化的影响，往往对某些现象有着基本相同的看法，对行业的认识也有相同的特点。如化妆品连锁店的店面应该体现清爽的风格，而鞋店的风格应庄重、踏实、简洁。

（4）根据消费对象年龄设计。年龄不同，心理不同，欣赏、观察事物的角度不同。由于人们回顾自己的过去，常常对现实产生想法，所以我们必须注意根据年龄设计店面风格。如婴儿产品的店面应温馨；青少年产品的店面应活泼一些；青壮年产品的店面应庄重、大方，不能用太艳丽的色彩；老年产品的店面应厚重、凝练。

（5）店面设计要有独创性和唯一性。由于店面是消费者识别店铺的最重要标志，所以店面必须和别的店面有明显的差异，就是说有个性，并且个性是内外统一的，而且店面设计的独创性和唯一性同经营的区域有关系。若想在全国发展连锁店铺，则你的店面必须在全国具有差异性和唯一性。若想成为全球企业，店面的设计必须具有全球范围的适应性和差异性。这里的适应性是指店面的风格在世界各地能够被消费者所接受和认可。

第二节　连锁店名设计

一、门店命名的原则

1．店铺命名时的易读、易记原则

易读、易记原则是对店名的最根本的要求，店名只有易读、易记，才能高效地发挥它的识别功能和传播功能。例如“美佳”、“佳思客”等。如何使店名易读、易记呢？这就要求店铺经营者在为店铺取名时，要做到以下几点：一是名字简洁明快，名称音节为2～3个音节。如“物美”。二是名字独特醒目。名称具有独特的个性，力戒雷同，避免与其他店名混淆。如“7-ELEVEN”，其店名就非常独特；再如盛田昭夫将“SONY”作为公司生产的所有产品的注册商标，并将公司名称由“东京通讯工业公司”改为“SONY”公司，这一名称使SONY公司财运亨通，而且也成为消费者爱不释手的名牌商标；又如“九头鸟”和“九头鹰”就容易混淆。三是名字新颖别致。店名要有新鲜感，赶上时代潮流，创造新概念，如柯达（Kodak）一词在英文字典里根本查不到，本身也没有任何含义，但从语言学来说，“K”音如同“P”音一样，能够给人留下深刻的印象，同时“K”字的图案标志新颖独特，消费者第一次看到它，精神常为之一振，这就更进一步加深了消费者对Kodak的记忆。四是名字响亮动听。响亮的店名也易于流传，易于扩大其知名度，如亿客隆、物美、华联、联华等。五是名字要高气魄、高起点。具备冲击力及浓厚的感情色彩，给人以震撼感。

2．暗示商店经营属性原则

店铺名称应具有暗示商店经营属性的特征，如苏宁电器。但是店名越是描述某类经营商品的属性，那么这个名称就越难向其他经营范围上延伸。因此店铺经营者在为店铺命名时，要充分考虑企业未来的经营战略和品牌延伸问题。使店名过分暗示经营商品的种类或属性时要谨慎。

3．启发店铺联想原则

它是指店铺名要有一定的寓意，让消费者能从中得到愉快的联想，而不是指消极的商店联想。如“物美”使顾客联想到店铺的商品物美价廉；“超市发”让顾客联想到该超市生意兴隆。

4．支持店标原则

店标是店铺经营者命名的重要目标，当店名能够刺激和维持店标的识别功能时，店面识别系统的整体效果就加强了。例如当人们听到“苹果”店名时，立刻就会想起那只明亮的能给人带来好运的苹果，这样苹果这一店名在消费者心目中就留下了根深蒂固的印象。

5. **适应市场环境原则**

店铺命名不仅要考虑经济方面，还要考虑文化地区环境。不同的地区具有不同的文化价值观念。因此店铺经营者要想使店铺连锁化发展进入新市场，首先必须入乡随俗，有个适应当地市场文化环境并被消费者认可的店名。不同的国家和地区，在文化上具有很大的差别。例如，熊猫在我国乃至多数国家和地区均颇受欢迎，是“和平”、“友谊”的象征，但在伊斯兰国家或信奉伊斯兰教的地区，消费者则非常忌讳熊猫，因为它形似肥猪。仙鹤在我国与日本都被视为长寿的象征，而在法国则被看成是蠢汉和巫妇的代表。菊花在意大利被视为国花，但在拉丁美洲有的国家则视菊花为妖花，只有在送葬时才会用菊花供奉死者；法国人也认为菊花是不吉利的象征。所以店铺经营者应本着适应性原则为商店命名，这样才有利于店铺连锁化的发展。

6. **受法律保护原则**

店铺经营者还应该注意，绞尽脑汁得到的店名一定要能够注册，受到法律的保护。现在我国工商局的名称核准就起到这一作用。如美国有一种叫“伊丽莎白·泰勒热情”专卖香水的连锁店，销售业绩非常好，但其连锁专卖店发展到第 55 家时，就被迫停卖。因为它的一家竞争者的产品叫“热情香水”，对方向法院起诉。最后“伊丽莎白·泰勒热情”连锁店不得不改弦易张，重新命名，之前努力付诸东流。

二、连锁店名字体设计

连锁店取了连锁店名后，就应该进行标志字的设计。所以连锁店名字体也称为连锁店的标志字，拉丁语为 Logotype，原来是印刷用语，原意是指两个以上的文字，组成一个固定的整体，因此店名字体也称为组合字体。连锁店名字体是其店面识别系统的构成要素之一，有时还是店铺标志的一部分，它是将企业经营活动中的规模、价值观念、经营理念通过可读性、说明性、鲜明性、独特性的组合字体，在目标市场上进行传播，以达到识别的目的。与普通字相比，连锁店名字体在书写方面除了造型外观上的差异以外，更在于文字间的配置关系，它强调连锁企业的个性形象与整体风格。

1. **连锁店名字体特征**

连锁店名字体具有以下特征：识别性、造型性、易读性、系统性。店名字体作为一种符号，它是连锁店铺店面识别系统的组成部分，能表达丰富的内容。设计专家发现：“由细线构成的字体”易让人联想香水、化妆品、纤维制品；“圆滑的字体”易让人联想到香皂、糕饼、糖果；“角形的字体”易让人联想到机械类、工业用品类。由此可见，不同的字体其含义各不相同，连锁店经营者有必要在店名字体上下一番工夫。例如“雪碧”、“芬达”就将店名字体的比例、形状处理得精致美观，尤其是雪碧中“碧”字一点，是柠檬形象的高度抽象；芬达的“达”字一点，是苹果叶子的高度象征，非常醒目、传神。雪亮眼镜店的“亮”字活泼生动，醒目传神。

2．店名字体的几种类型

不论英文店名字体或汉字店名字体，其字类均可粗分为印刷体、美术体和书写体三类。如果略加细分，可用表 6-1 来表示。

表 6-1

字　体	汉　字	英　文
印刷体	宋体、黑体	古罗马体、现代罗马体 无饰线体
美术体	象形、立体、彩色、附加装饰	
书写体	正楷（大、小楷）、隶书、 篆书（大、小篆）、碑书、 草书（大、小、狂草）	草书体 自由手书体

3．店名字体的性格属性

俗话说“字如其人”，这里“人”指人的性格、脾气、思想等。说明由人写出来的“字”，包含了人的性格、感情，当然也体现企业家的理念和精神。所以不同的字体有不同的性格属性，连锁店名字体的性格属性一般可分为如下几种：方饰线体、新魏碑等显示粗犷、豪放；古罗马体、卡洛林体、仿宋、黑体等显示庄重、典雅；意大利斜体、行书等显示潇洒、飘逸；结构型、草书体、隶书等显示纤巧、秀丽；正圆形罗马体显示古拙、稚气。

由于不同企业具有不同的经营属性，与不同的店名字体属性相吻合，在实践中就形成了一些约定俗成的法则，诸如：

经营化妆品的商店，其店名字体多用纤细、秀丽的字体，以显示女性的柔美秀气；经营手工艺品的商店，其店名字体多用不同感觉的书法，以表现手工艺品的艺术风味和情趣；经营儿童食品与玩具的商店，其店名字体多用充满稚气的“童体”，活泼的字型易与童心相通；经营五金工具的商店，其店名字体多用方头、粗健的字体，以表示金属工具的刚劲坚韧。

一般说来，除了传统的经营工艺品、仿古制品、民间艺术品等的商店，其店名字体用古典体的较多外，其他商店，特别是经营与现代科技、生产和社会生活方式息息相关的汽车、IT 产品、钟表、时装、眼镜等商品的商店，其店名字体制作，都是追求时代感的，因此均应采用现代体字型，以与销售产品的内容属性相吻合。如北京雪亮眼镜公司的“雪亮”二字，就显得飘逸、潇洒，很有时代感。

4．店名字体与色彩

连锁店的店名字体与店面标志多为几种颜色组合，其色调的设计与应用要注意调和。例如补色调和、明暗调和、纯法调和等。著名色彩设计专家鲁凯茨依照文字与底色的配合，根据明视度的顺序将两者的搭配关系排列如表 6-2，以供参考。

表 6-2　标志底色与店名字体色的理想搭配

底色・文字色	底色・文字色	底色・文字色	底色・文字色
1．黄色・黑字	4．白色・青字	7．绿色・白字	10．红色・绿字
2．白色・绿字	5．黑色・黄字	8．黑色・白字	11．绿色・红字
3．白色・红字	6．红色・白字	9．黄色・红字	

北京雪亮眼镜公司店名字体的颜色，在其 LOGO 红、白、黑三色的组合内根据底色选取，它们有的黑底白字，有的白底黑字，“亮”字用红色突出。在众多的店名字体设计中，北京雪亮眼镜公司店名字体的设计是相当突出的。

5．店名字体设计的具体要求

连锁店名字体作为企业店面识别系统的组成部分，它应该能够清楚地表达商品名称和商店标识物的内容。为实现这一目的，连锁店铺经营者在设计企业店名字体时，必须注意以下几点：一是字体一定要与商店经营属性相吻合；二是要符合美学要求，使消费者视觉舒适；三是易于阅读，便于识认。现在一些店铺没有做到前两点，将会产生两个问题，一是该店铺将拓宽自己的经营范围和行业范围；二是营销成本将会增加。

第三节　店标与招牌设计

一、连锁店店标的设计

店标是指商品店面标识系统中可以被识别，但不能用语言表达的部分，是店面标识的图形记号。

1．店标的作用

商店店标与商店名称都是构成完整的商店标识系统的要素。商店店标自身能够创造商店认可、商店联想和消费者的商店偏好，进而影响商店体现出的质量与顾客的商店忠诚度。商店店标的作用如图 6-1 所示。

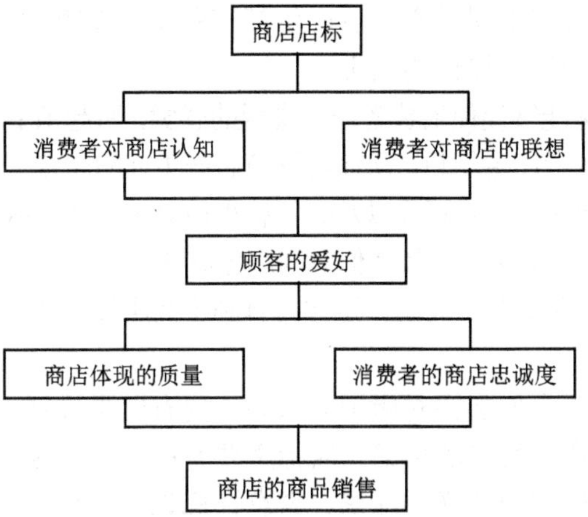

图 6-1　连锁店店标的作用

（1）连锁店店标是公众识别商店的指示器，体现店铺的经营特色。风格独特的店标是帮助消费者记忆的利器。检验店标是否具有独特性的方法是认知测试法。也就是将被测店标与竞争店铺的店标放在一起，让消费者辨认。许多店标放在一块，一般来讲，风格独特的店标会被很快地找出来。辨认花费的时间越短，说明标识的独特性越强，反之则说明越弱。

连锁店店标是一种“视觉语言”。它通过一定的图案、颜色来向消费者传输商店信息，以达到识别商店、促进销售的目的。在公元前 79 年，在古罗马的庞德镇，用色彩在外墙上面一支壶把，表示是茶馆；画有牛的地方表示是牛奶店或牛奶厂；画有常春藤的是油房；画石磨的是面包店等。由此可见，店标的标识作用由来已久。

连锁店店标最明显的是几何学图形。具有意义的图形，能够助长记忆。如图 6-2，上排标识图形似曾相识，故认知率较高，下排标识图形很少见，所以认知率较低。上排图形有月牙、皇冠、星星、十字形；但下排图形表示何种意义，就无以明了了。因此在设计店标时，赋予一定的图形特殊意义就显得非常重要了。

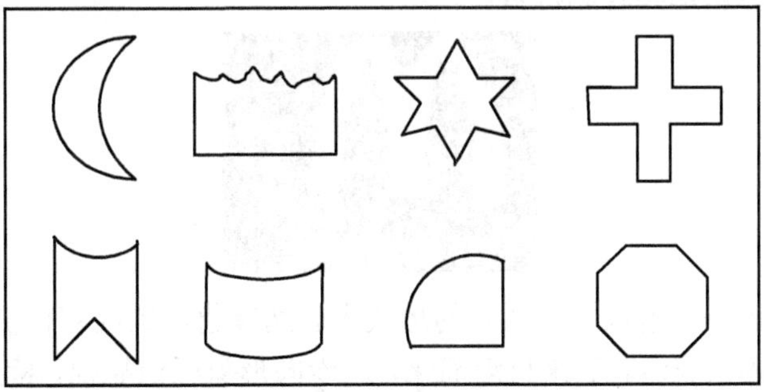

图 6-2　标识几何图

（2）连锁店店标能够引发消费者产生商店联想。连锁店店标能使消费者产生有关商店经营商品类别或属性的联想。

（3）连锁店店标能够促使消费者产生喜爱的感觉，引起消费者的兴趣。风格独特的标识能够刺激消费者产生幻想，从而对该商店产生好的印象。例如米老鼠、快乐的绿巨人、康师傅方便面上的胖厨师以及凯勃勒小精灵等。这些标识都是可爱的、易记的，能够引起消费者的兴趣，并使他们对其产生好感。而消费者都倾向于把对店标的感情（喜爱或厌恶）传递到商品上，这非常有利于商店经营者开展市场营销活动。

2．店标的分类

店标分类有助于人们加强对店铺的认识，更有助于设计者根据各地的文化设计符合民族特色或通用特点的标识。店标主要有：表音式标识、表形式标识、图画式标识、名称式标识、解释性标识、寓意性标识等6种。

表音式标识——表示语言音素及其拼合的语言的视觉化符号。大小写字母、汉字、阿拉伯数字、标点等我们日常用的文字或语素、音素等都是表音标识。如全聚德、Wal-Mart。

表形式标识——指通过几何图案或形象图案来表示标识。表形标识靠形不靠音，因而形象性非常强，通过适当的设计，能以简洁的线条或图形表示一定的含义，同时利用丰富的图形结构来表示一定的喻义。缺点是没有表音标识，不利于消费者将商店店标与商店企业的模拟过程联系起来，因此在使用表形标识的时候，最好能配以企业名称。如建设银行和农业银行的标识、老家肉饼和马兰拉面的标识、麦当劳的标识都具有此特点。

图画式标识——指直接以图画的形式来表达零售店铺经营特征的标识。早期有些商店用图画来表示，后来日渐简化，逐步向形象标识靠拢，特点是画面复杂，一般不利于传播。如有些企业以人物的照片作为标识就是此类。

名称式标识——指商店的店标就是企业的名称，直接把商店名称的文字、数字用独特的字体表现出来。这类商店店标通常将其名称的第一个字母或字艺术化地放大，以使其突出醒目。如 7-ELEVEN 就是将 7 放大；如国美电器。

解释性标识——指对商店名称本身所包含的事物、动植物、图形等，用名称内容本身所包含的图案来作为商店的标识。如苹果电脑的那只诱人的苹果；彪马（Puma）服装的那只美洲豹；骆驼牌香烟的那只骆驼。

寓意性商店标识—— 指以图案的形式将商店名称的含义间接地表达出来的标识。这种标识根据文字、图形等组合因素的不同，又可分为名称字母式标识、名称线条式标识、图画标识三种。名称字母式标识是在商店名称里加上一个字母，以构成独特的商店店标。名称线条式标识即在名称周围艺术化的加上一段线条的标识。图画标识即对商店名称进行加工和提炼，然后再以一定的图画形式将其表现出来的标识，许多世界性的商店多采用这种商店店标。如某当铺的“当”字。

3．连锁店店标设计的原则

（1）简洁鲜明原则。连锁店店标不仅是消费者辨认连锁店的途径，也是提高连锁店知晓度的一种手段。线条繁杂曲折的店标，不利于发挥它的标识功能。正确贯彻简洁鲜明的原则，巧妙地使点、线、面、体和色彩结合起来，才可达到预期的效果。连锁店店标设计多用直线、曲线、圆形、三角形、方形、流线型等。下面是一些图形所代表的特征：

直线：果断，坚定，刚毅，力量，有男性感。

曲线或弧线：柔和，灵活，丰满，美好，优雅，优美，抒情，纤弱，犹疑，有女性感。

水平线：安定，寂静，宽阔，理智，死亡，大地，天空，有内在感。

垂直线：崇高，肃穆，无限，悲哀，宁静，激情，生命，尊严，永恒，权力，抗拒变化的能力。

斜线：危险，崩溃，行动，冲动，无法控制的感情与运动。

参差不齐的斜线：闪电，意外事故，毁灭。

锯齿状折线：紧张，压抑，痛苦，不安。

螺旋线：升腾，超然，脱俗之感。

圆形：圆满，简单，结局，给人以平稳感和控制力。

圆球体：完满，持续的运动。

椭圆形：妥协，中和，不安定。

等边三角形：稳定，牢固，永恒。

（2）独特新颖原则。连锁店店标是用来体现企业的独特个性、独特的品质、风格和经营理念。因此在设计上必须别出心裁，使标识富有特色、个性显著。如马兰拉面的标识为红色的大碗，与兰州人对兰州牛肉拉面的俗称“牛大碗”相吻合。碗上标有英文（也是汉语拼音）“malan”字样，碗的上方两只手又似牛角，与碗形成牛头图案。专业设计使之构图具有鲜明的现代感，再辅以绿色色块，以产生绿叶扶红花的效果，同时大红大绿的应用又体现出中华民族审美的特色。

（3）准确相符原则。准确相符是指连锁店店标的寓意既要巧妙又要准确，商店名称与标识要相符，这样才有利于扩大连锁店的知名度。

（4）优美精致原则。优美精致原则是指连锁店店标造型要符合美学原理，要注意造型的均衡性，使图形给人一种整体优美、强势的感觉，保持视觉上的均衡。并在线、形、大小等方面作造型处理，使图形能兼具动感及静态美。

（5）稳定适时原则。连锁店店标要为消费者熟知和信任，就必须长期使用和宣传。但为了与时代的步伐合拍也要不断改进，以适应市场环境变化的需要。日本花王公司的月亮标识，就是随着时代巨轮的转动，不断地演进。自 1890 年创业迄今，共有 7 次重大的变化。从演进的轨迹来看，显示出其店标越来越靠近现代，越来越符合现代人的感受。

二、店铺招牌

店铺招牌的作用已经被业界所共知，它不仅能引起顾客的兴趣、加强顾客的印象，而且能反映店铺的经营理念和服务特色。

1. 招牌的定义及其理解

招牌是以实物为载体，力求通过精心设计来展示店名标识的一种店铺外观显示物；包括在建筑和店铺的设计中，为了显示建筑和店铺的形象和增加店铺的吸引力，而在店铺外观（上、下、前、后、左、右、墙壁）设计的有字体和店标的各种宣传设施。店铺的外观设计（又叫店铺外装饰）是店铺识别系统的一部分，主要指顾客可以看到的正面、二层以下部分。而且看的最清楚的部分是一层屋檐以下部分，称为商店前面（店面、店前、店头）。

成功的店铺招牌无一例外会重视其外观形象的塑造和设计，而店铺的招牌往往就是吸引流动潜在顾客上门的第一诱因，更可作为店铺所在地的地标。其功能是明确地告诉消费者店铺的所在，并加深顾客对该店的印象，且有助于使店铺风格更为清晰，不失为令店铺崭露头角与渐显锋芒的最好的方法之一。

2. 店铺招牌的类型

经营日常生活用品的商店和饮食店，其标准的店面是在入口处上部一层房檐部分（有的在二层上面）采用房顶招牌、横眉招牌、遮蓬招牌，在房檐的下面采用展示橱窗、透明玻璃门（或者屏风、幕墙）等形式的玻璃店面结构。

常见的招牌大体上可以分为以下几种类型：

（1）直立式招牌。直立式招牌是在店门或门前树立的带有店名的招牌。直立式招牌可设计成各种形状，有竖立长方形、横列长方形、长圆形、四面体形等。为增加可见度，招牌的正反两面或四面体的四面都应设计店铺名称。这种招牌比贴在门上或门前的招牌更能吸引顾客。

一块精致的招牌能起到点缀店铺的效果。在店铺门口设立一块直立式招牌，可以增加店名的可见度，给南来北往的消费者或过往行人都留下好的印象。同时不像门上招牌那样受篇幅的限制，而且在直立式招牌上可以设计美丽的图案。

（2）造型招牌。这里的造型主要指人物或动物的典型造型，以他们为内容而制作的招牌叫造型招牌。这种招牌具有较大的趣味性，能吸引人。店门口树立人物、动物招牌，明显地活跃了店面气氛，增加了店铺的趣味性，如民航售票处的空姐造型。同时可在招牌上列出店铺的名称与特色。人物和动物的造型要明显地反映店铺的经营风格，使人在远处就可以看到前面是什么类型的店铺。

（3）霓虹灯和荧光灯招牌。在晚间，霓虹灯和荧光灯招牌能使店铺明亮醒目，增加店铺在晚间的可见度。比起一成不变的静态灯光来说这种灯光更能活跃气氛，更富有吸引力。同时这些招牌能制造热闹和欢乐的气氛。霓虹灯和日光灯招牌的设计要新颖，别具一格，他们可被设计成各种形状，可采用多种颜色。灯光巧妙的变化和闪烁能产生一种动态的效果。

（4）悬吊式招牌。这是挂在店门口的招牌，悬吊式招牌挂的比较高，比较突出。并且一般双面都印上店铺名称，可使两边过往的行人远远地就看到招牌。它是一种常见的店铺招牌类型。

3．店铺招牌的作用

招牌是以实物为载体，力求通过精心设计来展示店名标志的一种店铺外观显示物。出色的招牌通常具有以下作用：

（1）表明经营范围。招牌标示着主要的服务项目或供应范围。如体育用品专卖店、时装专卖店。

（2）反映经营特色。某些经营中药、书画、土特产的商店有着悠久的历史和良好的商业信誉，可以通过招牌显示出来。如同仁堂、全聚德等。

（3）吸引潜在顾客。如采用各种装饰、名人题字的招牌等手段。

（4）加强口碑的流传。一些新崛起的店铺为顺应时尚、推陈出新，设计出朗朗上口且不易遗忘的招牌。

4．招牌设计的注意事项

为了更好地突出店铺名称，体现店铺的个性特征，便于消费者识别，则需要对招牌进行科学设计，主要需注意以下 5 点：

（1）内容准确。作为向顾客传递信息的一种形式，招牌的设计不仅要追求艺术上的美感，更重要的是内容要准确。店铺招牌所要包括的内容是设计的核心部分，其内容主要为店铺的名称、店铺的标志、店铺的标准特色、店铺的营业时间，尤其是店名和店标（店徽）不可或缺。店名和店标要避免重复、雷同。

（2）色彩搭配合理。一般来讲，所选择的色彩一定要协调，要有较强的穿透力。例如，交通指挥灯之所以采用红黄绿 3 色，就是因为这 3 种颜色穿透力最强，从很远的地方就能看到。色彩协调给人产生一种视觉的舒适感，而穿透力则能从很远地地方让公众注意到。法国家乐福是以红蓝为主色调，深圳天虹商场则采用红蓝绿进行搭配。

（3）选材要得当。制作材料的招牌一定要慎重选择，材质既要经久耐用，也要能在不同环境下产生良好的视觉识别效果。木材、水泥、瓷砖、大理石及金属材料可作为招牌的底基材料，而招牌上的文字、图形可用铜质、瓷质、塑料材料来制作。这些材料各有利弊，可根据实际情况进行选择，趋利避害。

（4）摆放要适当。招牌制作好后，还必须摆放适当，才能够产生预期的效果。招牌的摆放主要有以下 4 种形式：① 横置屋顶型，即在店铺顶部横向设立长方形招牌。② 广告塔型，即在店铺的顶部设立一个柱形招牌。③ 壁面型，即在店铺外墙的一侧设立长条形招牌。④ 突出型，即在店铺墙角摆放不附墙体的招牌。店铺可根据自己的实际情况选择具体的摆放方式。除此之外，要考虑招牌的摆放视点与视角。一般而言，眼睛离地面的垂直距离为 1.5 米左右，因此招牌进行摆放时，应以该视点为中心，上下波动 25°～30°，此范围为招牌设置的易见位置。

（5）要与周边环境相协调。在招牌的设计中，一定要考虑招牌摆放时的周边环境，要考虑与周围的建筑环境、风格是否匹配，与相邻建筑的招牌是否会发生冲突，能否在店铺林立的环境里凸显出来。

除以上 5 点外，还应考虑一些细节问题，诸如招牌的整体格调、造型与字体样式、灯光照明、防风防雨、安全性等。以上任何一项都是店铺招牌取得成功不可或缺的要素。因此，在设计时要注意到环环相扣的各个关系面，做到充分估量。在使每一细节都能够配合妥当的基础下，再行定案动工，方能设计出真正反映店铺风格的招牌。

第四节　门店门脸与橱窗设计

一、连锁店门的设计

一般而言，在繁华地段建起来的连锁店铺不像有些企业那样有极大的空间来表现外观，通常外观设计的资源空间有限。因此在整体外观设计上，更要极力凸显所经营店铺的特色，通过图像、色彩等表现方式的运用来制造一个具有吸引力的门脸。

所有店铺的门脸都是十分重要的，它是店铺形象的重要组成部分。

1．店门的基本类型

（1）封闭型。这种类型的店铺面向大街的一面用橱窗或有色玻璃遮蔽起来，入口尽可能的小些。采用这种形式的多是一些经营高档商品的店铺，如珠宝、影像设备的专卖店。这类店铺的接待对象为少数有钱人，所以橱窗设备不必太突出，要让行人难以看到店堂内部，从而营造一个优雅、安静的购物氛围。封闭型门脸突出了所经营贵重商品的特点，设计别致，用料精细、豪华，使进店的顾客产生一种与众不同的优越感，觉得在这样的店铺买东西自豪，体现了自己的身份地位。

（2）半封闭型。店铺入口适中且玻璃明亮，顾客能一眼看到店内的情景，然后被引入店内。这种店铺外观的吸引力是至关重要的。经营化妆品、服装等中高档商品的店铺多采用这种形式。他们的顾客预先都有购买商品的计划，当看到橱窗陈列时，便会径直走入店内进行选购。

（3）开放型。这种门脸正对大街的一面全面开放且没有橱窗，顾客出入方便，没有任何障碍。在我国南方实行全开放型的店铺多而北方则少些。这是由南北两地不同的气候决定的。在国外，出售食品、水果、蔬菜和小百货等低档日常用品的商店常采用这种形式。

2. 店门的设计

在店面设计中，顾客进出门设计是重要的一环。店门的作用是引导人们的视线并使其产生兴趣，激发人们想进去看一看的参与意识。怎么进去、从哪进去，需要正确的引导来告诉顾客，使顾客一目了然。

（1）店门位置。将店门安放在店中央、还是左边或右边，这需要根据具体人流情况而定，一般大型商场大门可以安置在中央，小型商店的进出部位安置在中央是不妥当的。因为店堂小，直接影响了店内实际使用面积和顾客的自由流动。小店的进出门设在一侧比较合理。

（2）店门性格。从商业经营观点来看，店门应当是开放性的，所以设计时应当考虑到不要让顾客产生“幽闭”、“阴暗”的不良心理，从而拒客于门外。因此明快、通透的门扉才是最佳设计。传统的木门、金属门的封闭性早已不适应时代的发展。

（3）店门与环境。店门设计还应考虑店门前面的路面是否平坦，是水平还是斜坡；前边是否有隔挡及影响店门形象的物体或建筑，采光条件、噪声影响及太阳照射方位也是考虑的因素。

（4）店门材料。店门所使用的材料，以往都是采用较硬质的木材，也可以在木质外部包铁皮或铅皮，制作较简便。后来我国开始使用铝合金材料制作商店门，由于它轻盈、耐用、美观、安全，富有现代感，所以得到普及。无边框的整体玻璃门属于豪华型门扉，由于这种门透光性好，造型华丽，所以现在被许多的首饰店、电器店、时装店、化妆品店、超市等等各种类型的连锁店使用。

（5）店门的精神。主要是指连锁店将连锁企业的经营宗旨、经营战略、企业精神赋予到店门设计中。如有的连锁店门口设有坡道，是为了消费者推购物车方便，体现了服务第一、顾客第一的理念。有的连锁店门口摆了两个大狮子，这主要体现了连锁企业战无不胜、开拓进取、力争第一的霸气。有的店铺则在门口摆上了人物偶像，如麦当劳和日本品川区的T茶叶、海苔店。T茶叶、海苔店在店前设置了一个高约1米的偶像，其造型与该店老板一模一样，只是进行了漫画式的夸张，它每天站在门口笑容可掬地迎来送往，一时间顾客纷至沓来，喜盈店门。

（6）店门的保护。有的店铺的店门容易遭到风吹雨打，有时有大量的灰尘会刮到店内，所以经营日常用品的店铺不得不经常关上店门。对于供应中高档商品的店铺更需采取措施。手段之一就是采取百货店和高级品商店的方法——使用双层门。如果为了避免日光的损害，还可以在店门的上方设置遮阳布。

3．门脸设计应注意的问题

（1）中高档店铺的店面设计。中高档店铺一般店门比较大，店面设计就成为重要的一环。店面的设计必须符合自身的行业特点，从外观和风格上要反映出店铺的经营特色；要符合店铺定位的客户的口味。

（2）与周围店铺要相协调。店面的装潢要充分考虑到原建筑风格与周围店面是否协调，不能为了差异而差异，"个性"虽然抢眼，可是一旦使消费者觉得"粗俗"，就会失去顾客的信赖。店铺装潢有不同的风格：大商场、大酒店有豪华的外观装饰，具有现代感；小商场、小店铺也应有自己的风格和特点。在具体设计与操作时，必须根据店铺的具体情形而定。

（3）自身要协调。在设计店门时，不能仅仅考虑店门的门扇本身，同时要考虑门与周围环境的协调。也就是"以人为本，方便顾客"。比如店门处有楼梯的话，顾客就必须注意脚下，这样就会给顾客一定的阻力感，特别会给老年人和残疾人带来不便。所以当店门与路面有落差的时候，要利用斜坡进行过渡，或者设立扶手。最近京城许多的店铺门口设立了进店的斜坡，就说明了这一点。

（4）要在门口采取安全措施。大理石地板虽然漂亮，但在湿滑的情况下，容易使人滑倒。所以门口最好采用防滑材料铺设，出入口要放置蹭鞋垫（上面刻有店铺的名字），它的好处还有：避免顾客把脚上的泥土带到店里，而且还可以防止灰尘扬起落到商品上，从而减少清扫的麻烦。

（5）店门设计要注意与有关的设备配套设计。比如夏天为防止苍蝇进店，就要挂上塑料门帘，这成了店门不可分割的一部分；有的店铺在门的上面安装空调，夏天保持店铺内部较低的温度，使冷气不外泄；冬季供应暖风，门要经常关闭。如果采用滑动拉门式全开放门的话，顾客进出的时候店门打开的程度比较大，所以会大大的影响暖气的效果。在这些地方使用斜拉门（使用合叶的单开门或双开门）可以减少店内和店外空气的流通，有助于室内保暖。

二、连锁店铺橱窗的设计

在现代商业活动中，橱窗既是一种重要的广告形式，也是装饰商店的重要手段。一个构思新颖、主题鲜明、风格独特、方法脱俗、装饰美观、色调和谐的商店橱窗与整个商店建筑结构和内外环境构成的立体画面能起到美化商店和市容的作用。

1．橱窗的分类

（1）综合式陈列橱窗。综合陈列橱窗是指将许多不相关的商品综合陈列在一个橱窗内，以组成一个完整的橱窗广告。这种橱窗陈列由于商品之间差异较大，设计时一定要谨慎，否则就会给人一种"什锦粥"的感觉。

综合式陈列方法主要有：横向橱窗陈列（横向分组陈列）、纵向橱窗陈列（纵向分组陈列）、单元橱窗陈列（分格支架陈列）。

（2）系统式橱窗陈列。大中型连锁店铺的橱窗面积较大，可以按照商品的类型、性能、材料、用途等因素分别组合陈列在一个橱窗内。又可具体分为：同质同类商品橱窗（如各种自行车橱窗）、同质不同类商品橱窗（如各类皮具橱窗）、同类不同质商品橱窗（如各种化妆品橱窗）、不同质不同类商品橱窗（如运动器材橱窗）。

（3）主题式橱窗陈列。主题橱窗陈列是指以一个广告主题为中心，围绕某一特定的事情，组织不同品牌或同一品牌不同类型的商品进行陈列，向媒体受众传输一个诉求主题。例如节日陈列、绿色食品陈列、丝绸之路陈列、奥运商品陈列、事件陈列等。

（4）特写式橱窗陈列。是运用不同的艺术形式和处理方法，在一个橱窗集中介绍某一关键的产品。主要有单一店铺商品特写陈列和商品模型特写陈列等。这类陈列适用于新产品、特写商品的广告宣传，如只陈列一台新型电脑或摆上汽车、酒瓶模型。

（5）季节式陈列。是一种根据季节的变化把应季商品集中进行陈列的方法，满足了顾客购物的适时性需求，有利于扩大销售。

2. 连锁店铺橱窗设计

（1）基本要求。商店的橱窗多采用封闭式，便于充分利用背景装饰，管理陈列商品和方便顾客观赏。橱窗的规格应与商店整体建筑和店面相适应。

橱窗底部的高度一般以离地面 80～130 厘米成人的眼睛能看见的高度为好，所以大部分商品可从离地面 60 厘米的地方进行陈列，小型商品从 100 厘米以上的高度陈列。电冰箱、洗衣机、自行车等大件商品可陈列在离地面 5 厘米高的部位。

橱窗陈列要反映出连锁店的经营特色，使媒体受众看后就产生兴趣，并想购买陈列的商品。

季节性商品要按目标市场的消费习惯陈列，相关商品要相互协调，通过排列的形状、层次、顺序、底色以及灯光等来表现特定的诉求主题，从而营造一种气氛，使整个陈列成为一幅具有较高艺术品位的立体画。

要有一定的“艺术美”。橱窗实际上是艺术品陈列室，通过对产品进行合理搭配，来展示商品美。它是衡量连锁企业经营者的文化品位的一面镜子，是体现连锁企业经营环境文化、经营道德文化的一个窗口。顾客对它的第一印象决定着顾客对商品的态度，进而决定着顾客的进店率。

（2）背景要求。橱窗背景是橱窗广告制作的空间，它类似室内布置的四壁，有较严格的要求。背景颜色的基本要求是突出商品，而不要喧宾夺主。形状上一般要求大而完整、单纯，避免小而复杂的繁琐装饰。颜色上尽量用明度高、纯度低的统一色调。如果广告宣传商品的色彩淡而一致，也可用深颜色作背景。

（3）道具要求。道具包括布置商品的支架等附加物和商品本身。其要求是支架的摆放越隐蔽越好。一定要突出广告商品，占用的位置要比商品少许多。常用的有机和无机玻璃材料作道具适应面较广。布料道具的颜色一定要和广告商品有一定的差异。如果是服装用道具模特，其裸露部分如头脸、手臂、腿等部位的颜色和形状，可以是简单的球体、灰白的色彩，或者干脆不用头脸，这样反而比真人的模特更能突出服装本身。商品名称、企业名称或简捷的广告用语的位置要巧妙安排在台架等道具上。例如电冰箱橱窗陈列应以皮、毛类材料作背景，颗粒材料作底面，更能突出电器产品的表面金属质地感。

（4）灯光要求。光和色彩是密不可分的，按舞台灯光设计的方法为橱窗配上适当的顶灯和角灯，不但能起到一定的照明作用，而且还能使橱窗原有的色彩产生戏剧性的变化，给人以新鲜感。对灯光的要求一是光源隐蔽，色彩柔和，避免使用过于鲜艳、复杂的色光，尽可能在反映商品本来面目的基础上，给人以良好的心理印象。例如食品橱窗广告用橙黄色的暖色光，更能增强人们对所做广告的食品的食欲。而家用电器橱窗陈列，则用蓝、白等色光，能给人一种科学性和贵重的心理感觉。其次，现在的橱窗陈列设计，要充分利用滚动、旋转、振动等机械和电子的道具，给静止的橱窗布置增加了动感，利用大型彩色胶片制成灯箱，制作一种新颖的具有立体感的画面等。

总之，现代橱窗广告制作不但要随着科学的发展、设计思想的更新，从形式、内容等方面不断充实提高，而且在设计制作上注意广告宣传的目的，切勿喧宾夺主，否则橱窗设计仍然是不会成功的。

3．橱窗设计的注意事项

第一，考虑防尘、防热、防淋、防晒、防风、防盗等要求。

第二，季节性商品，必须在季节到来之前一个月预先陈列。

第三，容易液化变质的商品，如食品糖果之类，以及日光照晒下容易损坏的商品，最好用其模型代替或加以适当的包装。

第四，应经常打扫卫生，保持清洁。

第五，橱窗陈列应勤加更换，尤其是有时间性和容易变质的商品。更换最好于晚间进行。

第五节 连锁门店与外部周围环境的设计

一、停车场设计

1．连锁店停车场的设计重要性

商场的停车条件是现代化综合性百货商场、大卖场、仓储商场存在的基本条件之一。从某种意义上说，现代社会是汽车社会。在经济发达国家，小汽车已经成为人们的主要交通工具，逛商店采购商品自然要依赖它。于是兴建供顾客专用的停车场，成为了商店必不可少的设施。美国稍大一点的商店都有停车场。美国大商店的营业面积与停车场面积之比有时达到 1:1 甚至 1:1.5。

在我国，开车购物也已经成为许多顾客采用的购物方式。停车设施是顾客选择购物场所的重要参考因素，如果开连锁店，尤其是大型连锁店，如购物中心、百货店等业态，必须考虑停车的问题。购物场所一般设有停车场和相对的停车设施。很多超级市场、仓储式商场由于在规划时停车问题考虑不周，影响了顾客到店的次数。因为没有方便的停车设施，顾客多会过门而去。西文国家城市中心商业之所以出现萧条，就是由于停车困难，而郊区购物中心发展的一个重要原因则是停车便利。

在日本 55%的饭店建立了顾客专用的停车场，平均停车能力为 10 辆。在日本东京市内的超级市场都设在百货公司的地下室，而且有市区便捷的交通系统直通其店的地下，可以不必考虑停车问题；如果在郊外则必须考虑，否则无法吸引顾客；相反便利店则无必要。

2．连锁店停车场设计基本要求

目前，城市土地可谓寸土寸金，如果开连锁店，尤其是大型连锁店，如购物中心、百货店等业态，必须考虑停车的问题。而在我国的大中城市，公共交通还不十分发达，再加上提倡私人购车，私车数量不断增加，原来的店铺门口停车场很小，所以车辆的停放问题相当突出。如北京的汽车达 300 万辆，而市内车位数不足其一半。如何进行停车场的设计，需要做很多方面的工作。停车场设计的要求主要有以下几点：

（1）停车场的大小要视连锁店的面积决定。平常以 15%～30%为宜。大型购物中心、超级购物中心、仓储会员店可适当增加，如东方家园家庭装修装饰建材超市、北京沃尔玛会员店等其停车面积都在几万平方米以上。

（2）停车费用的问题。企业要对以下内容作出决策：是商业化运作？还是公益化运作，提供免费停车服务？现在的大中城市已经出现了停车经济，停车问题也已经是城市经济和城市经营的重要内容。停车场商业化收费收多少合适，如何划分收费时间段，这些问题还有待解决。在我国大中城市，收费每小时 5 元以上的有不少，也有一小时收 1 元的，还有白天晚间的收费问题。2004 年北京中国国际展览中心汽车展时，周围停车场的收费最低达到每小时 10 元。专家认为连锁店的停车问题要想解决有以下两种方式：一是纳入法制化轨道，即国家物价部门根据地理位置、商场等级、车位数量等参数制定一个指导价，由企业参照执行。另一个方式就是停车场和商店合作，根据消费者的购物数量决定收费标准。如购物多少元以上免费，多少元以上收基本费用，也就是买的商品越少，停车场给的优惠也越少。

（3）停车数量的问题。停车场全天累计停车数量，一般相当于最大停车能力的3～5倍。如果顾客在连锁店停留的时间平均为1小时左右，停车场累计停车量为最大停车能力的5倍；如果顾客滞留的时间为2小时，1天累计停车数量为最大停车能力的3倍。如果连锁卖场营业时间从上午9时至晚上19时，全天累计停车数量为5 000辆，则停车场的最大停车能力不小于1 500辆。

（4）配备与其规模相适应的停车设施。无论大小购物场所都需要有停车设施，但其规模不同，停车设施的内容也各异。小型购物中心有停车场和加油站就可以了；中型购物中心除了有停车场和加油站外，通常配有洗车设备；大型购物中心需要更加完备的停车设施，应包括汽车维修中心。

（5）对停车场的出入口要进行良好设计。停车场的出入口不要选择在主干道上，而要选择在次干道上离主干道较近的位置。出入口应由专人负责管理和收取费用。

3．停车场设计基本模式

停车场的设计基本有两种模式，如图6-3所示。

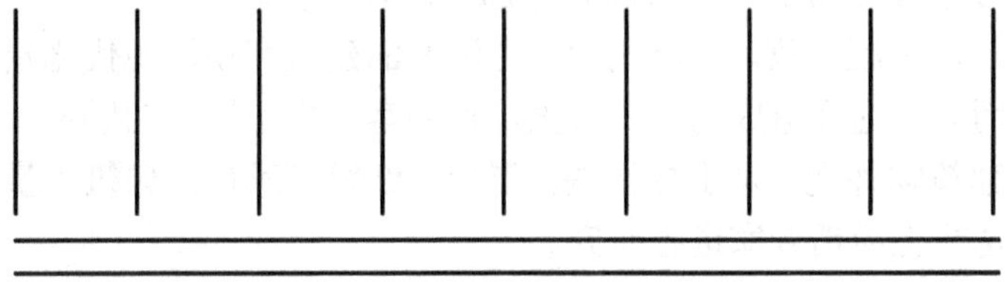

a）

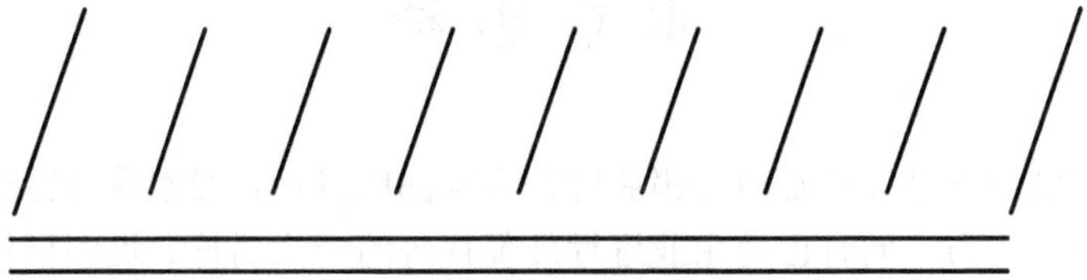

b）

图6-3　停车场设计的两种模式图

二、连锁店铺周边道路、绿化、相邻建筑协调的设计

1．连锁店与周边道路的关系

连锁店一般设在交通要道处或位于大型社区的中心地带，其和道路的关系主要有以下几点：

（1）连锁店的车辆不能影响社会公共车辆的运行。

（2）顾客通达连锁店很方便，国外许多连锁店设在高速公路的出口处。

（3）停车场出入口不设在主干道上，这是大城市规划的基本要求。

（4）店铺前应有较多的车站，以保证有一定的客流。

2．连锁店周边绿化的设计

连锁店周边绿化关系到整个店铺的环境。店铺周边绿化存在的形式主要是树木、花坛、草坪等。树木包括树种的选择、分布；楼前应为落叶树，如槐树；楼后为常绿针叶林，如松树。花坛、草坪主要包括面积大小、形状、草种类型等，设计得好可以起到美化连锁店形象的作用。公共绿化系统一般由点、线、面、环四大类组成。店铺周边绿化可借鉴此类布局特点进行设计。

3．连锁店与周边建筑的关系布局

在欧美发达国家，许多店铺的设立往往由连锁店自己购地建设店铺，所以如果在郊区建立大型连锁店，如果周围建筑少，则可根据自己的特色规划、开工、建设。如果在人口稠密的城区市里建设连锁店，则必须考虑与周边建筑形成相得益彰、互相衬托的协调关系。其主要有以下几点要求：

（1）距离道路的距离应远近一致，形成横看一条线的景观（也就是距离红线的距离应差不多）。

（2）高度上要相得益彰，太高太低都显得有失协调。

（3）建筑风格应一致，不能民族特色浓厚的建筑和使用现代化建筑外观材料的大厦并肩而立，这样造成的反差太大，使顾客产生不愉快的感觉。

（4）在建筑物外观色彩上要协调，黑白、红绿等颜色的建筑尽量不要搭配在一起。颜色选择上应请专家进行研究。

本章小结

连锁店铺的外部设计是对连锁店铺外部脸面的设计，对消费者能否进店铺购物具有重要影响力，同时也是企业进行外部宣传的一张名片。连锁店铺的外部设计包括店面外观布局设计、连锁店名设计、店标与招牌设计、店门脸与橱窗设计、连锁门店与外部周围环境的设计等。由于一旦作出选择，很难进行改变，因此店铺开发者对于店铺的外部设计同样应慎之又慎。

关 键 词

店名　招牌　橱窗

复习思考题

1. 连锁门店命名的原则是什么？
2. 店标与店铺招牌设计有哪些技巧？
3. 如何理解店门的性格与精神？
4. 连锁店铺橱窗设计应注意哪些问题？

实 训 项 目

以小组为单位，完成一份店标与店铺招牌的设计。

案 例 分 析

案例 6-1　麦当劳店面设计成功分析

一、麦当劳的店铺设计

麦当劳是世界著名的快餐连锁企业，在开店国家受到了广大消费者的普遍赞誉。麦当劳之所以取得这样辉煌的成就，除了它高质量的产品、先进的制度、优良的服务外，其优秀的店铺设计也是重要的原因。

一般情况下，在建筑装潢和设计布局方面，大多数连锁店都有一个“标准模式”或“原型”，新开出的连锁店要以其为标准，在建筑装潢和设计布局方面统一形象。如全世界的麦当劳餐厅都有一个金黄色“M”形的双拱门，都以红色和黄色为主色调，柜台设计以 92 厘米为标准。店铺内的布局也基本一致：壁柜全部离地，装有屋顶空调系统。这是麦当劳不断进行标准化工作努力的结果。麦当劳以红色和黄色作为店铺的主色调，是运用色彩心理学的结果。就拿交通信号来说，红色表示“停”，黄色表示“注意”，麦当劳把招牌的底色做成红色的，而上面的代表麦当劳商标的 M 则是黄色的。红色令人驻足，黄色提醒你注意，于是人们便会不由自主的走进餐厅。麦当劳规定柜台的高度为 92 厘米，道理在于：顾客不论高矮，人们最适合从口袋里掏出钱来的高度就是 92 厘米。

二、麦当劳店面设计成功分析

对于一个面积有限的快餐店来说，店内、店外的设计是烘托该店“性格”与气氛的首要因素。乐天利与麦当劳所给予顾客的感觉差别，首先是体现在店面设计的细微不同上。

门面设计：麦当劳金黄色的“M”标识全球统一，早已为人们所熟识，其亲和力在消费者的心目中也已根深蒂固；作为麦当劳的竞争对手乐天利，却显然缺乏设计水准：中央大街分店的门面很狭窄，门前虽然摆放了一个孩子们喜爱的米老鼠，但其店门过于狭窄的设计却总让大多数普通人有一种类似于一般酒吧的感觉，不愿“只身深入”。

墙面设计：麦当劳店内的墙面上，挂有各种各样的卡通、乐园类图画，还有五颜六色的小旗帜、剪图、绿树、红花等等，随意而挂的设置烘托出了一种无拘无束的乐园氛围；乐天利也有各种小剪图挂在店内，但数量很少，店内四壁除了一些墙灯外，几乎没有其他设计，给人感觉庄重、传统。

提示语：麦当劳墙上的提示语是：“请您妥善保管好自己的贵重物品”。乐天利的提示语则是：“贵重物品请妥善保管，丢失概不负责！”和“偷窃者送法办”。可以看出，麦当劳的提示语轻柔；乐天利则显得生硬，无形中把消费者推到了自己的对立面。

桌椅摆放：麦当劳的桌椅摆放大体上比较随意，尤其是在不同的角落，也巧妙地做到了因地制宜；而乐天利的桌椅则摆放得整整齐齐，与一般餐馆的桌椅摆放没太大差别，这在无形中容易给来客一种商业场所的心理定型。

洗手间：麦当劳让顾客随时随地感受到温馨、轻松的理念真是无处不在。在中央大街麦当劳分店的洗手间墙面上，也贴着“开心一刻”的幽默与笑话；而乐天利似乎根本就想不到这一点。

其他：为了照顾到顾客的各种闲情逸致，麦当劳还在店内专门设有报纸栏，以便有兴趣的消费者阅读；又备有小推车，以便使带着还不会走路的小孩前来光顾的顾客能够更方便，胜似在家一般；在麦当劳店内的过道边，设有“希望工程捐款箱”，箱上的标语是：“麦当劳与您共献爱心！”箱上设计着麦当劳的“M”标识。这些都无形中提升了麦当劳的亲切形象。在乐天利我们则看不到这些东西。

不难看出，麦当劳的所有设计都是围绕随意、轻松、温馨的原则灵活进行的，因为他们意识到快餐店更重要的是一种休闲与放松的场所。而乐天利则没有意识到这些，设计上也就不可能摆脱传统餐饮店的设计框架。

（资料来源：中外营销策划网　2006年10月）

问题1：店面设计应考虑哪些因素？

问题2：麦当劳店面设计成功之处在哪里？

案例 6-2 “群羊围攻”小肥羊商标

5 日，“小肥羊”商标又起争端，国家工商行政管理总局商标评审委员会被企业推上法庭——陕西小肥羊实业有限公司、西安小肥羊烤肉馆起诉国家商评委，称小肥羊商标为通用名词，被注册为商标是个错误。小肥羊餐饮连锁有限公司作为第三人出庭。

一、庭审同行在法庭上撕破脸

2004 年 11 月，内蒙古小肥羊刚刚获得驰名商标认定，就遭到“群羊围攻”。包括陕西小肥羊实业有限公司在内的 4 家餐饮企业联名向国家商标局提出行政复议，要求收回“小肥羊”驰名商标的认定，认为“小肥羊”是通用名称。后来，两家“小肥羊”退出争端。而河北“小肥羊”刚刚败诉，陕西“小肥羊”在北京与内蒙古“小肥羊”继续争夺这一金字“招牌”。

在法院门口，西安小肥羊烤肉馆的人分发餐巾纸包，为庭审造势。在法庭上，西安小肥羊烤肉馆在质证阶段发难内蒙古小肥羊餐饮连锁有限公司，称内蒙古小肥羊提交法庭的证据是伪造的。而内蒙古小肥羊也不甘示弱，称西安小肥羊烤肉馆 2000 年 6 月才获得营业执照，此前的经营行为为非法无照经营。

二、争议“小肥羊”是不是通用名称

此案争议的中心焦点还是“小肥羊”是否为“通用名称”。两原告坚持认为，以肥羊作为服务招牌、菜品名称使用不可避免。如果允许“小肥羊”名称作为商标注册，违反公平原则。两原告提出，目前全国有 5 000 多家“小肥羊”餐饮企业，如果内蒙古小肥羊餐饮连锁有限公司注册成功“小肥羊”商标，这 5 000 多家小肥羊的利益将面临重大损失。

而内蒙古“小肥羊”针锋相对：“不能因为有很多人仿冒耐克，就说耐克是通用名称吧!”在小肥羊成为知名服务的特有名称之后，出现众多“搭车”的企业，这些企业的行为是侵权行为。

三、维权当庭呈上生效判决作证据

其实早在 2003 年，内蒙古小肥羊餐饮连锁有限公司的官司就在全国遍地开花。在新疆、北京、河北等地诉讼均胜诉。刚刚在河北胜诉的判决也作为其当天提交的证据。

内蒙古小肥羊餐饮连锁有限公司法务中心主管徐珂介绍说，“小肥羊”成名后，“搭车”侵权时有不断。有的企业在“小肥羊”三个字前加上“天意”、“绿草地”等帽子；有的企业起名为“小狗羊”、“小胖羊”、“小羊肥”；最可气的就是以

前加盟小肥羊的企业，在加盟合同期满或者合同因故终止后，自立门户继续使用“小肥羊”的招牌。内蒙古小肥羊法务中心工作人员不无得意地表示：“在生效判决中，我们公司还没有败诉的。”

四、质疑“小肥羊”作餐饮商标有不妥

虽然内蒙古“小肥羊”在维权官司中屡战屡胜，但仍有专业人士称，“小肥羊”这一商标有内在缺陷。因为肥羊本身是一种原料，其显著性和创新性都不高。小肥羊作为商标，很容易被同行一起共用，使得人们对小肥羊的品牌意识逐渐淡化。业内人士认为，企业在注册商标时，还应更注重显著性和创新性，避免使用原料名称。

（资料来源：http://www.bokee.net，2006-01-11）

问题 1：群羊为何围攻小肥羊商标？

问题 2：你认为“小肥羊商标”有何不妥？谈谈你的观点。

第七章 连锁门店商品陈列设计

7

技能目标

- 掌握连锁门店商品布局与陈列的相关原理，能够进行描述；
- 能够运用商品陈列设计的基本理论与技术进行陈列设计；
- 能够发现卖场中商品陈列存在的问题，并进行更正。

知识目标

- 连锁门店商品布局的原则和方法；
- 连锁门店商品陈列原则；
- 连锁门店主要大类商品陈列技巧。

连锁门店内部商品的陈列至关重要。好的陈列不仅能够很好地表达其所陈列的商品，同时还能够诱发消费者的购买热情。陈列是有其自身规律的，为此，门店的管理人员必须要对陈列进行相关研究，找到规律，以便能够根据门店的具体场地情况、商品的具体类别进行合理陈列展示。

第一节　连锁门店商品配置策略

一、连锁门店商品布局的原则

连锁门店商品布局主要是指根据商品分类、销售状况、价格高低和顾客活动规律等因素把商品摆放到适当的地方。商品布局本身即具有较强的促销功能，有利于方便顾客购物，有利于店铺环境设计，有利于节省经营者的人力和时间。

连锁门店商品布局应主要遵循以下原则：

1．有利于促进商品销售和便于提供服务

销售商品和提供服务是经营者开店的目的，连锁门店的商品布局设计必须遵循促进商品销售和便于提供服务的原则。

2．方便顾客

连锁门店的商品布局设计应便于顾客在消费过程中容易发现、找到想买的商品，便于商品的获得、搬运，便于顾客获得服务，节省顾客购物时间。

3．节约成本

连锁门店有效的商品布局可以使顾客在短时间内完成消费过程；为适应顾客消费需要，店方在不断调整商品布局时要考虑到节约运营成本的原则。

4．统一性和灵活性相结合

连锁企业本身的经营特点决定了连锁门店的商品布局一般情况下应坚持统一性原则；但在个别情况下应采取灵活性原则，以适应某些有民族文化特点的地区消费者的消费习惯。

二、连锁门店商品布局的影响因素

连锁门店商品布局与连锁企业所经营的商品品种、经营方式、经营场地等密切相关，良好的商品布局是经营者经营思想的体现。

1．主力商品或主力品种

主力商品是指商店销售的商品中顾客购买频率最高、购买量最大、购买力最强的商品。根据“二八原则”，占总商品 20%的主力商品，销售额占到总销售额的 80%。顾客在连锁门店购物时，在店铺入口附近不可能找到所有想要购买的商品。将一个店的主力商品或品种安排在店内若干重要的位置，而且尽量往里，从而诱导和吸引顾客进店寻找，让顾客在不知不觉中不断深入，走遍店内各条通道，是店铺重要的销售法宝。

2．入口的多少

出入口是驱动顾客的流动力泵，具有驱动作用。好的出入口设计能够自然而然地推动顾客流从入口到出口，按顺序浏览全店而不留死角。在选择出入口时应根据连锁门店前行人的流动路线，选择行人经过最多、最近的方向与位置作为入口。只有先引导顾客进入商店，才能促成生意，所以在布局时应以入口为先。入口不仅能吸引顾客，方便消费者进入，还有分流顾客的作用。分流的方法之一，就是对入口数量加以限制。入口的数量应因地制宜，合理设置。在面积较小的店铺中，一般只有一个入口；面积较大的店铺，一般设有两个或两个以上的入口。若有两个入口，则客流立即分流。但入口不宜太多，否则会给主力品种布局、优势货架安排带来难题。要根据店内面积大小、商品品种多少、客流量大小来安排。

3．货架的开闭

货架的开闭是指在某些通道前面是放置较长、阻挡通道的封闭式货架还是放置断开的、允许客流通过的开放式货架。封闭式货架使客流不至于在通道前面被大量分流，从而使大部分顾客能够在主通道行进较长的距离。开放式货架使客流中途大量分流进入中央陈列区，顾客在主通道上面对主力商品的时间有限。这两种货架摆放模式还使得中央陈列区货架的重要性发生一些变化。开放式货架使得靠近收银台的货架位置较好，封闭式货架使得靠近主通道的货架位置较好。

4．端架

端架指位于货架两端、距离通道最近、顾客首先看到的陈列位置，是顾客在卖场回游经过频率最高的地方，也是相对诉求性最强、销售力最高的陈列位置。端架可用来销售大批量的、热销的、特价的产品，是 POP 的重要陈列位置，可以吸引顾客驻足挑选，使顾客从主通道或其他区域进入端架区并进入中央陈列区域，减缓顾客流动速度，使顾客多头流动。

5．堆头

堆头即促销区，通常用栈板、铁筐或周转箱堆积而成，是陈列于商店入口处、主通道、开阔空间上顾客最容易看到、最佳的商品布局位置；是诉求力最强、销售力最高的地区之一。堆头随时都会吸引顾客注意，减缓顾客流动速度，并分流顾客。

三、连锁门店商品布局的重要理论

1．顾客流动规律

一般意义上讲，顾客流动主要表现有 8 种情况，从中反映出顾客流动遵循一定的规律。

第一种情况，顾客进入连锁门店后，先围绕主通道浏览一周，然后进入卖场的中间陈列区选购自己需要的商品；第二种情况，顾客在沿着主通道浏览的途中进入卖场中间陈列区，选购好商品后再回到主通道，最后到收银台结算付款；第三种情况，顾客只在主通道选购商品，然后直接到收银台付款；第四种情况，顾客在主通道的选购途中，没走完主通道就进入卖场中间陈列区购买商品，然后直接到收银台付款；第五种情况，顾客没有走完主通道，中途穿过中间陈列区，直接到收银台付款（在主通道已购完商品）；第六种情况，顾客走完主通道的大部分，在主通道往回返，再进入中间陈列区选购商品，然后到收银台付款；第七种情况，顾客进入主通道没多远，就突然进入中间陈列区选购商品，然后到收银台付款；第八种情况，顾客进入店铺以后，直奔要购买商品的货架，然后购货付款离去。

从以上 8 种情况可以看出，顾客在大多数情况下是按下列顺序在店内流动的：先进入主通道，然后进入中间陈列区，再回到主通道，最后到收银台付款。因此在进行商品布局时，主力商品或主力品种应放置在主通道，次要商品、关联商品放置在中间陈列区；畅销商品要在通道上均匀布置，力求使顾客走完全部主通道，然后再进入中间陈列区。

2. 商品重要性递减规律

商品重重性递减规律即消费者购物顺序排列问题。连锁门店面对的主要消费对象是居民个人。不同商品在居民生活中的地位和重要性不同，具有一定规律。其中，食品和副食品在居民生活中的重要性最强，日常生活用品在居民生活中的重要性次之，厨房用品在居民生活中的重要性最弱。顾客对食品的购买顺序是生鲜食品→半生鲜食品→冷冻食品→调味品→一般食品→膨化食品→日用食品，顾客对食品的购买顺序显示了不同食品在居民生活中的重要程度不同。而顾客对生鲜食品的购买顺序是蔬菜→水果→鱼类→加工肉类→加工半成品等，反映了不同生鲜食品在居民生活中的重要程度不同。消费者购物顺序排列，就是要做到按消费者的实际购物顺序确定第一磁石商品到一般商品，确定大分类到中分类、小分类，从而进行商品布局。

3.“磁石”理论

“磁石”理论的关键在于“磁石”商品。所谓“磁石”商品，是就商品对顾客的吸引力的一种形象化说法。虽然连锁门店经营的品种以大众日常生活必需品为目标，但其中不同商品类型、品种由于种种原因构成对顾客不同程度的吸引力。根据这种吸引力的不同，可以分为不同的系列，相应地给予以不同的位置安排，这就是磁石理论。第一磁石到第五磁石商品的类型和布局特点如下。

第一磁石商品（沿着主通道）：第一磁石商品的类型包括（1）消费量大的商品；（2）消费频率高的商品；（3）主力商品；（4）进货能力强的商品。五种类型的磁石商品中，最重要的是第一磁石商品。该类商品陈列在主通道两侧，是消费量最大、消费频率最高的日常生活必需品，所以安排在主通道两侧才有吸引力。为了买到每日生活必需的这些商品，顾客自然而然会走过主通道全程。

第二磁石商品（主通道沿线穿插），都应具备第一磁石商品特征，第二磁石商品的类型包括（1）前沿品种；（2）引人注目的品种；（3）季节性品种（时令性品种）。第二磁石商品是穿插在第一磁石品种中间，一段一段地引导顾客向前走的品种。第二磁石品种需要超乎一般的照度和陈列装饰，以最显眼的方式突出表现，让顾客一眼就看出其与众不同的特点。第二磁石品种需要隔一定时间便进行更新，保持其基本特征。

第三磁石商品（端架），部分具备第一磁石商品特征。第三磁石商品的类型包括（1）特价品；（2）即将大众化的厂家、商店商标品种；（3）季节性商品（时令性品种）；（4）时令性品种；（5）厂商促销品种（新产品）。第三磁石是端架商品，是陈列在出口对面或通道旁端架上的品种。面向墙壁一面端架的商品要具备第一磁石商品的特征，第三磁石品种通常都具有价格优势，目的在于吸引主通道上的顾客注意旁边配置在副通道两侧货架上的部分主力商品和辅助商品。

第四磁石商品（每一陈列架上一到两种）。第四磁石商品的类型包括（1）贴有醒目提示（对顾客非常有利）的商品；（2）廉价品；（3）有意识大量陈列的品种；（4）新闻媒介广告宣传品。第四磁石商品是那些散布在中央货架各处的，意在吸引顾客走进该货架的品种，。其显著特点是价格低廉，是为了形成对顾客非常强的吸引力。陈列上，一是大量陈列显示丰富与量大；二是贴有特别提示标志，如“特价”、“广告品”、“推荐品”等等。

第五磁石商品是展销性品种。第五磁石商品的类型包括（1）低价展销品种；（2）非主流品种。第五磁石是集中陈列在显眼、必经之地的展性品种，是商店有意识选择的用来做主题的展销品种。这类品种往往采取单独一处多品种大量陈列方式，造成一定程度的顾客集中，烘托店内气氛。展销性品种的位置要避免接近第一磁石类商品，要有一定程度的面积，辅之以一定的广告宣传。

四、连锁门店商品布局的方法

连锁门店商品布局应考虑的是各类商品配置的面积分配、顺序以及区域。如果商品布局不当，就会造成顾客寻找商品的困难，从而减少营业额的实现。

1．商品配置的面积分配

各类商品配置的面积分配可以采用两种方法。一是陈列需要法，也就是连锁门店卖场根据某类商品所必需的面积来定，服装类和鞋类商品布局的面积分配采用此法较为适宜；二是利润率法，也就是连锁门店卖场根据顾客的购买比例以及某类商品的单位面积的利润率来定，超市的商品布局的面积分配采用此法较为适宜。

假如本地区日常消费中食品发生的比率是65%，按照这种支出比率，连锁门店卖场各类商品的面积分配比例可大致如下：水果蔬菜的面积比例为10%～15%；肉食品的面积比例为15%～20%；日配品（主要指面包、乳制品、豆制品、果汁饮料、冷饮等。这些商品是消费者每日生活的必需品，每天都应该进行配送，以确保其新鲜度）的面积比例为15%；一般食品的面积比例为10%；调味品、南北干货的面积比例为15%；小百货与洗涤用品的面积比例为15%；其他用品的面积比例为10%。这种面积分配不是绝对的，各地区的消费水平、消费习惯不尽相同，应根据本门店所处区域的特点及其竞争状况选择各类商品面积分配的恰当比例。

2．商品位置的配置

连锁门店卖场中商品种类繁多，商品位置的配置习惯应按顾客的购买习惯进行确定，并且相对固定下来，以方便顾客寻找。多层建筑的连锁门店的商品位置的配置包括确定各楼面经营内容和进行每一楼层的布局，而单层商店仅需考虑后者。

（1）各楼层经营内容的安排。各楼层经营内容的安排应遵循自下而上客流量依次减少的原则。一般大型的连锁百货商店都是大致按这样一个原则安排的，这样的安排可以依次分散客流量，减少不必要的拥挤。如一层适宜配置购买频率高、选择商品时间相对较短的商品，经营的商品主要有化妆品、灯具等类别；二、三层适宜配置选择时间较长、价格稍高一些的商品，经营的商品主要有服装、鞋帽、纺织品、眼镜、钟表等类别；四、五层适宜运用综合配套陈列方法来布置多种专业性的柜台，经营的商品主要有床上用品、照相器材、家具、餐具等类别；六层及以上适宜配置购买频率相对较低、存放面积较大的商品，经营的商品主要有彩电、组合音响、电脑、运动器材等类别。

（2）商店每一层商品位置的配置。一般来说，长期的行为习惯使顾客在逛商店时不自觉地沿着逆时针的方向行走，因此在一个有许多支道的卖场里，根据一般日用品挑选性不强和男性购买商品求速求便、不愿花较多时间比较的心理特点，日用品和一些男性用品通常应摆放在各个逆时针方向的入口处；而根据一些商品挑选性强和女性购买商品比较挑剔、一般花时间较多的特点，这类商品和女性用品通常应摆放在距离逆时针入口处较远的地方；玩具商品摆放在儿童易见易动的地方为好；畅销或有特色的商品摆放在显眼的地方；为加速资金周转、获得更多的利润，需要把那些价格高、利润高的商品摆放在最显眼的地方。

卖场商品布局位置的配置应按顾客每天所需商品的顺序做出动线的规划，即按照顾客的购物习惯分配各种商品在连锁门店卖场中的位置。一般来说，每个人一天的消费总是从“食”开始，因此连锁超市卖场中可以菜篮子为中心设计商品布局位置的配置。通常消费者到超市购物循序为：蔬菜水果→日配品→畜产、水产类→冷冻食品类→调味品类→饮料→速食品→糖果饼干→日用杂品。这种在超市购物上的习惯在世界各国几乎趋于一致，因此超市商品的配置可如图 7-1 所示。

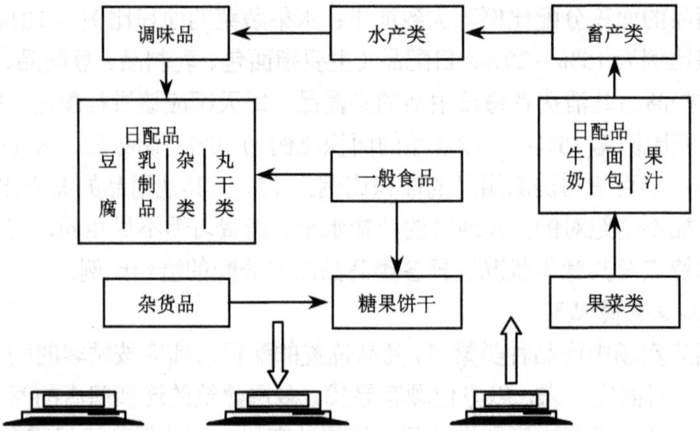

图 7-1　超市商品配置重要性流程图

（3）出入口处商品的布置。出入口处是顾客最先和最后接触的部位，主要布置色彩造型鲜艳美观的商品、挑选性不强的商品、购买频度大的商品、特色商品、即兴购买商品、儿童商品等，如化妆品、日用品、速食品、儿童膨化食品、饮料等。

（4）按顾客需求程度和选择要求布置。最畅销、最有利可图的商品摆放在最好的位置；利润少、销量小的商品摆放在较差的位置。如销量大的商品摆放在中央位置或主通道上。多层楼房时，一二层摆放销量大的商品，三四层摆放较贵的、单价高的商品；日常用品摆放在低层，耐用品摆放在较高的楼层。

（5）按商品价值的高低、技术构造的繁简布置。商品价值昂贵、技术构造复杂的商品以及以交易次数少、选择性强的商品适宜设置摆放在多层建筑的高层和单层建筑的深处。

（6）连带性的商品要邻近布置，便于选购，促进连带购买。如洗涤用品邻近布料、服装布置，海鲜、肉类一块摆放，鞋、帽、服装邻近摆放等。

（7）干扰性商品的布局。根据商品的性能和特点，选择适当位置，合理设计布局形式。如互有影响的商品要分开摆放，以免互相串味或让顾客产生不好联想，如海鲜与烟酒不能一块摆放。

（8）根据购买动机，合理选择商品布局。如冲动性顾客购买的商品摆在明显的位置以吸引顾客。

（9）按顾客流量分布规律和走向规律安排商品布局。顾客流量大的通道要摆放销量大、生活必需的商品。

（10）考虑是否方便搬运卸货。体积笨重、销量大、需要频繁上货的商品要尽量设置在储存场所附近，既便于搬运、续货，也利于安全和卫生。

第二节 连锁门店商品陈列原则与区域

一、商品陈列的原则与程序

1. 商品陈列的原则

商品陈列是指企业为了最大限度地便利顾客购买，利用有限的资源规划和实施店内总体布局、货架摆放顺序、商品码放方式、店内广告设计，合理运用照明、音响、通风等设施，创造理想购物空间的活动过程。商品陈列的目的是把商品或品牌所有物质和精神方面的属性，通过艺术手段和设计技巧等形象化的语言完整地呈现在顾客面前，帮助顾客形成对一个商品或品牌的整体印象，使顾客对商品或品牌产生兴趣、信任和偏爱，从而引起顾客的购买欲望和动机。科学合理的商品陈列可以起到刺激销售、方便购买、节约人力、利用空间、美化环境等作用。

商品陈列的基本要求是将顾客需求的商品正确无误地摆放在适当的位置，因此陈列的关键在于“商品的正确配置”。商品陈列必须满足五个要素：一要看得请；二要摸得到；三要容易选、方便买；四要品种全、个性强；五要分类型、分规格、分颜色、分大小、分价格。因此连锁门店商品陈列应遵循以下原则。

（1）分区定位原则。连锁门店经营的商品少则上千种，多则上万种或几十万种，如何让顾客很容易地判断什么商品在什么部位，是商品陈列时首先要解决的问题。分区定位就是要求每一类、每一项商品都必须有一个相对固定的陈列位置，商品一经配置后，商品陈列的位置和陈列面就很少变动，除非因某种营销目的而修正商品配置图表。这样既使商品陈列标准化，也便于顾客选购商品。因此在卖场应设立货位布置图，并按商品大类或商品群设置商品标示牌，如有多层卖场还应设立各楼层商品指示牌。一般来说，商品的货位布置图设置在卖场主要入口处的显要位置，而每一楼层的商品指示牌多设在每一楼层的楼梯处或自动滚梯入口处，这样可使顾客在一进门或一进新楼层口处就能初步了解自己所要买的商品的大概位置。标牌设置要美观、简洁、易懂。

在对商品进行分区定位时要注意相关商品的货位要布置在邻近或对面区域，以便于顾客相互比较；有不利影响的商品货位要适当隔开；同类商品要纵向陈列，即从上而下垂直陈列，既符合顾客视线移动习惯，使商品产生丰富又丰满的表现力，也使同类商品平均享受到货架上各段位的销售利益；单品以横向陈列，以价格带区分，任何小分类的单品原则上应由价格最便宜到最贵从货架的最底层到最高层陈列。还应注意分区定位不是一成不变的，要根据时间、流行周期的变化等因素经常性地调整商品货位。调整货位时调整幅度不宜过大，除了根据季节以及重大的促销活动而进行整体商品布局的调整外，大多数情况下不宜做大的变动，以便老顾客凭印象就可找到所需商品的位置。

（2）易见易取原则。易见就是要使商品陈列容易让顾客看见，使顾客对商品产生良好的视觉效果。一般以水平视线下方 20 度点为中心的上 10 度下 20 度范围为容易看见部分。人们通常无意识的观望高度为 0.70～1.70 米，上下幅度为 1 米。但应注意，有些商品在仰视角度下更能吸引人，如时装、工艺品等商品的陈列位置高一些更能引人注意；有些商品俯视角度下更能吸引人，如化妆品、金银珠宝等；儿童玩具的陈列位置要低一些，没有遮挡物，使孩子一览无余才能引起儿童的兴趣。易见还包括应将商品的正面朝前，品名、商标明显，将商品的特性、功能充分展现，商品的价格醒目、正确。

易取是指在顾客对商品产生了良好的视觉效果后就会产生触觉的要求，顾客会驻足停立，拿起商品观察，对商品作出进一步的了解，最后作出购买与否的决定，因此商品陈列应能使顾客摸得到、够得着，甚至能拿在手上较长时间，这是刺激顾客购买的重要环节。易取还包含对某些商品需提供拿取的工具，如散装冷冻饺子、冻虾等需提供铲子；易取也包含某些商品不仅使顾客容易拿在手上，也容易、方便地放回原处。

（3）整齐、丰满、有序原则。清洁整齐的原则是商品陈列的基本工作要求。货架要整洁，陈列的商品要干净、完整、摆放整齐；要及时撤下有破损污物、外观上不合要求的商品。

丰满、有序是指商品陈列应显示出丰富性和规则性，通过丰富、有序的商品陈列可以增强商品自身的表现力，使顾客感到可选择的余地很大，提高顾客对商场的信任度；可以有效利用陈列空间，提高货架的销售和储存功能，减少仓库库存的压力，提高商品的周转率；可以提高所有连锁门店商品周转的物流效益，使连锁企业达到最好的销售效果。美国的一项调查显示，陈列丰满的超市与陈列不丰满的超市相比较，不同种类商品的销售量可分别提高 14%～39%，平均可提高 24%。当商品被销售出去时要及时进行商品补充陈列，补充陈列商品依照先进先出的原则进行，即货架前层的商品被买走后，凹到货架里层的商品要往外移，这是保持商品品质和提高商品周转率的重要手段。先进先出法就是指商品的补充陈列是从后面开始的，而不是从前面开始的。因为顾客总是购买靠近自己的前排商品，陈列在后排的商品会不容易卖出去。一般商品尤其是食品都有保质期限，因此消费者会很重视商品出厂的日期。用先进先出法来进行商品的补充陈列，则较早陈列的商品会较早的卖出，使货架上没有陈列时间太久的商品，这样可以在一定程度上保证顾客买到新鲜的商品，这是先进先出法保护消费者利益的一个重要的方面。另一方面由于商品前后周转，既容易保持商品的清洁，也容易减少损失和管理费用，提高商品周转率。

使商品陈列丰满、充裕、有序，即并不是将所有商品毫无章法地一股脑儿都摆放在货架、柜台上，而是在设计商品陈列时应有秩序、有规律地摆放。一般来说，陈列架摆满商品有两个规定：第一，每一个单品在货架上的最高陈列量可以通过排列面设计数来确定，如果长 1 米的陈列货架，每一格一般至少陈列 3 个品种；第二，按各类不同业态模式的连锁企业的具体要求，按一定的营业面积陈列商品品种数，每 1 平方米卖场营业面积，商品品种的陈列量要达到 11～12 个品种。商品之间可留有适当的空当间隔，也可在摆放商品时组合成一定图案或图形。

2．商品陈列的程序

（1）陈列调查。陈列调查是为了商品竞争目的而进行的信息收集与处理工作，为陈列规划提供必要的素材。调查的对象主要是不能人为操作的环境因素，包括内部环境因素和外部环境因素。

外部环境因素指以下几个方面：地区性大型活动，如当地有无传统的庆典节日，这些活动的举行时间、规模、方式等；节日性特别促销活动，如妇女节、儿童节、圣诞节、新年、春节等；气候变化规律，如当地换季的时间、气温变化幅度、适宜的商品等；市场上新产品的潮流、时尚的变化；竞争对手的情况。

内部环境是指连锁店总部的商品规划要求和分店自身面临的具体需求特点。

综合考虑上述两方面环境因素后，就可以根据地区特点从总部推荐的品种中选定适宜的经营商品结构。商品结构确定后，根据各类商品的销售特点、顾客购买习惯和连锁企业的销售方针确定基本的陈列布局和陈列方式以及相应的促销活动。在此基础上，进一步确定每一种商品摆放的位置、陈列方式、占用空间、陈列天数等。做完上述内容，就可以拿出一个商品陈列规划了。

（2）陈列规划。陈列规划是把商品陈列运作的一切前后顺序和相关内容以文字的形式用书面表达出来，写成一个比较完备的计划。陈列规划包括的内容有：商品陈列的外部环境因素；商品陈列的内部环境因素；商品陈列的时间（开始、调整、转换、终止时间等）；商品陈列的标准；商品陈列的确认及检查和评价；商品陈列的具体负责部门及职责；商品陈列的准备及协调安排；商品陈列的效果分析；店内招牌广告的应用；出现问题的处理办法等。

（3）陈列准备。陈列准备是指商品上架前的准备工作，包括连锁店铺的订货、收验货、分类标价、编码等。

1）订货：订货指连锁店在陈列商品不足时，提出送货要求。订货的依据是日常销售规律。订货的批量和批次取决于销售量和信息处理、物流配送的技术水平。国外发达国家的发展趋势是不同的商品按温度带多频度、小批量送货，同时送货直接上架，店铺无库存经营。

2）收验货：对尚无完善商品供应计划体系的连锁企业来说，各连锁门店对从各配送中心分批分类送来的商品，必须按规定的质量标准和验收项目验收，确保没有假冒伪劣、超过保质期的商品或不符合要求的商品，保证售出商品的品质和数量。在相关商品开发、供货系统构建和管理技术水平方面达到一定程度的企业，可逐步免除验货环节，提高配送效率。

3）标价编码：验货后，对商品分类标价并整理上架。如商品无标准条形码，要按公司规定的标准统一编码；输入电脑编码后，才可以上架出售。

（4）上架陈列。商品摆放应遵循从左到右、从上到下的次序，标牌应固定在第一件商品处，作为该类商品位置的起点和标记，同时也是与邻近品种的分界线。小分类商品必须集中陈列，并以直线形式摆放。因为根据医学报告，消费者的视野宽度可达 120 度左右，但看的最清楚的地方却在 60 度左右。销量越大的商品所占陈列位置应越大，并可适当向货架的较低层延伸；反之，销售量小的商品的陈列所占空间位置亦应小些，并可摆在货架的中层，便于被顾客发现。商品摆放要做到整齐不串位，货架和商品不能有积尘，包装不能有破损。冷柜商品要统一标价，清楚醒目，没有遗漏。新商品上架应本着先进先出的原则，将旧商品适当向外移，并检查保质期及商品有无变质、破损。最大限度做到不缺货，即做到有牌有货。如果出现缺货要有缺货标记，货到后再将标记取下。季节性销售或门店宣传推销品最好选择专用的宣传推销位置。遇有大的节日，如春节年货陈列期间，店铺可以适当调整货架位置，但节后应迅速还原。

在商品陈列的同时，要适当布置相应的店内广告招牌，起到提示顾客购买、宣传介绍商品、渲染店铺气氛、美化店铺环境的作用。

（5）陈列检查。商品陈列确认与检查是连锁门店日常管理中的一个重要方面，它能确保在此环节之前所做的各项工作以最佳状态呈现在顾客面前，树立企业良好的形象。商品陈列确认与检查主要包括以下几个方面：

商品是否易于选购；商品是否易于拿取；商品数量是否充足；商品种类是否齐备；商品色彩搭配是否协调、照明是否良好；商品是否得到妥善管理；商品摆放是否有助于销售；商品广告运用是否恰当等。这几个方面是商品陈列的基本要求，也是关键要求。

（6）陈列信息的收集与分析。陈列调查、陈列规划、陈列准备、上架陈列、陈列检查以及实际商品销售中会产生大量的经营数据信息，应留意记录、积累，并进行研究。可利用 POS 系统，把由人做的定性分析和计算机做的定量分析结合起来，研究商品销售变化及陈列效果，进一步改进和调整商品陈列。较小的连锁门店如没有现代化工具手段，则可以根据销售报表和营业人员的直接观察来了解顾客对经营品种的满意度，分析影响顾客满意程度的因素，改善经营商品结构；并结合货架位置、陈列方法、销售期间、店内广告宣传、服务状况等因素研究和改进商品陈列，不断提高商品陈列水平。

二、商品陈列区域设计与货架分段

1. 商品陈列区域设计

在连锁门店的卖场里，商品陈列的主要区域有货位区、走道区、中性区和端架区。

（1）货位区。货位区主要包括卖场周边货位和中央陈列区货架。连锁门店中大多数商品都被陈列在正常的货位区，摆放在货架上供顾客选购。

（2）走道区。在连锁门店卖场的大通道中央摆放一些平台和筐篮，陈列一些价格优惠或促销的商品，称之为堆头。目的是为了吸引顾客注意，突出商品的独特个性以及售点促销的效果。

（3）中性区。中性区位于连锁门店卖场过道与货位的临界区，一般进行突出性商品陈列。如在收款台附近陈列一些小商品或自由品牌商品，有的在楼梯处、出口处。这种商品摆放也叫堆头。

（4）端架区。端架区即整排货架的最前端与最后端，即顾客流动线转弯处所设置的货架，常被称作最佳陈列点。端架区所处位置优越，人们一抬头就能看到，因此极易引起顾客的注意，常陈列一些季节性商品、包装精美的商品、促销商品或新上市商品。

2．商品陈列货架的上、中、下分段

一般都将货架依据重要性不同分为上、中、下三段。货架上好的陈列位置称为“上段”，是指与顾客的视线高度相平的位置，高度一般在 130～145 厘米之间；其次是“中段”，指与普通消费者腰的高度齐平的地方，高度一般为 80～90 厘米之间；最不好的位置称为“下段”，是指货架上 80 厘米到最低层的位置。三段与商品销售有密切关系。国外曾对某些商品进行测试，将商品在货架陈列中的纵向位置，进行上、中、下三个段的调换，结果显示从上往下调整时，销售额减少，从下往上调整时，销售额增多。可见，商品在货架位置上的变化，会引起销售额的变化。

目前，在我国大陆地区、我国台湾、香港地区、日本，普遍使用一种高 170 厘米、长 100 厘米的货架，这种货架非常适应东亚人的体型，货架高度比欧美的货架低 15～20 厘米。在这种货架上最佳的陈列位置是处于中段和上段之间的段位，即 80～130 厘米的位置，这一位置被称为货架陈列的黄金段。以高度为 170 厘米的货架为例，将商品的陈列位置细分为上段、黄金段、中段、下段。

（1）上段。货架最上层，高度一般为 130～170 厘米之间，主要陈列推荐商品和自有品牌商品或促销商品。

（2）黄金段。货架第二层，高度为 80～130 厘米，主要陈列高利润商品、有品牌商品、独家代理或经销的商品及其他重要商品。

（3）中段。货架第三层，高度为 50～80 厘米，主要陈列低利润产品或满足顾客需要不得不经营的补缺商品，目的是顾客在购买此位置商品时购买“黄金段”商品。

（4）下段。货架的最低层，高度为 10～50 厘米，主要陈列体积大、重量较重、毛利低、易破碎但周转较快的商品。如果某商品的顾客忠诚度较高，商品单价较低，无论陈列在什么位置顾客一定要买，那些这类商品也可以陈列在下段。

当然货架的高度还受连锁店业态、建筑层高和货物储存成本有关，也同商品大小有关。若是购物中心、仓储超市，货架要高一些。若商品较大，必然要求较大的货架陈列。

第三节　连锁门店日杂货陈列技巧

一、日杂货陈列设计

这里的日杂货特指袋装、罐装的食品以及日用百货。这部分商品顾客经常消费，购买频率高，通过一定的陈列技术可以扩大销售量。日杂货陈列包括柜台式陈列和开架式陈列。

1．柜台陈列

指利用柜台陈列商品，包括柜面陈列和柜内陈列商品。柜面前列可以放置一些小架子，也可以直接摆放有造型的商品，一般是以小商品、香水为多。柜内陈列指在柜台里面陈列商品，以便选购。

2．开架式陈列

指放在货架上或类似货架的物品上陈列商品。开架式陈列又可按照商品摆放的具体形式分为以下几种陈列方法。

（1）集中陈列法。集中陈列法是把同一种商品集中陈列在一个地方，这种方法是超级市场商品陈列中最常用和使用最广泛的办法，适合周转快的商品的陈列。使用集中陈列方时，周转快的商品给予好的陈列位置是一种有效提高销售额的手段。

（2）整齐陈列法。整齐陈列法指将商品整齐地堆放在一起的方法。这是一种非常简洁的陈列方法，目的在于突出商品的量感，使顾客感到该商品在数量上非常充足，进而调动顾客的购买欲望。适用于季节性商品、购买频率高、购买量大的商品、高折扣商品。常用这种方式的商品不能怕挤压。

（3）随机陈列法。随机陈列法是指将商品随意地摆放在固定货架上、不用讲求陈列造型与图案的方法。这主要是用来陈列特价商品的方法，给顾客留下的是随机品就是便宜品的印象，从而诱使顾客产生购买冲动。常见的随机陈列法的陈列用具主要有四角形和圆形的网状容器或带有凹槽的货架。

（4）盘式陈列法。盘式陈列法又叫割箱陈列法。盘式陈列法是指将商品包装箱底部以上的 2/3 部分剪掉，露出一排排的商品，以盘为底，以盘为单位，将商品一盘一盘地堆放上去。盘式陈列法也是为了突出商品的量感，提示消费者可以整箱购买。

（5）兼用随机陈列法。兼用随机陈列法是一种将整齐陈列和随机陈列特点结合起来的陈列方法。通常可将商品堆放在货架的一端，而不能将商品堆放在货架中央位置。

（6）端头陈列法。端头是指双面的中央陈列架的两端。中央陈列架的两端是顾客通过流量最大、往返频率最高的地方，因此，端头是商品陈列的黄金地段，是最能吸引顾客注意力的重要场所，所以端头陈列的商品通常是高利润商品、推荐品、特价品、新产品或全国性品牌商品。端头陈列的可以是单一商品也可以是几种商品的组合。由于中央陈列架是非常引人注目的主要场所，如果将几种商品组合陈列能够将更多顾客的注意力吸引过来。

（7）岛式陈列法。岛式陈列法是指在连锁门店的入口处、中部或底部不设置中央陈列架，而配置特殊陈列用的展台。岛式陈列的用具主要有直径较大的网状货筐、大型矮式冰柜和平台、木桶或塑料桶、屋顶架等，高度不能超过消费者的肩部。岛式陈列法可以使顾客从四个方面看到岛式陈列的商品，视野效果很好。岛式陈列的商品通常是颜色鲜艳、包装精美的特价品、新产品。

（8）狭缝陈列法。狭缝陈列法是指在中央陈列架上撤除掉几层隔板，留下底部的搁板形成一个狭长的空间进行特殊陈列。狭缝陈列的商品只能是一两项商品，但陈列量是一般陈列的几倍，其所要表现的是商品的量感。狭缝陈列法陈列的商品多是新产品和高利润产品。

（9）突出陈列法。突出陈列法也称为突出延伸陈列法，是指在中央陈列架的前面，突出安置特殊陈列。突出陈列法不仅打破了一般陈列的单调感，扩大了货架的陈列量，而且将商品强迫式地映入顾客的眼中。

（10）悬挂式陈列法。悬挂式陈列法是指将一些没有立体感的扁平形或细长形商品悬挂起来的一种陈列方法。某些商品由于物理性能方面的限制，其外观很难打动消费者，通过悬挂，使商品变地生动起来，以增加商品销售的可能性。

（11）定位陈列法。定位陈列法是指某些商品一经确定了陈列位置后，一般不再变动的陈列方法。定位陈列的商品一般是经常使用和知名度高的名牌商品，由于消费者购买频繁、购买量大，因此需要给予固定位置陈列，以方便顾客（特别是老顾客）的购买。

（12）关联陈列法。关联陈列法是指将不同种类但相互补充的商品陈列在一起的陈列方法。关联陈列商品的类别应是按消费者需要进行划分，运用商品之间的互补性，以确保顾客产生连带购买行为。

（13）比较陈列法。比较陈列法是指将相同商品按不同规格、不同数量予以分类，然后陈列在一起，使顾客通过数量和价格方面的比较来选择购买的一种陈列方法。

二、日配品陈列设计

日配品的名称来自美国 Daily Food，指鱼、肉、果菜、调味料以外的副食品，包括面、饺子等半生商品、面包、乳制品、豆制品、熟食品、果汁、饮料、简便的冷冻食品以及冰激凌等，是消费者每天生活必备的、商家需每天进行配送的商品。由于这些副食品是每日生活的必需品，所以应以每日供应为原则，日配品为取其每日必须由供应商直接配送之意。其特点是保持商品的新鲜度。

日配品的陈列方法主要有冷藏柜陈列、集中陈列、关联陈列、专区陈列。如牛奶、冷饮、熟食品等多为冷藏柜陈列；面包、饮料多为集中陈列，有些连锁店有面包制作车间，其成品面包陈列在车间前的货架上，用新出炉的面包的香味吸引顾客。关联商品是顾客购物时追加购买的商品，如面包货架上方或旁边摆放果酱、奶酪，将比萨饼与乳酪、辣椒酱、起司粉放在一起均是关联陈列，与料理相关联的商品陈列最有效果，与目标顾客相关联的商品陈列效果次之，与用途相关联的商品陈列效果位列第三。日配部门根据促销主题，可把某一类或一个品种的商品或某些商品组合起来进行专区陈列。

第四节　连锁门店生鲜品陈列技巧

一、水产品陈列技巧设计

1. 分类集中陈列

水产品品种丰富，用途广泛，在水产品陈列时，首先应对水产品进行分类，在分类的基础上，对每一类商品进行集中陈列。

（1）分类。在连锁门店的处理中心或后场经过处理包装的水产品，可分为淡水鱼、海水鱼、虾贝类、水产干货四大类；按肉色来区分，可分为白色肉鱼、红色肉鱼两大类；按其表面形态可分为四大类，即鲜活水产品、冰鲜水产品、冷冻水产品、水产干货。

（2）集中。通常水产品采用系统化的集中陈列法，可采用完整水产品集中陈列或切割成段、块、片状进行集中陈列两种方法。如全鱼一般采用完整集中陈列法，中国人相信，鱼头朝内象征钱财滚滚而进，因此全鱼陈列的方向应考虑到习惯和美观，以鱼头朝内、鱼尾朝出口、鱼腹朝边、鱼背朝里的方向陈列。有些水产品体较大，必须进行切割，分段、块、片来陈列，一是便于销售；二是便于保存陈列。一般用塑料袋包装后陈列于冰柜中，或用深底托盘放置冰块，陈列于平台上。有些则从下至上摆出层次感。

2. 不同水产品采用不同的陈列手段

（1）鲜活水产品的陈列技术。活鱼活虾等用无色的玻璃水箱陈列。水中游弋的鱼虾能展示出商品的活泼感和新鲜感，受消费者喜爱。

（2）冰鲜水产品的陈列技术。冰鲜水产品的特征是出水时间较短，新鲜度高，一般用木板或白色托盘陈列；陈列时鱼头朝里，鱼肚朝下，鱼尾朝外，周围撒上冰块，覆盖部分不超过鱼身长的 1/2，以求达到次序感和新鲜感。

（3）冷冻水产品的陈列技术。冷冻水产品多采用集中陈列法供消费者选购，一般陈列在敞口的连续制冷的冰柜内，商品多用塑料袋包装，但必须从外透过包装能看到产品的实体。有的商品如冷冻排虾、冻鱼等用小塑料托盘封塑后进行冷冻陈列，以便于消费者少量选购。

（4）水产干货的陈列技术。水产干货多用平台陈列，有些则用标准货架陈列，如干贝类、壳类等。

二、蔬菜、果品陈列技巧设计

蔬菜、果品简称为蔬果，又称果菜、青果，是超市中最重要的吸引顾客的部门，该部门关系着现代超市经营的成败。通常蔬果部门的营业额约占超市整体营业额的8%～20%。在超市中，蔬果的品种一般在50～100种之间，随季节而变化，顾客可从中挑选购买自己所喜好的品种。蔬果的质量关系到消费者的身体健康，所以蔬果陈列要注意新鲜和干净。

1．蔬果品的陈列方式

连锁门店中蔬果的陈列主要有排列、置放、堆积、交叠、装饰五种基本方式。

（1）排列法。将商品有规则地组合在一起称为排列。对于蔬果而言，是指将蔬果有顺序的并排放置在一起，重点是将侧面和前面排列整齐，蔬果的根茎分别对齐，使其根齐叶顺，给人留下美观的印象。

（2）置放法。置放是指将商品散开放置在箱子或笼子等容器中，容器一般是敞口的。由于容器四个侧面和底部有隔板，商品不会散落或杂乱，只要将上面一层的商品摆放整齐就可以了。

（3）堆积法。堆积是将商品由下往上顺序堆砌，底层的商品数量较多，顶层的商品数量较少。堆积法既稳妥又有立体感，能体现出商品纯正的自然色。堆积时，要注意前面和侧面要保持一定的幅度。

（4）交叠法。交叠是指将大小不一、形状各异的商品进行交错排列或将这些商品放入包装过的袋子里组合起来等。交叠的目的就是为了美观，使商品看起来整齐一些。

（5）装饰法。装饰是指将一些商品放在另一些商品上，起陪衬的作用。装饰的情形有两种：一种情形是装饰的商品身兼销售与装饰的双重作用，另一种情形是装饰的商品仅起装饰的作用，真正要销售的商品则摆放在别处。装饰的目的就是为了产生良好的视觉效果，使商品显得更为新鲜、更为整齐，以达到促销的作用。例如，用荷兰芹或叶子镶嵌在商品的缝隙中，用小树枝装饰荔枝等。

2．蔬果品的陈列形状与顺序

（1）圆积形。主要用来陈列圆形的水果和蔬菜，如苹果、柚子以及西红柿、茄子等蔬菜。陈列的顺序是首先决定底面最下层的前边部分，接下来排底层的侧边和后边，然后排底层中央面第一层的部分；第二层商品要排在第一层商品与商品的中心点；接下来排第三层、第四层，依次向上排放。

（2）圆排形。并排或堆积圆形的蔬菜、水果可采用此种陈列。用隔物板等来支撑邻接的商品，将容易松垮的圆形商品叠成不容易松垮的形态，是陈列体积较大一点果菜的形式，如冬瓜、椰子等。陈列的顺序是首先用挡板将商品的两侧固定起来，防止其松垮塌落。然后放置低层商品，每层商品重心相对，层层向上，给大一种整齐有序的感觉。

（3）茎排形。茎排形是陈列葱、芹菜、茭白等长形蔬菜的一种形式，摆放时，蔬菜根部向外，茎部向里，呈纵向排列。陈列的顺序是决定商品的根或叶子的排列方向后，就可以整整齐齐紧密地堆起来；堆的时候要注意让商品互相重叠边面的部分。如摆放的整齐，商品就可保持一定的长度。

（4）交错形（互相配合形）。交错形是陈列韭菜、蒜黄、蒜薹等长度较长，但厚度不同的蔬菜的一种形式。摆放时，层层之间要根茎相对，即一层根（较粗的部分），一层叶（较细的部分），整体呈方形。如每一层中的 2 列都以相同的方向来排列，就会陈列出相当完美的效果。

（5）格子形。格子形是陈列青萝卜、胡萝卜等尖形蔬菜的一种形式，彼此交错叠成像格子时可使用此种陈列法。陈列顺序是首先决定好第一层商品的排列方向，来陈列底面的部分，接着排前面和边面的部分；排第二层的商品时，要与第一层的商品保持直角，作成格子状。摆放时，萝卜类的商品要根部向外，尖部相对，纵横交错。匀称的圆形根部或带叶的根部朝着顾客，反映了商品的良好的质地。

（6）盘子形。盘子形是陈列豆芽菜、青豆等形状不一蔬菜的一种形式。用白色盘子将这些蔬菜固定陈列起来。

（7）斜立形。斜立形是陈列大白菜的一种形式，棵棵白菜紧靠在一起，根部朝下斜立着。由于相互之间是侧靠着的，重心在侧面，其根部不易损坏，顶部或菜心部分不易张开，确保了蔬菜的新鲜性。

（8）植入形。将蔬菜根部和顶部相接，根部植入前排蔬菜顶部下面的一种陈列方式。植入形与斜立形的区别在于，斜立形是站立着的，而植入形是平躺着的。采用植入形陈列的蔬菜，根部朝里，叶部朝外，将翠绿色直接展现给消费者，以体现它的新鲜感。

（9）散放形。散放形是陈列形状下一的根菜类和香蕉的一种形式，只要面对消费者的部分摆齐就可以了。这类果菜怕挤压，不能堆积，只能散放，一般做法是根部朝里，顶部面对消费者。

（10）堆积形。将包装过的商品、袋装商品、长形的商品先排好前面和周边的部分，然后向上堆到一定高度，就是堆积形。在运用堆积形陈列商品时，前面的商品要排放整齐，两个侧面可用挡板或商品自身进行固定，第二层商品的重心应在底层两个商品的连结点上，依次上堆，数量递减。

（11）面对面形。将包装过的蔬菜两排为一组，组与组之间根对根或头对头地陈列。这种陈列形式整齐划一，有利于零售店铺果菜卖场的整体布局，有利于维持良好的店堂环境。

（12）围绕形。用甲商品将乙商品围绕起来，或用隔物板、容器将商品围绕起来，这种形式就称围绕形。采用围绕形陈列的商品一般单位价值较高，形体较小，被围绕起来能显示出良好的视觉效果。

（13）搭配形。搭配形是将两种以上的商品陈列在一起，来获得理想的对比效果。例如，大小搭配，长短搭配，红绿搭配，粗细搭配，黑白搭配，黄绿搭配等。通过搭配对比，各种商品的色彩显得更加鲜明，更引人注目，形体特征也更加明显。

（14）阶梯形。事前准备好阶梯型的陈列架，将不能堆积陈列的果菜放于架上。架上的商品要排放整齐，层层有序，以显示商品的丰满与多样。

（15）段积形。段积形指包装在纸盒里的商品、零散的商品以及形状较为安定的果菜依靠商品自身的摆放而成形。陈列时，决定好前面和底面后，接着排中央面的部分，做好第一层的陈列；排放第二层商品时，要比第一层的商品后退 1 个或 1/2 个，从前面的部分陈列起。段积形陈列形同积木，顶部到底部的线条呈阶梯状的形式。

（16）投入形

比较小的商品如红辣椒或形状不一的商品如四季豆，利用容器或隔物板将前面及边面固定后，就可将此类商品任意地投入其中。注意投入商品时以商品不会掉出的高度为止。

第五节　连锁门店电器陈列技巧

一、电器知识与陈列原则

电器商品种类繁多，连锁门店中销售的电器通常为家用电器。从广义上讲，家用电器是指在家庭或类似条件下使用的电子、电器器具的总称，其特点是使用交流或支流电作为动力能源。事实上，家用电器已远远超过家庭或个人使用范围，广泛地进入了日常生活的各个领域，因此也有人将家用电器称为“日用电器”、“民用电器”或“电器”。家用电器经过一百多年的研制和发展，已形成门类、品种、规格繁多的体系。一般估计现有家用电器 300 种以上。

1．电器的种类

常用的家用电器有以下几种分类方式。

（1）按照能量转换原理和能量转换方式分为 5 类

1）电子器具

电子器具是用电子元器件和电子为主装配而成的器具。这些器具是把电能转换成声音或影像，零售企业一般称为电讯产品。包括电声器具（如收音机、录音机、电声机等）、影像器具（如电视机、录像机、VCD、DVD 等）。

2）电动器具

电动器具是指由电动机驱动的家用电器，这类器具可完成电能向机械能的转换。通常如家庭使用的电风扇、洗衣机、吸尘器、电剃须器、电搅拌器等。

3）电热器具

电热器具是利用电热元件将电能转化成热能，根据人们生活的需要而设计制成的各种生活用器具的总称。通常如家庭使用的电熨斗、电热锅、电烤炉、电暖风器、电热水器及取暖用具等。

4）制冷器具

制冷器具是通过制冷装置造成适当的低温环境，以调节室温或冷藏、冷冻仪器、药物，用以保鲜和防止腐败变质，制取少量饮用冰块的器具。通常如家庭使用的电冰箱、空调、饮水机等。

5）照明器具

照明器具是以各类电光源完成电光转换，在家用电器中更强调的照明灯具的造型和使用性能。通常如家庭使用的各类吊灯、台灯、壁灯、顶灯等。

（2）按照家用电器的用途分为 11 类

1）音响设备（电声器具）：包括录放音机、收音机、音频功率放大器、电唱机、激光唱机、音响组合机、无线话筒设备等。

2）影视设备（影像器具）：包括电视机、投影电视机、录像机、监视器、平面显示设备、VCD、DVD 等。

3）家用制冷电器（冷冻器具）：包括电冰箱、家用冷藏和冷冻箱、冷饮水器具、家用制冰激凌器具等。

4）家用空气调节器：包括家用空调、家用加湿器、电风扇等。

5）厨房器具：包括家用电热蒸煮器具、烧烤器具、煎炒器具、电热水瓶和饮料加热器具、电饮水处理器、电灶、食品制备器具、食具清洁器具等。

6）清洁卫生器具：包括洗衣机、脱水机、干衣机、电热淋浴器、吸尘器、电动清洁机械、熨烫器具等。

7）整容器具：包括电动剃须刀、电推剪、电卷发器、电吹风器、电热梳、电刷牙器等。

8）取暖器具：包括电取暖器、电热卧具、电热鞋等。

9）保健器具：包括家用负离子发生器、超声波洗浴器等。

10）照明器具：包括吊灯、台灯、壁灯、顶灯、落地灯等。

11）其他器具：凡不属于上述各类的家用电器均可归于此类。如电话、台式计算机、计时与计算器具等。也有人将使用其他能源且用途与家用电器类似的家用煤气器具、太阳能器具、燃油器具等也归入家用电器，如家用燃气快速热水器、燃油式加热器、燃气灶、太阳能热水器等。

2．电器陈列原则

（1）商品有说明。由于电器商品结构复杂、功能多，顾客注意到某个商品并有意购买时，通常希望进一步了解有关商品的其他信息，如价格、产地、性能、用途、使用方法等。因此在陈列商品时应一律标明价格，并附有必要的说明或简单介绍。

(2) 按用途将商品分类。顾客购买电器商品的目的是用来满足某一用途、某一需要，能便利顾客购买的有效方式是站在顾客使用的角度对电器商品进行分类，连锁门店依商品用途把所有提供某一用途、某一需要的商品集中在一起，可使顾客充分比较选择，从而对所购商品具有信心，促使顾客做出购买决定。

(3) 让顾客体验。电器商品应让顾客直接参与演示、操作、触摸体验，商品与顾客的直接接触可使顾客对电器商品产生亲切感，破除顾客的陌生感，引起顾客购买兴趣。

(4) 便于营业员操作。电器商品通常需要营业员向顾客演示使用方法，因此电器商品陈列要便于营业员操作，电源设置要合理且安全。

二、电器产品陈列技巧

1. 分类陈列

按照商品功能、用途、品种、价格、品牌、颜色、规格等划分对家用电器分类陈列。如音响设备可分类为电视机、录像机、监视器、平面显示设备、VCD、DVD 等。分类进行陈列还可进一步细分，如洗衣机可细分为智能洗衣机、全自动洗衣机、双缸洗衣机、单缸洗衣机、波轮式洗衣机、滚筒式洗衣机等。分类陈列时不可能把商品的所有品种都摆放出来，可将适合本商店消费层次和消费特点的主要商品品种进行陈列，或者将具有一定代表性的商品陈列出来，其他品种则放在货架上或后仓位置，出售时可根据顾客要求给予推荐。

2. 主题陈列

主题陈列也叫专题陈列、展示陈列，即在陈列商品时采用各种艺术手段、宣传手段、陈列用具，并利用声音、色彩来突出某一商品。对一些新产品或者某一时期的流行商品以及由于某种原因要大力推销的商品，可以在陈列时利用特定的展台、平台、陈列道具台、陈列架等进行突出宣传，必要时还可以配合集束照明的灯光，使大多数顾客都能够注意到，从而产生宣传推销的效果。主题陈列的商品可以是一件商品，也可以是一类商品。无论是一件商品还是一类商品，都应尽量少而精地摆放，与其他商品要有明显的陈列区别，以突出推销重点。

3. 综合配套陈列

综合配套陈列也称为视觉化的商品展示，即强调销售场所是顾客生活的一部分，使展示的商品内容和氛围符合消费者的某种生活方式，或引导消费者提高生活质量。比如家庭影院商品、家庭厨房用品陈列等。目前，视觉化的商品展示在日本、欧美等国普遍使用。在开展视觉化的商品展示时，首先要确定顾客的某一生活形态，再进行商品的收集和搭配，最终在卖场以视觉的表现塑造商品的魅力。

4．季节性陈列

根据季节变化把应季商品集中进行陈列，以满足顾客应季购买的心理特点，有利于扩大销售。如夏天来临，可将空调、电风扇、电冰箱、家用冷藏和冷冻箱、冷饮水器具、家用制冰激凌器具等集中进行陈列。

本章小结

商品陈列设计是连锁门店开发的一项十分重要的工作。陈列的好坏直接能对消费者购买产生刺激。好的陈列可以刺激消费者消费，反之，则会对消费者行为产生抑止作用。为了更好的进行商品陈列设计，连锁门店首先要合理配置商品；其次根据连锁门店商品布局的原则、连锁门店商品布局的影响因素、连锁门店商品布局的理论、连锁门店商品布局的方法等进行商品陈列。由于产品不同，那么陈列方法和技巧也不同。而日杂商品、日配品、水产品、蔬菜和果品、电器产品等则是连锁门店进行陈列的主要商品。

关键词

商品陈列　商品配置　“磁石”理论　顾客流动　商品布局

复习思考题

1．连锁门店商品布局的原则有哪些？

2．影响连锁门店商品布局的因素有哪些？

3．观察一家连锁综合超市的顾客流动规律，并加以解释。

4．观察一家连锁百货商场顾客购物顺序，并加以记录，寻找连锁百货商场顾客购物顺序规律。

5．举例说明在连锁食品超市中夏季哪些商品可起到第一磁石、第二磁石、第三磁石的作用？

6．你认为连锁便利店商品布局应采用什么方法更符合顾客需要？

7．商品陈列的原则有哪些？

8．假如你是一名店长，如何指挥员工进行商品陈列？

9．观察一家连锁综合超市的牙膏货架，记录其上段、黄金段、中段、下段商品品种各为哪些品牌，并分析原因。

10．观察一家连锁百货商场的女装货场，分析其采用的陈列方法。

11．观察一家连锁综合超市的水产品货场，分析其采用的陈列方法。

12．观察一家连锁食品超市的水果货场，分析其采用陈列方法。

13．观察一家连锁百货商场的电视机货场，分析其采用的陈列方法。

实 训 项 目

1．请以 5 人为一小组，分析某一家用电器连锁卖场商品布局的现状、问题，并提出完善措施。

2．请以 5 人为一小组，对某一连锁综合超市详细考察后，分析其调味品商品陈列现状、问题，提出你们自己的调味品商品陈列设计方案。

案 例 分 析

案例 7-1　家乐福为什么叫好又叫座

当人们走进家乐福，很多布局方面的细节会让你感觉很舒服。但你可能不相信，家乐福原来的卖场布局完全不是这样，甚至会让人感觉很枯燥——那里像树林子一样，全都是货架，没有任何变化和分割，也没有任何主题性布局。

现在家乐福已经非常讲究主题设计和烘托了。什么叫烘托主题？举些例子：比如说家电区就有一个单独的场景，那里都用比较暗淡的灯光，突出彩电画面的氛围，有些店还设计了儿童用品区，童装、童鞋、童袜、玩具、童车、童床、婴儿用品等都放在这个区域里，形成一个儿童世界。另外还设有“女人屋”，这是家乐福很有特色的一个设计——女人通常买文胸、内裤的时候愿意比量一下，旁边有男同志，她肯定不好意思。为了保证私密性，家乐福就设计了一个女人屋。另外在主题区，张贴一些 POP 或者在货架上贴一些即地贴之类的东西，用充满变化的颜色降低顾客的视觉疲劳，这样顾客就会感觉卖场里一点也不枯燥，而且走到哪里都会看到特色。

家乐福货架的高度也不都是一个高度的——而是参差错落的，既有高货架，也有矮货架。比如说设计家用百货区，各类商品之间就用高货架分开，中间用矮货架，顾客一目了然。货架方向各区域也有一个变换，并不全都是直的。

家乐福超市的入口直接通向主通道，超市的出口在另一角，这样设计可以保证客流经过每节货架、每个商品（因为超市开放式购物的特点，顾客随机性购物占绝大部分），达到提高顾客平均提篮数的目的。

超市的入口是人流最多的地方，应该先让顾客经过偶然性购买的商品，例如：音像图书，玩具等用品，最后让顾客经过习惯性购买的商品，例如：家用百货，清洁洗化用品等。

刚进入口为文化用品、音像图书区。国际上比较流行的模式是：在入口的右侧设置文化用品区。这里通常都是矮货架，而且图书、音像制品不仅花花绿绿，而且可以直接用电脑播放电影，有画面、有声音、有音乐，顾客一进来感觉既有品位又热闹。以前这个地方是跟其他货架一样摆成直的，但主通道的顾客过来后就觉得这里太呆板，很少有再进去逛逛的想法，最终成了死角。所以门店管理者将这里调整成对角的，并用矮货架布置一个主题区—— 图书音像区，配有音乐，一下给人一种豁然开朗的感觉，被吸引的客流甚至会向其他通道反向运动。

入口的左侧为服装区，因为服装需要试穿，顾客刚进超市（空手）时才能挑选，同时服装又属于随机性购买的商品。

在整个卖场的冷区，需要摆放什么商品才能吸引客流很关键，选择购买频率高的家用百货或者清洁洗化用品最好，为了把顾客吸引到这个冷区，货架的摆放避开直行架、一个高度的形式，采用转角的货架摆放，形成一个主题性的特色销售区，用 POP 及实物展示吸引客流。

超市出口区摆放为清洁洗化区。清洁洗化用品为什么放在出口的地方？因为这些产品容易丢失，尤其是洗化类下的化妆品，放在出口等地方，人流特别多，小偷就很难偷窃了。

商品陈列还有几个原则：

1. 部门区域设置与商品摆放时要考虑关联性，比如说：家用百货部门与清洁洗化部门属于关联部门，文化用品部门与家电部门属于关联部门，商品中文化用品部门的铅笔盒和笔类属于关联商品，陈列在一起；

2. 为了降低成本，通常将生鲜商品都集在一起，以减少设备和人员服务；

3. 要注意，饮料不要放在商场的入口处，因为顾客不可能进到卖场里后，拎着一箱饮料绕场一圈—— 那样，他只会希望马上从商场出来。

（资料来源：名牌时报《超市周刊》第 47 期“实务版”）

问题 1：什么是主题烘托？

问题 2：家乐福如何进行主题烘托？

案例 7-2　连邦软件专卖店如何进行商品布局与陈列

连邦软件专卖店通过店面形象（Logo 及标准字、店面外墙等）、店堂装饰、空间布局、商品陈列、橱窗展示、招牌招贴、POP广告等方面的有机组合以及声、光、色的合理利用，向外界展示企业形象和传达经营理念，通过商业环境中的视觉表现塑造企业个性，实现形象定位，促进商品销售。连邦软件专卖店如何进行商品布局与商品陈列呢？

一、空间布局

专卖店的主要功能是产品陈列、接待顾客及销售结算。展示通常是在店堂中央及四周设置开放式货架，用于软件商品的陈列。其中中央区为CD架，高度在1.4米左右，以不阻挡视线为原则，消除压抑感；四周的货架可适当增高到2.0～2.5米，货架与货架之间的距离一般在1.0～1.5米之间，保障顾客流动时走道的通畅。货架的色彩基调为白色，选材一般用碳钢方管、玻璃托板以及其他金属材料等，由总部统一设计、供应（根据各地不同情况，可增设其他必要的商品陈列装置，但不应破坏总体风格）。资料架置于入口一侧醒目处，便于顾客注意和选择。

二、商品陈列及声、光、色

连邦软件专卖店采取开放、自助式的销售方式，所有商品均开架摆放、分类陈列。商品陈列时，依其产品的特性加以归类、整理，有系统地陈列展示。如某些重点厂商提供的专项柜展示、特价专卖区陈列和一些主题促销展示等。在专卖店实时地播放一些轻松的背景音乐，适当地利用电脑的多媒体功能现场展示软件产品的声音效果，有利于促进销售。店堂的用光主要考虑到室内的最大照明度以及最大的采光度，为确保店堂陈列商品能被清晰地展现和便于顾客的了解，店头灯光是为在夜间起到宣传和广告作用，突出商标和专卖店名称。

（根据周树清《连锁制胜的技巧与实例》“连邦软件的店面设计”改编）

问题1：连邦软件专卖店的空间布局是如何考虑的？

问题2：连邦软件专卖店的商品陈列与声光色是如何配合的？

第八章 8

连锁门店的开发推广策略

技能目标

- 使学生熟悉新店铺开业前的相关准备工作，并能够进行相关工作的实施；
- 能够进行店铺开业庆典方案的设计；
- 能够进行店铺开业促销活动方案的设计和实施；
- 能够进行店铺开业促销效果绩效的评估。

知识目标

- 了解营业执照的申请步骤；
- 熟悉税务登记相关工作流程；
- 掌握开业庆典的相关工作流程；
- 熟悉各种店铺开业推广策略绩效指标。

作为一家新开门店，能否在开业初就能够一炮打响，一击必中，开业推广策略的设计就显得至关重要。开业推广策略不仅仅涉及开业庆典活动的策划与实施，还包括门店内部相应的促销策划方案的设计与推进。这两者一定要协作配合，才能够实现目标。

第一节　连锁门店开业前的准备工作

一、连锁门店开业前相关法律手续

连锁门店的相关开业手续主要包括营业执照的申请、税务登记、发票领用和银行账户的开设。

1．营业执照的申请

营业执照是店铺的合法外衣，是可进行营业的标志，也是消费者对店铺信赖的依据。如果没有执照就进行营业，那么店铺就是黑店，将受到工商机关的惩罚。领取营业执照的申请程序包括以下几个步骤：

（1）提出申请。申请人向当地的工商行政管理所提交书面申请，进行名称预先登记，领取申请登记表，咨询相关业务。

（2）盖章。到各有关部门申请盖章，一般有卫生防疫站、行业管理部门、环保局、消防局等，到哪些部门盖章由店铺的业态业种所定。

（3）受理与审查。向当地工商行政管理部门提交表格及各种文件，并领取申请受理通知书，接受主管部门审查。

（4）交费与领取执照。办理开业登记，需要缴纳一定手续费，在审查通过并缴费后，工商行政管理部门就向符合资格的申请者发放营业执照。

2．税务登记

当申请人领取完营业执照后，就要去当地税务机关办理税务登记。纳税是每个店铺应尽的义务。根据规定，当企业领取完营业执照后三十日内，需向税务机关申报办理税务登记。

（1）税务登记办事程序。纳税人持“营业执照”副本或有关经营许可证原件，到办税服务厅税务登记窗口申请办理税务登记，交纳税务登记工本费，领取并如实填写“税务登记表”一式三份，签名盖章后随同（2）所列证件、资料送回税务登记窗口。

（2）税务登记所需资料

1）“营业执照”副本原件、复印件；

2）政府有关管理部门批准的经营许可证原件和复印件（对无需领取营业执照的纳税人要求）；

3）有关部门批准公司成立的文件原件和复印件（对涉外企业要求）；

4）有关合同、章程、协议书原件和复印件（个体工商户不作要求）；

5）法定代表人或负责人的居民身份证、护照或其他合法证件的原件和复印件；

6）技术监督部门颁发的组织机构代码证书的原件和复印件（个体工商户不作要求）；

7）纳税人生产经营场所的房产证明原件和复印件（属租赁房产的提供房屋租赁合同）。

3．发票领用

发票领用同样是店铺开张前的必备手续。发票是指在购销商品，提供或者接受服务以及从事其他经营活动中，开具、收取的收付款项凭证。

（1）普通发票领购手续

1）首次领购

纳税人办理税务登记后首次购票时，需到所在地主管税务机关的办税服务大厅受理待批文书窗口领取“税务行政许可申请书”和“票种核定申请审批表”，并提供以下资料：

①“税务登记证”副本及复印件；

② 经办人身份证明及复印件；

③ 财务专用章或发票专用章印模；

④ 税务机关要求提供的其他资料。

办理完普通发票领购资格审核和票种核定后，纳税人应携带税务机关审批的“准予税务行政许可决定书”、“普通发票票种核定书”、经办人身份证复印件、企业财务章或发票专用章印模等，到发票发售窗口办理“发票领购簿”，凭“发票领购簿”领购发票。

2）普通发票日常领购

纳税人只需携带发票领购簿和用完的发票存根，即可到发票窗口购买发票。

（2）增值税专用发票领购手续

1）首次领购

纳税人已取得一般纳税人资格，首次购票时，应到所在区国税局办税服务大厅受理待批文书窗口领取“税务行政许可申请书”和“票种核定申请审批表”，并提供以下资料：

①“税务登记证”副本及复印件；

② 经办人身份证明及复印件；

③ 财务专用章或发票专用章印模；

④ 税务机关要求提供的其他资料。

办理完专用发票领购资格审核和票种核定后，纳税人应携带税务机关审批的“准予税务行政许可决定书”、“专用发票票种核定书”、税务登记证（副本）、一般纳税人资格证书、经办人身份证复印件及一张一寸登记照片、企业财务章或发票专用章印模，到发票发售窗口办理“发票领购簿”，凭“发票领购簿”和金税IC卡领取发票。

2）增值税专用发票日常领购

纳税人应指定购票人凭“发票领购簿”和金税 IC 卡及上次领购已填开的最后一份专用发票的记账联到发票窗口领购发票。税务机关通过 CTAIS 中的违章记录功能实施“以票控税”管理，对有逾期未申报、欠税、违章未履行等违规行为的不予发售发票。

4．银行账户的开设

开设银行账户同样是店铺开张前的必备手续，银行账户是店铺营业资金的往来账户。

单位和个体工商业主在领取工商执照后，都可在当地银行开账户，办理程序如下：

（1）经办人选择当地某家银行，领取开户申请书填写，盖上主管单位公章；

（2）根据银行的要求，刻好法人印鉴、开户单位公章，执印鉴、公章及工商执照副本、开户申请书向银行申请开户；

（3）银行批准后，开户者向银行提交有权签章人名章和经工商部门核准同意刻制的公章印鉴卡片，购买各种结算凭证，按银行要求将一定数额的款项打入新账户。

二、开业前必备检查工作

1. 各种所需物品与商品的检查

门店开业前，要检查营业所用的各种必备用品是否齐全。这些物品包括货架、空调、计算机、冷藏柜、收款机、名片、店章，以及为开张所准备的各种促销物品和商品。各种所要出售的商品是否已经全部采购齐全，所卖商品是否已经全部上架，商品在仓库是否储备齐全。对于这些物品和商品在开张前一定要仔细检查，以免有所疏漏，给店铺顺利开张和营业带来不必要的麻烦。

2. 水、电、空调等设备的检查

在检查完各种物品的到货状况后，接着就要检查一些常用设备的功能状况是否运行良好。供水设备是否正常、水质状况，供电设备是否运行良好，各种制冷设备的运转情况等。这些设备运行的好坏直接影响到店铺的营业成果，同时也会影响到顾客对店铺的评价。

3. 各岗位人员是否到位、到齐

开业前必须对全部人员进行一次全面检查，检查项目包括：

（1）检查营业人员是否全部到位；

（2）检查营业人员的仪表仪容；

（3）检查营业人员的行为举止；

（4）检查营业人员的用语能力；

（5）检查营业人员的礼貌用语情况；

（6）其他情况。

对于人员的检查非常重要，营业人员代表了店铺的形象，其礼仪、用语、举止等都会影响店铺形象，进而影响顾客的购买决策，所以力求营业人员在上述方面做到统一和规范。

三、试营业

当一切都准备停当后，店铺不一定立马就开业，最好是在正式营业前，留出一段时间进行试营业。

在试营业期间，不需要做太多广告，更多的是通过试营业让营业人员熟悉各项业务流程、熟练各种业务技能；同时发现在试营业过程中的不足，并听取顾客的各种意见和建议。

通过试营业，就会使店铺内部的各项工作衔接有序，营业人员训练有素，商品搭配合理，从而为店铺的正式营业奠定良好基础。

第二节 连锁门店的推广策略设计与实施

如何确保“首战必胜”是所有新生项目的首要问题，对于店铺来说，开业时的兴衰决定了商场的命运。为了确保“首战必胜”，不同的项目遇到的症结也有所不同。商场开业成功所必须克服的症结问题是：既要有轰动的场面，又要有实实在在的营业额，而要使经常发生矛盾的两者兼具，就要求助于门店开业的推广策划。

对于新店铺开业推广主要包括两个方面的工作：一是开业庆典的策划与实施；二是促销策略的设计和实施。开业推广策略设计主要解决激发人气、营造商气、沉淀商机的功效。好的开业策划设计能够使店铺的开业体现出惊爆度、知名度、惊奇度、美誉度效果，同时，也可以大大地提高销售额。开业活动是否别致新颖即“首战是否能大获全胜”、给人以耳目一新的感觉并最终一炮打响，对于此店铺在该地区能否先声夺人并立稳脚跟有着至关重要的影响。如果正式开业留下种种缺憾，将对以后各项活动的开展造成不利的影响。所以必须进行良好的推广策略的设计和保证设计高质量的实施。

一、开业庆典的设计与实施

开业庆典是商业性组织为庆祝开业而举办的一种商业活动，它选择特殊的日期举办，邀请特定的人员参加，旨在向社会和公众宣传本组织，提高本组织的知名度及美誉度，展现优良形象及良好风范，广泛吸引潜在客户。近年来，这一商业性活动方式被广泛应用，尤其是零售等经营性企业经常借助这一活动的开展向社会展示经济实体的成立。

1. 开业庆典活动准备工作

（1）成立庆典临时工作小组

1）成立庆典活动临时指挥部，设立部长一人，副部长若干人，负责全程指挥与决策。

2）成立临时秘书处，辅助决策，综合协调，沟通信息。

（2）开业庆典场地准备

1）开业庆典地点一般设在店铺经营所在地。

2）在选择场地的时候，需要考虑场地是否够用；场内空间与场外空间的比例是否合适；交通是否便利，停车位是否足够。

3）场地环境要精心布置，用彩带、气球、标语、祝贺单位条幅、花篮、牌匾等烘托喜庆热烈气氛。

（3）邀请宾客准备

1）确立邀请对象：邀请上级领导以提升档次和可信度；邀请工商、税务等直接管辖部门，以便今后取得支持；邀请潜在的、预期的未来客户是企业经营的基础；邀请同行业人员，以便相互沟通合作。

2）邀请方式：除了电话邀请，还可以制作通知，发传真，更能够表明诚意与尊重的方法是发邀请函或派专人当面邀请。邀请工作应该提前一周完成，以便于被邀者及早安排和准备。

（4）庆典活动所需用品的准备。比如剪彩仪式所需的彩带、剪刀、托盘；工作人员服装的统一定做；留作纪念或用以宣传的礼品、画册、优惠卡、贵宾卡的定做。

2．开业庆典活动主要内容

（1）活动目标的确立。活动目标是指通过举办本次活动所要实现的总体目的，具体表现为：向社会各界宣布该组织的成立，取得广泛的认同，扩大知名度，提高美誉度，树立良好的企业形象，为今后的生存发展创造一个良好的外部环境。

（2）活动主题的确立。活动主题是指活动开展所围绕的中心思想，一般表现为几个并列的词语或句子，例如："宾至如归，热情服务"，既要求短小有力，又要求形象鲜明，以便于给人留下深刻的印象。具体表现为：

1）通过舆论宣传，扩大店铺的知名度。

2）向公众显示该店铺在商品、服务、价格等方面有良好的配套设施和服务功能。

3）通过邀请目标公众，争取确定良好合作关系，争取会议、接待、旅游等项目的承办权，并签订意向书，为占领市场铺平道路，为今后的发展打下坚实的基础。

（3）开业庆典时间的确立

1）关注天气预报，提前向气象部门咨询近期天气情况。选择阳光明媚的良辰吉日。天气晴好，更多的人才会走出家门、走上街头、参加典礼活动。

2）选择主要嘉宾及主要领导能够参加的时间，选择大多数目标公众能够参加的时间。

3）考虑民众消费心理和习惯，善于利用节假日传播组织信息。比如各种传统的节日、近年来在国内兴起的国外的节日、农历的3、6、9等结婚较多的日子。借机发挥，大造声势，激励消费欲望。如果外宾为本次活动主要参与者，则更应注意各国不同节日的不同风俗习惯、民族审美趋向，切不可在外宾忌讳的日子里举办开业典礼。若来宾是印度或伊斯兰国家的人那则要更加留心，他们认为 3 和 13 是忌数，当遇到 13 时要说 12 加 1，所以开业日期和时间不能选择 3 或 13 两个数字。

4）考虑周围居民生活习惯，避免因典礼时间过早或过晚而扰民，一般安排在上午 9:00～10:00 之间最恰当。

（4）具体场地布置

1）典礼台的设计

为长方体，长 25 米，宽 20 米，高 1 米。按照惯例，举行开业典礼时宾主一律站立，一般不布置主席台或座椅。

2）现场装饰

① 为显示隆重与敬客，可在来宾尤其是贵宾站立之处铺设红色地毯。

② 在场地四周悬挂标语横幅。

③ 悬挂彩带、宫灯，在醒目处摆放来客赠送的花篮、牌匾、空飘气球等。如：在大门两侧各置中式花篮 20 个，花篮飘带上的一条写上“热烈庆祝××开业庆典”字样，另一条写上庆贺方的名称。正门外两侧，设充气动画人物、空中舞星、吉祥动物等。

3．开业庆典具体程序与注意事项

（1）接待宾客。接待参加开业庆典宾客时要注意主要有三方面内容：

1）停车接待：停车场安排专人负责指挥车辆排放。

2）正门接待：由酒店主要负责人与礼仪小姐在正门接待来宾，引领入休息室，并注意引导来宾签到。

3）服务接待：由服务小姐安排落座。

在接待过程中同样要注意以下两个方面事项：

1）教育本单位的全体员工以主人翁的身份热情待客，有求必应，主动相助。

2）接待贵宾时，需由本单位主要负责人亲自出面。在接待其他来宾时则可由本单位的礼仪小姐负责。

（2）介绍到场来宾与致词。在迎宾曲的背景音乐下，开业庆典的主持人宣布开业庆典正式开始并介绍贵宾。介绍完毕后，邀请当地官员、店铺经理或董事长、贵宾代表和顾客致开业典礼词。

（3）剪彩。致词完毕后，就进入开业庆典的剪彩仪式。在剪彩的过程中要对剪彩者数量、剪彩者着装、礼仪等作出适当安排。

剪彩者一般不多于 5 人，多由领导者、合作伙伴、社会名流、员工代表担任。剪彩者以稳重的姿态、轻盈的脚步、面带微笑走向剪彩的绸带。剪彩人全体到位后，工作人员用托盘呈上剪刀，剪彩人在拿起剪刀之前应向工作人员和手拉绸带的人员点头微笑表示谢意，然后用右手轻轻拿起剪刀，聚精会神地把彩带一刀剪断。剪彩完毕，将剪刀放回原处，向四周的人群鼓掌致意。剪彩者穿套装、裙装或制服，头发梳理整齐，不允许戴帽子或戴墨镜。

二、开业促销活动设计与实施

1．开业促销活动准备工作

（1）促销企划方案的准备。制订有效的开业促销方案必须对店铺商圈范围内的具体情况进行详细的调研。调研的重点有商圈收入水平、商圈生活水准、消费者购买模式、了解竞争者促销动态等。在详细了解上述诸类因素的基础上就可以设计制订开业促销活动方案，这样则可使促销方案的设计具有针对性和有效性，保证做到“一击必中”的效果。

（2）促销商品的准备。促销商品的准备约花费两周时间。零售企业的大多数促销活动都可以使商品销量大幅度增加，而零售企业促销方法目前以商品特卖最具效果，因此零售企业业绩与厂商的配合有较高的依存关系。零售企业事先应与厂商会谈，取得厂家的积极配合，要派专人与各供货商就商品数量、质量、价格、供货时间等问题进行协商，并取得支持，保证及时、充足地供货。

（3）广告宣传的准备。店铺促销运用的促销媒体很多，要充分准备、及时发放。如最常用的媒体宣传单，印制特价商品目录，常配有彩色商品图形，放在企业卖场中效果极佳。宣传单在完稿前，应召集营业部、商品部有关人员确认促销商品的品种、价格或其他做法，才能发包印制。再如 POP 广告，为了使手绘的 POP 广告统一、保证广告质量，可以统一广告大小、规范数字和字体。

（4）对服务人员进行有效的岗前培训。店铺的服务人员承担着上货、理货、介绍、引导、收银等工作，这些工作的质量如何将直接影响到顾客对店铺服务水平的感知。感知质量高，则会提高顾客满意度，进而使顾客向忠诚型顾客转变；反之，则会使店铺失去顾客对其的支持。这一点对于刚刚开业的店铺尤为重要。所以一定对新上岗的服务人员进行充分而有效的岗前培训，使其达到服务的高水平。

2．开业促销方案的具体内容和实施

（1）开业促销方案的内容。主要包括以下几个方面的内容：

1）明确促销的目的；

2）选择有效的促销商品；

3）选择合适的促销手段；

4）选择有效的促销传播媒介。

对于刚刚开业的店铺而言，促销的最大目的就是营造一种人气和商气，让顾客感知店铺高质量服务和商品，使其尽可能成为店铺的常客。有效的促销活动同样离不开合适的促销商品，促销商品的选择一定要考虑商圈范围内顾客的消费习惯和重点关注的商品。一般而言，开业促销所选择的商品则以消费者日常消费和关心的商品为主要促销对象。同样有效的促销手段是促销取得良好效果的另一利

器，打折、特价、买赠等都是消费者非常喜欢的促销手段，所以店铺开业促销在选择促销手段的时候应根据商圈内消费者喜好而定。有效的促销传播媒介则是保证商圈内的顾客得知店铺新开业并开展优惠大促销的关键。传播媒介运用的好，则会使商圈内的顾客最大程度地得知信息。

（2）促销活动实施

1）审理促销方案

在审理促销方案时，应对商圈内竞争店、消费者、收入水平等情况进行评估，不可草率行事。促销部门为确认促销做法的有效性及获得有关部门的配合推动，应召开促销会议。邀集营业部、商品部、管理部相关人员与会讨论，对促销活动主题、期间、重点商品及品种、媒体选择与运用、供货厂商配合活动、竞争店促销活动分析等事项加以确认，以确保促销活动实施的成效。

2）促销实施

作为开业促销这样重要的促销活动，要提前安排好电视或报纸广告，并保证准确地刊登出来。印制好的宣传单要在促销活动开始前 3 天准备好，以利于做好相应的准备工作。具体实施工作主要有：

① 在开业促销活动前 1 天，将宣传单分发给商圈内居民，使他们了解促销信息。具体分发方法：可以提前放于卖场，让来店顾客自取；可以直接送住户信箱；也可以在路旁发放。

② 预估促销期间的商品销售量，及时订货以保证货物不断档，否则会挫伤顾客的购物积极性。

③ 根据促销商品目录，及时在电脑中完成变价手续。卖场中的商品标签也要进行更改，避免发生错收货款的现象。

④ 进行卖场促销环境的布置和促销商品的陈列，形成促销氛围，包括张贴海报、设置 POP 等，并把促销力度较大的商品置于主干道上，以吸引顾客注意。

⑤ 要对活动效果进行预计，安排保安人员维持秩序和保证顾客的安全。

3）实施流程的管理

开业促销活动需要对实施的整个流程进行监控和管理，需要店铺相关管理者通过检查表来确保促销活动实施的质量，以提供顾客良好的服务及达成促销效果。促销活动的负责人对每一个步骤都必须进行认真而又细致的检核和管理，稍有不慎就会影响促销活动的效果。

第三节　连锁门店的推广绩效评价

连锁门店在开业推广过程中，各种措施是否得当、是否合理、是否取得了良好的绩效等，从管理的角度必须进行评价。评价的目的则在于判断在开业推广的过程中，哪些方面工作做得好？哪些工作做得差？好在什么地方？差在什么地方？如果企业在以后类似门店开业推广过程中，应该从中吸取哪些经验和教训。连锁门店开业推广绩效评价主要评价的对象是店铺得开业典礼、各项促销推广措施的效果。

一、开业广告效果指数

广告实施效果情况一般用 *AEI* 来表示，即广告效果指数，是企业通过收集广告促销对象在接受广告宣传后的情况来反映广告促销效果。其计算方式非常简单，如表 8-1 所示。

表 8-1 店铺广告效果调查表

	接触过广告	未接触过广告	合计人数
曾去过店铺	a	b	$a+b$
未去过店铺	c	d	$c+d$
合计人数	$a+c$	$b+d$	

根据表中所列，计算开业广告效果指数

$$AEI=\frac{1}{N}\left(a-(a+c)\times\frac{b}{b+d}\right)\times 100\%$$

式中 a—— 看到广告并到过店铺的人数；

b——未看到广告并到过店铺的人数；

c——看到广告而未到过店铺的人数；

d——未看到广告也未到过店铺的人数；

N——被调查的总人数。

AEI 的数值范围在 0～1 之间，值越大，说明广告效果越好。

二、销售费用率及单位费用销售率

测定每百元销售额支出的促销费用，可以采用销售费用率这一相对指标，表明促销费与商店销售额之间的对比关系，其计算公式

销售费用率=本期促销费用总额/本期促销后的销售总额×100%

销售费用率的倒数可称为单位费用销售率，它表明每支出一元或一百元促销费所能实现的销售额。

单位费用销售率=本期促销后销售总额/本期促销费用总额×100%

三、利润费用率和单位费用利润率

利润费用率=本期促销费用总额/本期促销后实现的利润总额×100%

单位费用利润率=本期促销后实现的利润总额/本期促销费用总额×100%

四、市场占有率

市场占有率是指本商店经营的商品在一定时期的销售量占同类品牌销售总量的比例。

市场占有率=本商店的商品销售额（量）/本行业同类商品的销售总额（量）×100%

通过对上面四个指标的衡量，则可以对店铺开业的促销活动的效果进行定量的评价。这种评价对于连锁企业而言具有重要意义。它可以使连锁企业明确自己的开业促销的投入产出效果，同时还可以为连锁企业开设其他新店提供借鉴。

本章小结

当门店的选址、商圈分析、卖场内外部的设计等工作进行完毕后，就进入了门店开发的最后一个阶段，即门店的开发推广策略。门店开发推广策略是指新的门店开业前相关法律手续履行、店内人员商品等的准备、开业、并在此期间所采取的各种促销、宣传设计策略。促销策略是否得当，关系到连锁门店在其所在商圈内影响力，进而影响其生存力。因此围绕着开业所展开的各种促销策略，均被包含在连锁门店的开发推广策略中。推广策略的好与坏，同样需要进行评估（评价）。

关键词

开业　试营业　促销　开业庆典　广告效果指数

复习思考题

1．如何进行营业执照的申请？
2．如何进行店铺税务登记？
3．开业庆典的程序和注意事项有哪些？
4．开业促销活动实施的过程包括哪些内容？
5．开业广告效果指数如何计算？
6．销售费用率及单位费用销售率如何计算？
7．利润费用率和单位费用利润率如何计算？

实训项目

1. 设计一份店铺开业庆典的策划方案。
2. 以小组为单位设计一份开业促销策划方案。

案例分析

案例 8-1 杭州某商业城形象定位及开业策划案

一、前言

杭州某“×××”陶瓷总汇专业经营装饰陶瓷品及各类装潢材料，地处杭城东部。其市场定位是依托公路网、仓储基地，建成华东地区一级装饰建材市场；在大规模建设的钱塘江沿线新城区的中心区位中，独占建材销售鳌头。

二、市场背景

1．建材工业在我国的发展形势

中国加入世贸组织和北京申奥成功后，中国建筑业市场越来越受到国际社会的关注。据《中国建筑业统计年鉴》显示，早在 1998 年中国建筑业总产值就已超过 10 000 亿元人民币，建材消耗总额达到 4 427 亿元人民币。中国加入 WTO、“十五”计划、北京奥运、西部大开发、南水北调等数以千亿美元计的商机使中国建筑业成为全世界建筑业关注的焦点。根据中国建材工业经济研究会提供的报告，未来 10 年甚至更长一段时期内，建材工业发展速度将高于国民经济发展速度 3 到 5 个百分点，成为国民经济的重要增长点。

2．杭州建材行业的发展趋势

近几年杭城房地产的持续火爆大大带动了杭州装饰及建材业的强劲发展，在政府打出“住在杭州”的品牌后，杭州的建材市场被普遍看好，未来几年杭州城市规划方案已经部分出台，其城建项目之多，力度之大，足以使建材商对以后杭州建材市场发展充满信心。

3．杭州建材市场的现状及发展

近几年杭州涌现了很多专业的建材市场，如城西有“杭州华东陶瓷品市场”、“杭州新时代装饰材料市场”，城东有“佳好佳”、“中豪”、“新型”，城北有“省二轻”、“百姓”，城南有“杭州陶瓷品市场”等，这些市场因起步较早，又适逢杭城房地产火热，发展较好，各有特色。如“杭州新时代装饰材料市场”针对散户，在家装方面较为成功。“杭州佳好佳居饰商城”后来居上，市场理念较为鲜明，形象较好。“杭州陶瓷品市场”在杭州起步最早，且定位非常明确，以经营陶瓷为主，批零兼营。

杭州巨大的市场引起了国内外建材经销商的广泛关注并有多家业已开业。

在众多的商家中，从市场定位、地理位置、开业时间、品牌实力等方面分析，百安居对“×××”威胁最大，故以下对百安居进行重点分析。

4．百安居分析

（1）实力雄厚，知名度高。百安居系英国著名零售业巨子——翠丰集团旗下专业从事装饰建材零售的连锁店，拥有30余年成功经营管理经验，在全球10多个国家和地区拥有500余家连锁店。B&Q百安居在英国本土拥有超过300家装饰建材连锁店，1998年与位居法国同行业之冠的Castorama合并后，企业规模跃居世界第三，欧洲第一。2001年销售额高达50.94亿英镑（71.31亿美元）。1998年，B&Q百安居正式进驻中国大陆，至今已开设了7家连锁超市。

（2）理念明确，“一站购齐”。全球性的采购体系将全球范围的高品质产品纳入营销网络，这种超市经营、品种齐全的特点对图放心、图省心的消费者非常具有吸引力。

（3）明码标价，可信度高。鉴于目前部分市场价格混乱、质量参差不齐的状况，百安居的明码标价迎合了消费者求稳、买放心的心理。

（4）品牌效应，服务放心。高水平的管理和训练有素的员工给予顾客100%的满意，全方位的综合服务，给顾客提供更大的方便。其主要服务内容包括：

① 木材切割；② 团购服务；③ 装修服务；④ 专业咨询、培训服务；⑤ 插花服务；⑥ 调漆服务；⑦ 电动工具特约维修；⑧ 设计服务。

可见百安居的优势在于：

1）强大的实力构成其巨大的品牌号召力，及可信度，消费者购买比较放心；

2）品种齐全，消费者可以“一站购齐”，方便快捷；

3）明码标价解除行外消费者被“宰”的后顾之忧，超市经营有利于消费者轻松获取商品行情；

4）极具信誉的客户服务。

三、“×××”市场定位

1．市场分析

（1）市场优势

1）东部巨大的市场潜力。杭州将跨入钱塘江时代，东部在未来几年将蓬勃发展，由此带来巨大商机。

2）得天独厚的交通优势。“×××”陶瓷总汇地处沪杭、杭甬高速公路一侧的杭州城区东部，东靠杭州经济技术开发区及正在兴建的大学城，南依杭州市滨江区及钱江新城（离杭州高速环城公路入口4公里，距沪杭、杭甬、杭金衢、杭温高速公路入口3公里）。

3）优越的区位优势。未来几年杭州规划在九堡下沙一带建立杭州主城区的辅城，人口35万；北邻余杭区8公里，人口约30万；东邻下沙工业开发区9公里；南邻滨江开发区6公里，人口20万；西托杭州主城区纵深腹地，人口100多万。而萧山的入并、政府东迁带来杭州重心的转移、3 000亩经济适用房在九堡的即将开发，都预示着市场所在位置将人气鼎盛。

4）拆迁造成的商户转入。据了解，杭州陶瓷品市场、宏昌建材市场属违章建筑，已被勒令拆除，其中大部分商户将寻找合适的市场，对这批商户来说，市场的定位无疑是迎合他们需要的。

5）营业规模大、仓储能力强。总体商业建筑面积规划为6万平方米，一期营业房2.6万平方米，目前已开始内部装修；二期营业房3万余平方米，于2003年底投入使用。仓储面积约20万平方米，目前已形成10万平方米的仓储基地。营业规模和仓储面积都是其他市场所无法比拟的。

（2）不利因素

1）市场竞争异常激烈。据悉，杭州目前有近10家较有规模的家装建材市场，且下半年又将有7家大市场设立，竞争非常激烈。且在几家将要开业的建材市场中，有几家为国内外极具实力规模的业内巨头。

2）无品牌效应。“×××”作为一家刚刚起步的建材市场，缺乏经验，没有知名度。

3）距离因素。虽然市场有7条公交线路可直达，交通方便，但离市区较远，故市场前期可能人气不旺，而随着轻轨的开通及杭州实质性东进，人气将逐渐聚拢。

（3）市场机会点

1）东部市场潜力巨大。巨大的市场潜力是家家好市场存在发展的强大基础，在众多商家进军杭州市场瓜分“蛋糕”时，“蛋糕”的大是重要的，是多家市场共同存在的必要条件。

2）其他市场的拆除。据悉杭州陶瓷品市场、杭州宏昌建材市场将先后拆除，意味着一大批商户将重新寻找市场，“×××”的市场定位非常符合他们需要。

3）百安居的入驻。百安居入驻杭城从另一个角度来说对市场也是一种机会。百安居的开业一能带来杭州东部市场的兴盛，加浓东部地区专业建材市场气氛。二是能给消费者一个价格标签，起到参考标准的作用。这对与百安居相距不远，且更具价格优势的“×××”市场是非常有利的。

2．目标市场及市场定位

（1）目标市场

目标市场按类消费类型分可分为单一批发、批零兼顾、零售为主三种。

1）单一批发。从位置来看，市场四通八达、得天独厚，非常适于批发。但对批发商来说，大多都有自己固定的客户群，如果入驻本市场不能为批发商带来增值，那么市场对批发商将不能构成足够的吸引力。

2）批发零售兼顾。这样做法看来是可行的，顾及到了各方面的利益。但这造成了市场形象不明确，而且因为诉求点不集中，在实际中非常难以操作，容易顾此失彼。

3 零售为主，兼顾批发。以零售带动人气，以零售拓宽商户批发渠道，以零售打响市场品牌，我们认为对消费者、对商户、对市场都是必要而且可行的。

（2）市场定位

1）从以上分析已经明确市场的目标群体定位为“零售为主，附带批发”，这个定位决定了市场理念及形象宣传都是针对个人消费者的。

2）分析其他同行市场的定位。就目前来说，杭州的建材市场大多以出租场地的形式操作，本身并无实质内容，所以市场形象并不饱满，少数打出口号的市场也只是采用了模糊策略，令人感觉似有若无，如“诚信商城”、“消费者信得过单位”等。

当然也有一部分后起市场比较注重市场形象，理念比较明确，如杭州佳好佳居饰商城的“佳好佳，一心为你家”和“装扮尊邸、享受生活”。

尤其是即将开业的百安居，针对杭城建材市场无超市型经营模式提出其全新的“一站购齐”的理念、明码标价的超市型经营模式，比其他传统的租赁式市场更胜一筹。“一站购齐”针对“小、散、乱”的市场所带来的弊端提出，给消费者一个方便、快捷的购物环境。

3）据以上分析，“×××”市场将市场理念定为“一价到底，一步到位”。

“一价到底”即取市场、超市二者之长，以市场形式、超市经营为原则，一次性明码标出极具竞争力的最低价格。“×××”以低于百安居的价格明码标价，变被动为主动，让百安居成为“×××”低价优势的参照表，不但可以吸引更多的客户，且可利用百安居来增强“×××”低价的可信度，解除行外消费者被“宰”的后顾之忧。

“一步到位”有多重意义，分别指：

价格一步到位——市场标出最低价，不予还价；

交通一步到位—— 交通便利，运输方便，公交直达；

服务一步到位——市场下属的“老包服务办”全程为消费者服务，简洁方便；

采购一步到位—— 市场产品齐全，一站解决所有商品需要。

四、形象推广

原则：提升市场品牌形象，提高市场的亲和力，进一步丰满市场形象。

1. **设立“老包热线”**

“包”取自“包青天”，含公正、公平之意，集咨询、仲裁、服务于一体。“老包”这一通俗的称呼，容易记忆和传播，更有一种特殊的亲近感。

市场将售后服务诉求集中在老包热线，在打响“老包热线”知名度的同时打响市场服务知名度。热线将以电话号码的发音与口语有机联系，达到易记、活泼、亲切的效果。如“老包帮你忙——请拨×××××××”。

2. **老包服务办**

市场将设立“老包服务办”，予以重点推出，作为本市场的鲜明特色与其他市场相区别。其服务内容如下：

① 下设“价格委员会”，着重解决市场内价格纠纷问题，维护市场统一形象；② 售前、售中、售后咨询服务；③ 发放用户联系卡；④ 提供便民服务；⑤ 采购顾问；⑥ 设计顾问；⑦ 专家解答；⑧ 团购服务；⑨ 投诉服务；⑩ 木材切割；⑪ 每月邮寄材料价格单；⑫ 推荐家装公司；⑬ 电话回访；⑭ 自购买日起 1 个月内无理由退货，1 年内上门服务。

3. **自办“×××”报**

为方便消费者了解建材行情，方便购买，“×××”市场每月出刊市场报，旨在传递建材市场行情、建材发展趋势、市场商户信息及商品导购。

五、开业策划

1. NP **活动（新闻策划）**

“×××”市场开业之际，在杭州主要媒体上刊登整版广告，内容以“一价到底宣言”为主题，宣言由场内各总代理商、直销厂家、经销商联合签名，承诺“明码标价”并“一价到底”，首开建材市场超市经营之先河，气势恢宏，由此在业内引起震动，引导媒体及公众就以下问题进行讨论：

1）“×××”以市场机制，导入超市模式，是否可行，又能坚持多久？

2）“×××”首创市场明码标价的做法，是短期做秀，吸引眼球，还是未来市场的发展方向？

3）相距不远的百安居一直以低价著称，“×××”的“硬碰硬”是否具有可行性？

……

2. RP **活动（公关策划）**

公开招聘“包”姓工作人员，公开招聘要求，如：需党员身份，为人正直，刚正不阿，能一心为消费者排忧解难等等，明为提出招聘要求，实则树立“家家好”一心为消费者的良好形象。

正常工作后，可以老包名义适当用手记形式进行一些工作中趣味故事的宣传、“老包服务”及其漫画像作为所有宣传品上的常规服务等一系列长期的活动，力求将老包形象深入人心，成为企业精神的一种生动的外在体现，如肯德基的老人形象。

3. SP活动（开业促销）

（1）针对散户

1）市区车辆免费接送，小区定点安排车辆或集中班次在市中心统一接送。

2）购买时赠送实惠礼物，如洁厕剂、家具上光油、空气清新剂等。

3）团购服务。

4）设计服务。

5）成立俱乐部：消费达一定额，自动成为会员，享受会员增值服务。

6）和家装公司联手，购物、装修一条龙服务。

7）买就送活动。

8）电动工具特约维修。

9）插花服务。

10）导购服务。

11）调漆服务。

（2）针对批发商

1）市区免费送货，大杭州地区以最优惠的价格送货上门。

2）通过广告，将商户公布于众，帮助其拓展商路。

3）软新闻配合。

4）市场报上作企业介绍，供消费者免费索取，了解企业信息。

六、广告宣传

1. 报纸广告

广告以市场理念、服务电话及和蔼可亲又一脸正气的“老包”为突出点，强化消费者对市场的印象，让消费者对本市场极具好感，感到放心、亲切。

开业期间，市场将在杭州几大媒体如《钱江晚报》、《都市快报》、《今日早报》、《青年时报》等刊登整版或半版广告，以后根据市场需要联合经销商不定期投放促销广告。

2. 电视广告

开业期间市场将在浙江几家高收视率频道连续播出广告，以市场形象、交通便利为诉求点，迅速打响市场知名度；以后有规律性地投放广告。

3. 路牌广告

路牌广告主要安放在几大主要路段，目的是希望消费者在经过其他建材市场的同时，能够产生“×××”市场“值得一逛，去比较比较”的想法，且着重价格优势。

4．软新闻支持

新闻诉求点以建材业竞争激烈、国际巨头涌入、价格战已打响为切入口，让消费者通过新闻认为自己是最终的受益者，从而放心购买的目的。

5．老包手记栏目

在杭州主要媒体上开辟“老包手记”栏目，长期持续作相关报道，扩大市场在百姓心目中的亲和力，信任度。

6．“×××”报纸

“×××”报供消费者免费索取，主要传递业内行情动态走势，市场商户介绍及市场文化等。

（资料来源：http://www.0571e.com，2006-5-18）

问题 1：该商场如何进行定位？其定位的依据在哪里？

问题 2：该商场如何进行宣传推广？

案例 8-2　北京华联商厦开业庆典暨开业促销企划案

一、开业庆典

1．开业庆典仪式

为体现开业活动当日热闹非凡、宏大壮观的场面，庆典活动各项规格都比试营业期间有了提升，除了常规的军乐队、和平鸽、鼓乐队之外，还特别组织了石景山区街道各居委会的“老年秧歌队”参加表演，使许多人认为难登大雅之堂的“老年秧歌队”也出尽了风头，让开业时的观众、顾客耳目一新；同时，企划部还利用“首钢”在石景山区的优势，特别邀请了“首钢工人威风锣鼓队”，这是他们在参加过亚运会开幕式后第二次重大活动，数十面大鼓，威风雄壮气势。把整个开幕仪式推向高潮。5 500 平方米的广场人头攒动，摩肩接踵、宏伟简洁的开业庆典式达到了理想的效果。

2．广场演出

为使本次开业庆典活动的宏大规模保持较好地连续性，不至于出现“一开业庆典完毕，即人丁冷落”的现象，即如何能够始终如一地“保持人气”、“维持人气”、“增加人气”，企划部同样做了大量相关策划。开业十天中，每天下午 3:30～5:00 在广场上举行各种文艺演出，为此演出专门花费近 10 万元，按专业标准制作了一个活动拼装舞台，可拼成舞台、T 型台等；旁边带活动更衣间和化妆间。每个演出团体只演出一场，保持节目的不重复的新鲜性，充分满足观众和顾客的心理，如有“首钢歌舞团”、“东方霸王花”、“东方时尚模特表演”、“城市原创歌曲演唱会”、“中外进行曲军乐演奏”等等。演出的同时由主持人穿插介绍华联商厦的一些背景和知识，使现场的观众对“华联”的认知度几乎接近90%。因此头两天精彩的演出结束后，从第三天起有时不到下午1点，就有人在舞台边等候位子。一时间，整个商场门前广场成了一个人的海洋、文化的广场。之所以选择下午3:30左右，主要是商场每天下午3:30–5:00是一个相对人流低峰期，通过广场演出活动，把人流低峰期变成高峰期，这对于商场提高来客数和当日销售额有着至关重要的作用。

二、促销活动

1．华联商厦“石破天惊，买200送400”（本次促销活动核心）

起初，企划部也准备做“贺开业庆典、全场7折”的活动，但这种形式已在京城商场促销中出现过多次，新鲜度较低。不管是对提高销售，还是扩大影响，估计难有大的作为。

活动产生：首先是在这次开业促销销售中是确保销售额，还是保毛利，还是都保，公司上下最终达成共识：如果都保，有可能哪头都没做到，最终决定以牺牲部分毛利，来换取较高销售额，只有这样才能确保来之不易的人气和商气，同时较高的绝对销售额对经营者和销售者来说都是一种信心的保证。

形式：以哪种形式出现在顾客面前，并且让顾客接受，是一个非常重要的问题，如果形式不好，再好的内容，别人也不能领会。常规的如“全场折打”“满100送×××”，顾客都尝试过，有似曾相识之处，“新鲜度”较低。经过企划部精心策划计算决定以“买200送400”的形式出现。即顾客拿200元人民币即可换取一张价值400元的礼金卡（有防伪标志，北京特种印刷厂印制），然后顾客即可拿此400元礼金卡在商场内使用。

使用规则如下：

1. 本卡须在有效期内使用；
2. 本卡须一次购足400元以上，不足部分用现金补足；
3. 本卡每次只能在同一专柜使用一张，不得累加使用；
4. 本卡使用时不找零；
5. 特例商品不参加（如家电、某些品牌化妆品）。

它避免了促销活动如“打×折”的常规思维，通过对同一事物，转换角度进行思维和操作，达到了预想的目的，即常规事物中一般是买A送B，B一般是≤A，如果是买A送B、B≥A的话，人们必将产生强烈的“好奇心”，而一件事物能够引起人们的好奇心这正是任何一个策划者所期待和追求的。

原理：本活动购物在400元时，优惠程度最大即5折，但随着购物的增加，相应打折程度同时在递减；根据统计，全场同一专柜单价相加到400元的货品种类组合约在30%左右，因此整个促销活动平均打折约在7折左右。

2．辅助性促销活动

（1）剪角回收“来就赠”

只要凭《北京晚报》、《精品购物指南》和华联DM快讯广告剪角，即可换取小礼品一份。

（2）贵宾卡回娘家

凭华联商厦会员卡购物（无论金额）大小，会员顾客都可获小礼品一份。

（3）幸运飞标

凭购物小票满30元即可投飞镖一次（根据成绩领奖）。

（4）欢乐转盘

凭购物小票满50元，即可转盘一次（设不同奖项奖品，其中一等奖为VCD一台）。

（5）其他。

三、媒体运作

事实上，本次开业促销活动取得圆满成功，仅有商场本身的宣传是远远不够的。之所以开业“买200送400”有比较广泛的认知度，并起到了预想中的效果，这当中对各种媒体的妥善、良好运用与操作有着密不可分和不可替代的作用。

1．报纸

选择《北京晚报》、《精品购物指南》在开业庆典的10天前即开始宣传。

2．电视台

选择专业广告公司，为“石破天惊买200送400”制作了15秒的电视广告，分别在BTV-1、BTV-2、石景山区、丰台区、海淀区、门头沟区地方有线台播出。

3．电台

将声音从“电视广告”中剥离作为电台广告，在北京音乐台、北京交通台中播出。

4．DM快讯

北京华联商厦专门设计了本期DM快讯（对开，正背四色）发行15万份，由大学生入户直投到周边居民区；商场组织员工在街道散发（已与当地工商局广告科备案）。

5．宣传车

由石景山区区委出面协调，市容办、综合办同意“华联宣传车”在长安街西线（公主坟~古城）进行宣传。

6．商场美工

运用各种手段把卖场内装饰起来，营造开业喜庆氛围（包括看板、展示板、

POP 海报、店内广播等）。

7．软性广告（相关报道）

在开业庆典之前，邀请京城各报社记者组织座谈会，在活动中和结束后以本商业现象为主题展开新闻，各方位、各角度进行宣传报道。

（资料来源：http://www.mslm.com.cn/，2007-05-16）

问题 1：什么是“买 200 送 400”，其活动规则如何？其效果会如何？

问题 2：该活动如何进行宣传媒介的组合？

参 考 文 献

[1] 张金水，等．如何做优秀零售店长[M]．广州：广东经济出版社，2006．

[2] 王吉方．连锁经营管理教程[M]．北京：中国经济出版社，2005．

[3] 李小勇，等．100 个成功的店铺经营[M]．北京：机械工业出版社，2005．

[4] 甲田三．卖场设计 151 诀窍[M]．北京：科学出版社，2005．

[5] 陈放．餐饮营销[M]．北京：蓝天出版社，2005．

[6] 杨仁敏，等．CI 设计[M]．成都：西南师范大学出版社，2006．

[7] 林正修．零售业——大小店面全程全面管理指南[M]．广州：世界图书出版公司，2004．

[8] 季辉．连锁商业营销与管理[M]．重庆：重庆大学出版社，2004．

[9] 陈己寰．零售学[M]．广州：暨南大学出版社，2004．

[10] 徐印州．零售连锁经营[M]．广州：广东经济出版社，2004．

[11] 李爱先．店铺创建设计[M]．北京：经济管理出版社，2004．

[12] 万典武，等．商业布局与商店设计[M]．北京：中国商业出版社，2004．

[13] 肖怡．零售学[M]．北京：高等教育出版社，2003．

[14] 吴建国．流通现代化原理与实务[M]．北京：中国物资出版社，2003．

[15] 张纯义，朱建国．财务管理[M]．上海：上海教育出版社，2003．

[16] 黄惠玲．财务管理[M]．北京：中国金融出版社，2003．

[17] 彭韶兵．财务管理[M]．北京：高等教育出版社，2003．

[18] 周文．连锁超市经营管理师操作实务手册[M]．长沙：湖南科学技术出版社，2003．

[19] 贺昆．克隆名店[M]．北京：新华出版社，2003．

[20] 李大军．连锁经营与计算机管理[M]．北京：清华大学出版社，2002．

[21] 张晔清．连锁经营管理原理[M]．上海：立信会计出版社，2002．

[22] 赵涛．超市经营管理[M]．北京：北京工业大学出版社，2002．

[23] 张晔清．连锁企业门店营运与管理[M]．上海：立信会计出版社，2002．

[24] 孔秋英．现代货仓式 2 零售超市经营实务[M]．广州：广东经济出版社，2001．

[25] 赵盛斌．超市经营管理方法[M]．深圳：海天出版社，2001．

[26] 迈克尔·利维．零售学精要[M]．北京：机械工业出版社，2000．

[27] 刘信圣．商业超市与电脑管理[M]．北京：中国国际广播出版社，2000．

[28] 顾国建．超级市场营销管理[M]．上海：立信会计出版社，2000．

[29] 发荣，等．连锁制胜[M]．广州：广东旅游出版社，2000．

[30] 韩光军．超市营销[M]．北京：首都经济贸易大学出版社，2000．

[31] 路宏达．现代商场策划与投资分析技术[M]．北京：高等教育出版社，2000．

[32] 周勇．连锁经营原理[M]．北京：高等教育出版社，2000．
[33] 屈云波．超市营销[M]．北京：企业管理出版社，1999．
[34] 赵西萍，宋合义．组织与人力资源管理[M]．西安：西安交通大学出版社，1999．
[35] 廖泉文．人力资源考评系统[M]．济南：山东人民出版社，1999．
[36] 郑灿朝．聚焦中国连锁业[M]．北京：中国商业出版社，1999．
[37] 鲍居武．现代超市计算机管理指南[M]．北京：北京理工大学出版社，1999．
[38] 黄武，等．商业自动化：流通现代化之路[M]．北京：中国商业出版社，1997．
[39] 褚福灵．超级市场[M]．北京：中国经济出版社，1997．
[40] 何明珂．现代物流与配送中心[M]．北京：中国商业出版社，1997．